★図解★

最新 労働基準法と労働条件の基本がわかる事典

社会保険労務士 **小島 彰** 監修

会社の「働き方改革」待ったなし！

採用から労働時間、
休日、休暇、
安全衛生、解雇まで。
知っておきたい
労務管理の法律常識を網羅。

- ●無期労働契約への転換、残業代不払い、パワハラなどの問題と対策も解説
- ●高度プロフェッショナル制度など労基法の改正案についても解説
- ●トラブルを防ぎ、上手に労務管理をするためのコツがつかめる

労働基準法／就業規則／労働契約法／労働協約／労使協定／労働安全衛生法／労働組合法／男女雇用機会均等法／試用期間／内定取消／インターンシップ／入社前研修／身元保証／副業／在宅勤務／継続雇用／外国人雇用／パートタイマー／無期労働契約への転換／労働者派遣／変形労働時間／フレックスタイム制／事業場外みなし労働時間制／裁量労働制／企画業務型裁量労働制／特定高度専門業務・成果型労働制／産前産後休業／育児時間／看護休暇／最低賃金／平均賃金／割増賃金／三六協定／残業不払い訴訟／固定残業手当／振替休日と代休／年次有給休暇／育児休業／介護休業／解雇／整理解雇／退職勧奨／懲戒処分／ストレスチェック／休職／セクハラ／パワハラ／労災／メンタルヘルス疾患／人事異動／出向／労働審判／内部告発／労働組合／労基署調査　など

三修社

本書に関するお問い合わせについて

　本書の記述の正誤、内容に関するお問い合わせは、お手数ですが、小社あてに郵便・ファックス・メールでお願いします。お電話でのお問い合わせはお受けしておりません。内容によっては、ご質問をお受けしてから回答をご送付するまでに1週間から2週間程度を要する場合があります。

　なお、本書でとりあげていない事項や個別の案件についてのご相談、監修者紹介の可否については回答をさせていただくことができません。あらかじめご了承ください。

はじめに

　労働者の働き方について規定する様々な法律・命令・通達などを総称して「労働法」といいます。このうち労働者の「賃金、就業時間、休息その他の勤労条件に関する基準」（憲法27条2項）について規定し、わが国の労働法の根幹となる法律が「労働基準法」です。

　近年では、従業員に残業代を支払わない、長時間労働を強いる、有給休暇を取得させないなど、労働法を遵守しない「ブラック企業」の存在がクローズアップされ、このようなブラック企業に対抗する手段として、労働基準法をはじめとする労働法が注目されています。厚生労働省は「労働基準関係法令違反に係る公表事案」として、平成29年5月から、主として労働基準法・労働安全衛生法に違反した企業を公表する措置をとっています。また、政府も「働き方改革」として残業時間の上限規制などを行おうとしています。企業側としては、これまで以上に労働法を遵守する体制を確立するとともに、労働者が働きやすい環境を整えることが求められているということができます。

　本書は、主として企業の労務管理に携わる人の視点で、労働基準法が規定する労働者の労働条件に関する事項（採用・労働時間・休憩・有給休暇・懲戒・解雇など）を解説した入門書です。労働基準法だけでなく、労働契約法、労働者派遣法、育児・介護休業法、労働安全衛生法、労働者災害補償保険法など、労働者の労働条件に関連する他の法律も取り上げています。そして、高度プロフェッショナル制度の導入に関する労働基準法の改正案をはじめとして、平成29年に施行された育児・介護休業法改正、平成29年に公布された民法改正などの最新の法改正もフォローしています。

　本書をご活用いただき、皆様のお役に立てていただければ、監修者として幸いです。

監修者　社会保険労務士　小島　彰

Contents

はじめに

第1章　労働法の全体像

1　労働法の全体像	12
2　労働基準法	14
3　労働基準法違反と罰則	16
4　労働者と使用者	18
5　管理職の労働条件	19
6　就業規則と作成手順	20
7　就業規則の記載事項	22
8　就業規則の不利益変更	24
9　労働契約法①	25
10　労働契約法②	26
11　労働協約と労使協定	28
12　労使委員会	29
13　労働安全衛生法	30
14　労働組合法	32
15　公民権行使の保証	34

第2章　募集・採用・労働契約をめぐるルール

1　労働契約	36
2　契約期間	38
3　男女雇用機会均等法	40
4　試用期間	42
5　不採用や内定取消をめぐる問題点	44

6	内々定と内定の違い	46
7	本採用前のインターンシップをめぐる問題	47
8	身元保証契約	48
9	副業と禁止規定	49
10	入社前研修	50

第3章　継続雇用・パート・派遣をめぐるルール

1	継続雇用制度	52
2	継続雇用制度の種類	54
3	外国人雇用	56
4	パートタイマーをめぐる法律	58
5	パートタイマーと就業規則	59
6	パート、アルバイトの採用手続き	60
7	パート社員の雇止め	62
8	パートタイム労働者の待遇の確保	64
9	パートタイマーの所得調整・年末調整	65
10	労働者派遣	66
11	派遣期間の規制	68
12	労働者派遣契約の締結と解除	70
13	派遣元事業主が注意すべきこと	72
14	派遣先事業主が注意すべきこと	74
15	違法派遣の取扱い	76
16	その他労働者派遣の注意点	77
17	紹介予定派遣	78

第4章　労働時間をめぐるルール

1	労働時間のルールと管理	80
2	休憩時間	82
3	変形労働時間制	83
4	1か月単位の変形労働時間制	84
5	1年単位の変形労働時間制	86
6	1週間単位の非定型的変形労働時間制	88
7	フレックスタイム制	90
8	事業場外みなし労働時間制	92
9	裁量労働制	94
10	企画業務型裁量労働制	96
11	特定高度専門業務・成果型労働制	97
12	労働時間、休憩、休日の規定の適用除外	98
13	年少者の労働時間	99
14	産前産後休業	100
15	妊娠中と産後1年の就業制限	101
16	育児時間	102
17	看護休暇	103
18	子が3歳到達までの期間の労働時間の配慮	104
19	子が小学校就学までの期間の労働時間の配慮	106
20	在宅勤務	108

第5章　賃金をめぐるルール

1	賃金	110

2	最低賃金	111
3	平均賃金	112
4	割増賃金	114
5	割増賃金の計算方法	116
6	三六協定①	118
7	三六協定②	120
8	残業不払い問題	122
9	残業不払い訴訟	124
10	訴訟を起こされた場合の対応	126
11	労働時間の管理とタイムカード	128
12	残業時間と限度時間	130
13	残業削減と対策	132
14	固定残業手当	134
15	年俸制	136
16	出来高払いの賃金	138
17	欠勤・遅刻・早退の場合の取扱い	139
Column	給与支払いの5つのルール	140

第6章　休日・休暇・休業をめぐるルール

1	休日と休暇	142
2	振替休日と代休	144
3	年次有給休暇①	146
4	年次有給休暇②	148
5	年次有給休暇③	150

6	休業手当	152
7	一時帰休とワークシェアリング	154
8	育児休業	156
9	育児休業の取得手続き	158
10	介護休業	160
11	介護休暇	162

第7章　退職・解雇をめぐるルール

1	解雇	164
2	解雇予告と解雇予告手当	166
3	整理解雇①	168
4	整理解雇②	170
5	希望退職	171
6	退職勧奨	172
7	賃金カット	174
8	倒産時の賃金の取扱い	175
9	問題社員の対処法①	176
10	問題社員の対処法②	178
11	問題社員の解雇	180
12	懲戒処分の種類と制約	182
13	解雇や退職の手続き	184

第8章　職場の安全衛生をめぐるルール

1	安全衛生管理①	186

2	安全衛生管理②	188
3	産業医	189
4	メンタルヘルス悪化の要因と管理監督者の注意点	190
5	ストレス対策	192
6	休職制度と休職命令	194
7	休職①	196
8	休職②	198
9	復職①	200
10	復職②	202
11	セクハラとは	203
12	セクハラと企業の責任	204
13	セクハラの予防法とトラブル対処法①	206
14	セクハラの予防法とトラブル対処法②	208
15	パワハラとは	210
16	パワハラに対する責任	211
17	パワハラが起こりやすい職場と具体例	212
18	パワハラ予防と職場環境作り	214
19	パワハラ対策	216
20	労災保険	218
21	過労死	222
22	過労自殺	224
23	メンタルヘルス疾患と労災	226
Column	休職中の社員への減給や降格	228

第９章　その他知っておきたい実務ポイント

1	人事異動	230
2	昇進・昇格・降格	231
3	配置転換と転勤	232
4	配転命令	234
5	出向	236
6	労働者とのトラブルと法的解決法	238
7	個別労働関係紛争解決制度	240
8	労働審判	242
9	内部告発	244
10	労働組合	246
11	合同労組との交渉	248
12	労働基準監督署の調査①	250
13	労働基準監督署の調査②	252
Column	法定３帳簿	253

索引	254

第 1 章

労働法の全体像

1 労働法の全体像
従業員にとっても経営者にとっても大切である

●労働基準法などの法律がある

労働者の働き方について定めているルールが労働法です。労働法とは、労働基準法、労働組合法、労働者派遣法、育児・介護休業法、パートタイム労働法などの多数の法律と命令（政・省令）、通達、判例の総称です。労働法は、働く人が生活と健康を守りながら仕事をするために重要な役割を果たしています。主な労働関係の法律には以下のものがあります。

① 労働基準法

数ある労働法規の中でも根幹に位置する重要な法律です。個々の労働者を保護するために、法定労働時間や法定休日、休暇などの労働条件についての最低基準を定めています。

② 労働契約法

労働者は、就職すると企業と労働契約を結ぶのが通常ですが、労働契約法では労働者と使用者が労働契約を結ぶ上で守らなければならないルールが定められています。労働契約を結ぶ上でのルールを明確にすることで、労使間のトラブルを減少させることが目的です。

労働契約法は、自主的な交渉に基づく合意により労働契約を結び、労使間の法律関係を決定することを目的にしています。また、日本の雇用慣習を重視して就業規則に関する規定を多く置いています。なお、平成25年4月施行の法改正により、有期雇用の労働者が同一の職場で5年を超えて働くと、労働者が申し込むことで無期雇用に転換できるようになっています。

③ 労働安全衛生法

近年はうつ病など精神面での健康を害し、会社を休業・休職する人も増えています。労働安全衛生法は、労働者の安全と健康の確保と、快適な職場環境の形成を目的とする法律です。企業は、労働者のメンタルヘルス対策や職場復帰の支援にも取り組む必要があります。

④ 育児・介護休業法

正式には「育児休業、介護休業等育児又は家族介護を行う労働者の福祉に関する法律」といいます、育児や介護を行う労働者に対しては、休業だけでなく、働き方についても様々な配慮が必要になるため、育児・介護休業法でルールが定められています。

⑤ 男女雇用機会均等法

募集・採用から退職・解雇に至るすべての過程で、労働者の性別を理由に賃金や昇進などで差別することを禁じた法律です。「雇用の分野における男女の均等な機会及び待遇の確保等に関

する法律」の略称です。

⑥ パートタイム労働法

短時間労働者の働きや貢献を考慮した上で、公正な待遇を確保することを目的として、定められた法律です。「短時間労働者の雇用管理の改善等に関する法律」の略称です。

⑦ 高年齢者雇用安定法

従来は、労使協定で継続雇用する高齢者を限定する取扱いが認められていましたが、平成24年8月の法改正により、この取扱いが認められなくなりました。そのため、平成25年4月以降、企業は原則として希望者全員を65歳まで継続雇用しなければなりません。

●命令・規則、通達、判例

命令も規則も国の行政機関が制定する法の一種です。労働法は専門的・技術的な内容と関わることが多く、社会情勢を判断して弾力的に運用していく必要もあります。そのため、法律で定める内容はある程度幅を持たせておき、実際の運用の基準や詳しい内容については、命令で定めています。命令・規則は、内閣が決める場合は「政令」、厚生労働大臣が決める場合は「省令」、中央労働委員会が決める場合は「規則」といいます。

通達とは行政庁（厚生労働大臣など）の解釈で示された法律運用の指針のことです。専門的で技術的な内容に関わる労働法の実務の多くは通達によって動いているともいえます。

また、判例の判断も重要です。判例とは、主に最高裁判所で出された判決のことです。同種の事件について裁判所が同様の判断を積み重ねることによって、判例は事実上の拘束力のある法律のようになります。

第1章 労働法の全体像

労働法の全体像

労働法
- 労働条件の基準などについて規定する法律 → 労働基準法、パートタイム労働法、最低賃金法、男女雇用機会均等法、育児・介護休業法など
- 雇用の確保・安定を目的とする法律 → 労働者派遣法、雇用対策法、職業安定法、高年齢者雇用安定法など
- 労働保険・社会保険に関する法律 → 労災保険法、雇用保険法、健康保険法、厚生年金保険法など
- 労働契約・労使関係を規定する法律 → 労働契約法、労働組合法、労働関係調整法など

13

2 労働基準法

労働条件の最低条件を定めている

どんな法律なのか

労働基準法は、労働条件に関するもっとも基本的なルールであり、労働者が人間らしい生活を営むことができるように、労働条件の最低基準を定めた法律です。憲法27条においても、「賃金、就業時間、休憩その他の勤労条件は法律でこれを定める」と規定しており、この憲法の規定を具体化した法律が労働基準法です。労働組合法、労働関係調整法とあわせて「労働三法」と呼ばれています。

なお、「労働者」とは、職業の種類を問わず、事業または事務所に使用される者で、賃金を支払われる者をいう（労働基準法9条）と定義されていますので、正社員ばかりではなく、アルバイトやパートタイマー等のあらゆる従業員に適用されます。

そして、労働基準法の定める最低基準に達しない労働（雇用）契約、就業規則、労働協約は無効であり、無効となった部分は労働基準法上の最低基準が労働契約の内容になります。つまり、労働契約、就業規則、労働協約、労働基準法の内容に食い違いがある場合は、「労働協約→就業規則→労働契約」の順に効力が判断され、その最高位に労働基準法が位置付けられ、労働基準法

が労働者の権利を守る最後の砦としての役割を果たしています。

さらに、使用者が労働基準法の定めに違反して労働者を働かせると、使用者側には罰則が科せられます。

たとえば、時間外労働については、労使間で時間外労働について定めた労使協定（三六協定）がないのに、法定労働時間を超えて労働させた場合には、6か月以下の懲役または30万円以下の罰金が科されます。具体的には、時間外労働を命じる権限を持っているとされる部長が、三六協定がないのに残業を部下に命じて行わせた場合、その部長は、実行行為者としての刑事責任を追及されることになります。

罰則は行為者自身にしか科さないのが原則ですが、労働基準法は違反行為者に加えて、その事業主（会社）にも罰金刑を科すとしています（会社は生身の人間ではないので懲役刑を科すことはできません）。このように違反行為者と事業主の両者に罰則を科す旨の規定を両罰規定といいます。労働基準法の違反行為者が「事業の労働者に関する事項について、事業主のために行為をした代理人、使用人その他の従業者」である場合に、その事業主に対しても労働基準法の定める罰金刑を科し

ます。ただし、事業主（会社の代表者など）が違反防止に必要な措置をした場合は処罰されません。一方、事業主（会社の代表者など）が、①違反の計画を知りその防止に必要な措置を講じなかった場合、②違反行為を知りその是正に必要な措置を講じなかった場合、③違反をそそのかした場合は、事業主も行為者として罰せられます。

●主にどんなことを規定しているのか

労働基準法は、労働条件の最低基準を示すために、労働者にとって重要な①労働条件、②解雇、③賃金、④労働時間、⑤休日等に関する事項についてルールを定めています。

まず、①労働条件について、使用者が国籍、信条、社会的身分を理由として労働条件について差別的に取り扱うことを禁じています（同法3条）。あわせて、特に性別に関して、男女の均等待遇を規定しています（同法4条）。もっとも、労働基準法は「賃金」に関する男女の差別的取扱いを禁止している点には注意が必要です。

次に、②解雇に関して、労働者が業務上負傷・疾病にかかり療養のために休業する期間やその後の一定期間の解雇を禁じています。また、解雇を行う場合、使用者は、少なくとも30日前に予告（解雇予告）をしなければならず、解雇予告を行わなかった場合は、30日分以上の平均賃金を支払わなければならない旨を定めています。

③賃金に関しては、ⓐ通貨払いの原則、ⓑ直接払いの原則、ⓒ全額払いの原則、ⓓ定期日払いの原則という4つの基本原則を定めています。

④労働時間に関しては、三六協定がないのに、労働者を1週40時間・1日8時間（法定労働時間）を超えて労働させることが禁止されています。

⑤休日については、使用者は、労働者に毎週最低でも1回の休日を与えなければなりません（週休制の原則）。

労働基準法の規定内容

労働条件の最低基準を定めた法律

- ① 労働条件に関するルール
- ② 解雇に関するルール
- ③ 賃金に関するルール
- ④ 労働時間に関するルール
- ⑤ 休日等に関するルール

3 労働基準法違反と罰則

違反行為者は懲役や罰金刑の対象になる

● 懲役が科される可能性もある

労働基準法の各条項の責任主体としての「使用者」(事業主のために行為をするすべての者が該当します)が労働基準法で定めるルールに違反すると、違反行為者には罰則が科せられます。労働者も事業主のために行動するときは「使用者」に該当し、労働基準法に違反すると罰則が適用されることに注意が必要です。

労働基準法で最も重い罰則が科されるのは、労働者の意思に反して労働を強制した場合です。労働者に強制労働をさせた者には、1年以上10年以下の懲役または20万円以上300万円以下の罰金が科されます。

時間外労働については、三六協定がないにも関わらず、法定労働時間を超えて労働させた者には、6か月以下の懲役または30万円以下の罰金が科されます。また、変形労働時間制についての労使協定の届出をしなかった者には、30万円以下の罰金が科されます。

● 会社も罰せられる場合もある

罰則は違反行為者にのみ科されるのが原則ですが、労働基準法は、違反行為者が「事業の労働者に関する事項について、事業主のために行為をした代理人、使用人その他の従業者」である場合には、事業主(会社)にも労働基準法が定める罰金刑を科すことにしています(両罰規定)。

ただし、事業主(会社の代表者)が違反防止に必要な措置をしていれば、罰則を免れます。また、違反を教唆する(そそのかす)などした事業主(会社の代表者)は「行為者」として罰せられます(会社の代表者に懲役刑が科される可能性が生じます)。

● 付加金の支払い

付加金とは、労働基準法で定める賃金や各種手当を支払わない使用者に対して、裁判所が支払いを命じる金銭のことです。裁判所は、賃金や各種手当を支払わない使用者に対し、労働者の請求によって、未払金の他、これと同額の付加金の支払いを命じることができます。付加金の請求権は違反行為時から2年で時効消滅します。

なお、使用者の付加金支払義務は、裁判所が支払命令をした時にはじめて発生するので、労働者が付加金支払命令前に使用者から未払金を受け取ると、裁判所は付加金支払命令ができなくなると考えられています。

主な労働基準法の罰則

1年以上10年以下の懲役又は20万円以上300万円以下の罰金

強制労働をさせた場合（5条違反）	労働者の意思に反して強制的に労働させた場合

1年以下の懲役又は50万円以下の罰金

中間搾取した場合（6条違反）	いわゆる賃金ピンハネ
児童を使用した場合（56条違反）	児童とは中学生までをいいます

6か月以下の懲役又は30万円以下の罰金

均等待遇をしない場合（3条違反）	国籍・信条・社会的身分など
賃金で男女差別した場合（4条違反）	
公民権の行使を拒んだ場合（7条違反）	選挙権の行使等が該当する
損害賠償額を予定する契約をした場合（16条違反）	実際の賠償自体は問題ない
前借金契約をした場合（17条違反）	身分拘束の禁止
強制貯蓄させた場合（18条1項違反）	足留め策の禁止
解雇制限期間中に解雇した場合（19条違反）	産前産後の休業中または業務上事故の療養中及びその後30日間
予告解雇しなかった場合（20条違反）	即時解雇の禁止
法定労働時間を守らない場合（32条違反）	時間外労働をさせるには三六協定が必要
法定休憩を与えない場合（34条違反）	途中に一斉に自由に
法定休日を与えない場合（35条違反）	所定と法定の休日は異なる
割増賃金を支払わない場合（37条違反）	三六協定の提出と未払いは別
年次有給休暇を与えない場合（39条違反）	
年少者に深夜業をさせた場合（61条違反）	18歳未満の者
育児時間を与えなかった場合（67条違反）	1歳未満の子への授乳時間等のこと
災害補償をしなった場合（75〜77、79、80条違反）	仕事中のけが等に対して会社は補償しなければならない
申告した労働者に不利益取扱をした場合（104条2項違反）	申告とは労働基準監督官などに相談すること

30万円以下の罰金

労働条件明示義務違反（15条）	
法令や就業規則の周知義務違反（106条）	

労働者と使用者
事業主に雇われていても「使用者」として扱われる場合がある

●法律によって違う労働者の定義

「労働者」というとサラリーマンやOLを思い浮かべる人が多いと思いますが、誰が労働者にあたるのかについては各法律で規定が置かれています。

たとえば、労働基準法では「職業の種類を問わず、事業又は事務所に使用される者で、賃金を支払われる者」、労働組合法では「職業の種類を問わず、賃金、給料その他これに準ずる収入によって生活する者」を労働者としています。また、労働契約法では「使用者に使用されて労働し、賃金を支払われる者」を労働者と定めています。

現在会社に雇用されている者は、どの法律によっても労働者にあたります。

一方、失業中の者は雇用されていないので労働基準法や労働契約法の労働者にはあたりませんが、労働者の団結権や団体交渉権の保障を目的とする労働組合法の労働者には該当します。

また、個人事業主である作家が妻を秘書として雇った場合は、労働基準法の適用除外である「同居の親族のみを使用する事業」なので、妻は労働基準法の労働者にはあたりませんが、作家という使用者に雇われているため、労働契約法の労働者には該当します。

●使用者かどうかの基準

「使用者」という言葉は「経営者」「役員」をイメージさせますが、労働基準法の「使用者」はそれより範囲が広くなっています。これは労働者の権利を左右する立場にある者に労働基準法上の責任を負わせるためです。

労働基準法10条は、使用者を「事業主または事業の経営担当者その他その事業の労働者に関する事項について、事業主のために行為をするすべての者」と定義しています。「使用者」にあたるかどうかは、労働者の権利を左右する立場にあるか否かによって決定され、役職とは直接関係ありません。個々のケースでは、実際に労働者を指揮・監督する権限があるのかを考慮することが大切です。

一方、労働契約法2条1項は、使用者を「その使用する労働者に対して賃金を支払う者」と定義しています。また、労働組合法では、集団的労働関係における労働組合の一方当事者となる労務・人事の担当者を使用者と扱っています。

労働者の場合と同様に、使用者の定義も各法律で異なった扱いがなされていることに気をつけましょう。

管理職の労働条件

「名ばかり管理職」を管理監督者として扱うのは適当ではない

○管理職は管理監督者と扱われる？

一般に管理職は、労働基準法41条2号の「監督もしくは管理の地位にある者」とされ、これを「管理監督者（管理者）」といいます。管理監督者には、労働基準法上の労働時間（32条）、休憩（34条）、休日（35条）の規定は適用されないため、時間外賃金の代わりに管理職手当が支給されのが普通です。

管理監督者といえるかどうかは、形式的な役職の名称ではなく、実際の職務内容、責任と権限、勤務態様、待遇がどうであるかといった点を総合的に判断する必要があります。

職務内容・責任と権限でいえば、経営の方針決定に参画する者であるか、または労務管理上の指揮権限を有する者でなければなりません。

また、勤務態様では、出退勤について厳格な規制を受けていないことが要求されます。さらに、待遇面についても、管理監督者として相応しい賃金を受けているかどうかが判断されます。

よって、「店長」「係長」などの役職にあっても、権限がないまま会社から役職名のみを与えられた者（名ばかり管理職）を管理監督者として扱うのは適当ではありません。管理職が管理監督者ではないと判断された場合は、労働時間などの規制が適用され、会社は、その管理職に対し時間外労働に対する割増賃金を支払う必要があります。

○管理監督者か否かが争われた例

管理監督者が否かが争われた有名な事件として、日本マクドナルドの直営店の店長という立場が、残業代が支払われない管理監督者にあたるのかどうか争われ、店長は管理監督者にあたらないと判断をした裁判例があります（東京地裁平成20年1月28日）。

この裁判が社会的に注目を集めたこともあり、厚生労働省は平成20年9月9日、小売業や飲食業などのチェーン店で、各店舗の店長が管理職に該当するかどうかの判断基準を示す通達を出しました。この通達では、十分な権限、相応の待遇等が与えられていないのに、チェーン店の店長（管理職）として扱われている事例があることを踏まえて、管理監督者性を否定する要素を挙げています。

管理監督者の制度は会社が安易に利用する傾向があるため、裁判になると管理監督者性が否定されることがほとんどである点に注意すべきです。

第1章 労働法の全体像

6 就業規則と作成手順

事業場内のルールブックである

● 労働者10人以上のときに必要

会社（使用者）が定める労働者に遵守させる会社のルールブックを就業規則といいます。就業規則には、労働者の待遇、採用、退職、解雇など人事の取扱いや服務規定（労働者がその会社の一員として日常の業務を行う上で念頭に置くべきルール、倫理、姿勢などについて定めた規定）、福利厚生、その他の内容を定めます。

就業規則は、会社の規模を問わず、使用者の裁量で作成することができます。ただし、労働者が常時10人以上いる事業場（事務所、店舗、工場、支社など会社の業務が行われる場所）では、就業規則の作成・届出と労働者への周知が義務付けられます（労働基準法89、106条1項）。

労働者には正社員だけでなく、パートやアルバイトも含みます。この要件に該当する事業場では、就業規則を作成しなければなりません。この作成義務に違反すると、30万円以下の罰金が科せられます。一方、常時10人未満の労働者しか使用していない事業場では、就業規則の作成義務はありません。

経営者と従業員が団結して事業に取り組んでいる間はよいのですが、アルバイトの入れ替えや経営者の交代など、会社で働く人は常に変動する可能性があります。このような事情を考えると、法律上の義務の有無に関係なく、従業員に対する規律として就業規則を作成しておくことは、会社組織の維持管理のために重要だといえます。

● 労働者代表との意見調整

労働基準法では就業規則の作成にあたり、①当該事業場に労働者の過半数で組織する労働組合（過半数組合）がある場合にはその労働組合、過半数組合がない場合には労働者の過半数を代表する者（過半数代表者）の意見を聴くこと、②就業規則の届出の際には、労働者の意見を記した書面（意見書）を添付することを義務付けています。

①の際に反対意見が出ても、それに合わせて就業規則を変更する法律上の義務はありません。ただ、従業員のやる気をそぎ、円滑な事業活動に支障をきたすことになる可能性もありますので、ある程度の意見調整は必要です。

● 規定が無効になることもある

就業規則は、当該事業場において労働者が守らなければならないルールですが、その内容は労働基準法等の法令や労使間で結んだ労働協約に反した内

容で作成することはできません。

　たとえば、1日8時間労働する従業員に対し、「休憩時間を設けない」とする就業規則を作成したとしても、労働基準法34条に違反しますので、その規定は無効になります。この場合、従業員は就業規則の当該規定に従う必要はありません。また、使用者と従業員が直接締結する労働契約において、就業規則で定める基準に達しない労働条件を定めた場合は、その部分の労働条件は無効となり、就業規則の基準に合わせることになります。

●就業規則は常に見直しを求められる

　就業規則を変更する場合も、就業規則の作成のときと同様の手続きが必要です。つまり、常時10人以上の労働者を使用する事業場では、①条文を変更した就業規則の文書や電子データを作成する、②事業場の過半数組合（過半数組合がない場合は過半数代表者）の意見を聴き、意見書を作成する、③意見書を添付して就業規則を労働基準監督署に届け出る、という段階を踏むこ

とが必要です。

　労働者の労働形態、労働状況の実態と就業規則が見合わなくなっている場合は、経営効率の低下の要因にもなりかねませんので、見直しを行い、必要に応じて変更を加え、より充実した就業規則にしていく必要があります。

●就業規則が膨大になる場合

　就業規則にルールのすべてを記載しようとすると、就業規則の本体が膨大な量になり使いづらくなることもあります。そこで、就業規則の本則とは別に、ある特定の事項だけを別途記載した別規程（社内規程）を作るという形をとるケースが多くあります。

　もっとも、別規程を就業規則の本則と切り分けて別にするのは、あくまでも便宜上のことで、内容が就業規則に記載すべきものであるときは、就業規則と一体のものとして扱われます。そのため、労働基準監督署への届出の際には就業規則の本則と別規程を一緒に提出することになります。

第1章　労働法の全体像

就業規則とは

作成義務	常時10人以上の労働者を使用している事業場で作成義務がある
意見聴取義務	作成・変更に際しては、過半数組合（過半数組合がない場合は過半数代表者）の意見を聴かなければならない
周知義務	労働者に周知させなければならない
規範的効力	就業規則で定める基準に達しない労働契約は、その部分につき無効となり、無効部分は就業規則で定めた基準による

就業規則の記載事項

絶対的必要記載事項が欠けていると罰金が科せられる

● 3種類の記載事項がある

　労働基準法は、就業規則の作成・届出と、労働者への周知を義務付けるとともに、就業規則の記載事項についても定めています。労働基準法では、就業規則に明記する事項を、絶対的必要記載事項、相対的必要記載事項、任意的記載事項の3種類に分けています。

● 絶対的必要記載事項

　就業規則に必ず記載しなければならない事項です。一つでも記載がないと30万円以下の罰金に処せられます（労働基準法120条1号）。この場合の就業規則の効力は他の要件を備えている限り有効です。

・労働時間等に関する事項

　具体的には、①始業・終業の時刻、②休憩時間、③休日・休暇、④労働者を2組以上に分けて交替に就業させる場合における就業時転換に関する事項です。

　①は単に「1日8時間、週40時間」と定めるだけでは不十分です。②は休憩の長さ・付与時刻・与え方など具体的に規定する必要があります。③には休日の日数・与え方・振替休日などを定めます。

・賃金に関する事項

　具体的には、①賃金の決定、計算・支払の方法、②賃金の締切・支払の時期、③昇給に関する事項です。なお、退職手当（退職金）や臨時の賃金等は相対的必要記載事項になるため、ここでの「賃金」からは除きます。

・退職に関する事項

　解雇・定年・契約期間の満了など、退職に関するすべての事項を記載しなければなりません。さらに、解雇の事由についても明記が必要です。

　なお、退職手当に関する事項は、相対的必要記載事項にあたります。

● 相対的必要記載事項

　就業規則に記載することが義務付けられてはいませんが、該当する制度を設ける場合は、必ず就業規則に記載しなければならない事項です。具体的には、以下の8項目（次ページ図）が定められています。

①　退職手当の適用される労働者の範囲、退職手当の決定・計算・支払方法・支払時期に関する事項

②　臨時の賃金等・最低賃金額に関する事項

③　労働者に負担させる食費・作業用品その他の負担に関する事項

④　安全・衛生に関する事項

⑤　職業訓練に関する事項

⑥　災害補償・業務外の傷病扶助に関する事項

⑦　表彰・制裁（制裁とは労基法上の表現で懲戒のこと）の種類・程度に関する事項

⑧　その他当該事業場の労働者のすべてに適用される定めに関する事項

　注意すべき点は「どのような違反をしたら、どのような内容の制裁が加えられるか」ということを就業規則に明確に明示しておく⑦の制裁（懲戒）についての規定です。制裁についての規定は就業規則の相対的必要記載事項と位置付けられているため、減給や出勤停止といった制裁内容は、就業規則内にルール化しなければなりません。

　また、相対的必要記載事項については、これらの規定を新設する場合だけでなく、社内にすでに慣行として存在する事項も明記が求められます。

● 就業規則の任意的記載事項

　就業規則に記載することが任意とされているものです。たとえば、就業規則制定の目的や趣旨、用語の定義、従業員の心得、採用、職種や職階などが該当します。

就業規則の記載事項

絶対的必要記載事項

労働時間等	始業・終業の時刻、休憩時間、休日・休暇、交替勤務の要領
賃　　金	決定・計算・支払の方法、締切・支払の時期、昇給について
退　　職	身分の喪失に関する事項…任意退職、解雇、定年など

相対的必要記載事項

退職手当	退職金・退職年金が適用となる労働者の範囲、決定・計算・支払方法・支払時期
臨時の賃金等	臨時の賃金等の支給条件と時期、最低賃金額
食事・作業用品などの負担	
安全・衛生	
職業訓練	
災害補償、業務外の傷病扶助	就業規則に規定しないと懲戒できない
表彰・制裁	
その事業場の労働者すべてに適用する定めを作る場合は、その事項（たとえば、服務規律、配置転換・転勤・出向・転籍に関する事項）	

任意的記載事項

労働基準法に定められていない事項でも記載するのが望ましいもの
企業の理念や目的、採用に関する事項、など

8 就業規則の不利益変更

労働者の同意なき不利益変更は労働者への周知と変更内容の合理性が要件

● 労働条件を不利益に変更する場合

たとえば、予想もしなかった天変地異などが生じたために、就業規則を変更する場合、職場（事業場）の過半数組合（過半数組合がない場合には過半数代表者）の意見を聴いて意見書を添付して労働基準監督署に届け出れば、変更は可能です（20ページ）。ここで注意すべき点は、労働者側との合意は必要ではなく、あくまで意見を聴けばよいということです。使用者は労働者側と合意することなく、就業規則を変更することができます。

しかし、就業規則の変更が労働者に不利益になる場合は、労働者と合意をすることなく、就業規則を変更することは原則としてできないことになっています（労働契約法9条）。つまり、就業規則で労働条件を不利益に変更する場合には、意見を聴くだけでは足りず、労働契約法の原則に従って、労働者との合意を必要としているのです。

この規定を反対に解釈すると、労働者に有利に就業規則を変更する場合は、合意は必要なく、単に意見を聴けばよいことになります。それだけで労働者の保護としては十分だと考えられるからです。

なお、就業規則は周知することで有効となりますので、従業員への説明は十分に行う必要があります。

● 労働者の合意を得ないでもよい場合

前述のとおり、就業規則の変更により労働条件を不利益に変更する場合には、原則として労働者との合意が必要とされています。

ただ、一定の要件を満たした場合には、労働者との合意がなくても、就業規則の変更により、労働条件を不利益に変更することが可能です（労働契約法10条）。労働者との合意を得ずに、就業規則の変更により労働条件を不利益に変更するためには、変更後の就業規則を労働者に周知させる（広く知らせる）という手続きが必要です。さらに、就業規則の変更内容が、労働者の受ける不利益の程度、労働条件の変更の必要性、変更後の就業規則の内容の相当性、労働組合との交渉の状況などの事情を考慮して「合理的なもの」でなければなりません。

以上の要件を満たすのであれば、労働者を不当に不利にする就業規則の変更とはいえないので、労働者との合意を得ずに就業規則を変更することが可能とされています。

労働契約法①

労働契約の締結・変更に関するルールを規定している

●労働契約を定める際のルール

労働契約法は平成20年3月に施行された法律です。日本の雇用慣習においては、会社への入社はその組織に組み込まれることを意味する傾向にあるため、会社（使用者）と労働者が労働契約（雇用契約）を結ぶという考え方は、あまりなじみがないかもしれませんが、労働者は雇われる際に、会社との間で労働契約を結びます。

労働契約法は、労働者と使用者が労働契約を定めるにあたって守らなければならないルールについて定めた法律です。労働契約法は条文数が少ないですが、労働契約法のルールが守られることで、労使間で生じることの多い解雇や労働条件をめぐるトラブルを未然に防止する、という効果を期待することができます。

また、労働者が雇われる際に、会社との間で労働契約を結ぶ場合、原則として契約の内容は自由です。

しかし、契約だからといってどんなことでも定めてもよいわけではありません。ましてや会社は契約や交渉に精通していますが、一般の労働者は契約に関してそれほど詳しいわけではありません。

そのような力関係に差がある両者が契約を結んでも、労働者に不当に不利な契約が結ばれてしまうおそれが高いといえます。そのため、適正な労働契約が結ばれるように、労働契約法においては、労働者と会社（使用者）が労働契約を締結し、または変更するにあたって、労働者の権利を保護するための必要な規制を設けているのです。

第1章 労働法の全体像

労働契約法が定める労働契約の原則

労働契約を結ぶ際のルール

- ❶ 労使間が対等の立場による合意によって労働契約を締結・変更すること
- ❷ 労働契約の締結・変更にあたっては就業実態に応じた均衡を考慮すること
- ❸ 仕事と生活の調和に配慮して、労働契約を締結・変更すること
- ❹ 労働者・使用者は労働契約を遵守して、信義に従い誠実に行動すること
- ❺ 労働契約に基づく権利の行使であっても権利を濫用してはならない

10 労働契約法②

有期の労働契約が無期に転換される場合がある

● 労働契約法の特徴

労働契約法には以下のような特徴があります。

・対等な立場での合意を明文化

労働契約法は、当事者間の自主的な交渉に基づいた合意によって労働契約が結ばれ、それによって労使間の法律関係が決定されることを目的としています。また、仕事と生活の調和に配慮して労働契約を結ぶように、という規定が置かれています（3条3項）。いわゆるワークライフバランス（子育てや親の介護など、仕事と仕事以外の生活との調和がとれている状態を表す言葉）の理念を組み込んだ規定ということになります。

・就業規則関係の規定が多い

労働契約は個々の労働者と会社との間で結ぶのが原則ですが、社内に広く知られている就業規則がある場合、就業規則に記されている労働条件を労働契約の内容とすることができます。

・出向や有期雇用について明文化

出向命令が無効とされる場合やパートタイマーなどの有期雇用者を解雇する場合のルールが置かれています。

● 通常の労働者への転換

特徴的な規定のひとつに、有期労働者との労働契約（有期労働契約）に関する「期間の定めのない労働契約への転換」が挙げられます。

同じ使用者と締結していた複数の有期労働契約の通算期間が5年を超えれば、有期労働者は労働契約を無期のものに転換するよう申し込むことができます。使用者が誰かというのは、労働の実質を見て判断するため、派遣労働者が5年以上働いた場合であれば、派遣先が使用者であるとみなされることもあり得ます。複数の有期労働契約の通算期間が5年を超えていれば、有期労働者はいつでも無期労働契約への転換の申込みができます。

使用者は、労働者のこの申込みを自動的に承諾したとみなされるので、使用者側がこの申込みを拒否することはできません。無期労働契約に転換した際の労働条件は、原則として、有期労働契約を締結していたときと同じになります。

ただし、契約期間が通算5年を超えている場合であっても、6か月以上のクーリング期間（契約を結んでいない期間）をはさんでいる場合、クーリング期間前の契約期間は通算されません。クーリング期間後の時点から契約期間を通算することになります。

●労働契約法違反のトラブルやケース

①有期の労働契約が継続して更新されており、労働契約を更新しないことが解雇と同視できる場合や、②労働者が労働契約の更新がなされるという合理的な期待をもっている場合、使用者による労働契約の不更新（雇止め）が制限されます。

労働契約の期間満了に伴い、使用者が雇用関係を一方的に終了させる「雇止め」は、解雇（契約期間中に使用者が一方的に雇用関係を終了させること）には該当しません。しかし、有期労働契約を繰り返し更新した後に突然更新を拒絶することによる紛争が多発しているため、有期労働契約の更新についてのルールが置かれています。

前述した、①労働契約を更新しないことが解雇と同視できるかどうか、②労働者が労働契約の更新に対して合理的期待をもっているかどうかは、更新の回数、労働契約の内容、雇用の継続に対する使用者の言動などから判断します。①②のいずれかがあると判断されると、合理的理由を欠き、社会通念上相当でない雇止めが無効となり、有期労働契約の更新が承諾されたとみなされます。これを「雇止め法理」と呼ぶことがあります。

また、有期労働者の労働条件を無期労働者と異なったものにする場合は、①職務内容（業務内容、業務に伴う責任の程度）、②職務内容の変更の範囲（事務から営業への変更など）、③配置の変更の範囲（転勤・出向の有無など）、④その他の事情を考慮して、不合理と認められるものであってはならないと規定されています。

不合理な労働条件が定められたとしても、そのような労働条件の定めは無効であるとされています。不合理な労働条件を押しつけられた有期労働者には、無期労働者と同じ労働条件が認められ、使用者に対して損害賠償請求が可能です。

有期労働者から無期労働者への転換

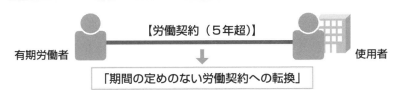

☆ 6か月以上のクーリング期間（未契約期間）をはさんでいる場合、クーリング期間前の契約期間は通算されません。
☆ 使用者は、労働者のこの申込みを自動的に承諾したとみなされるため、使用者の側がこの申込みを拒否することはできません。

労働協約と労使協定

ともに労働組合と使用者の間で書面により締結される

●労働協約

　労働組合が労働条件を向上させるため、使用者との間で書面により結んだ協定を労働協約といいます（労働組合法14条）。労働協約にどのような内容を定めるかは、原則として当事者の自由です。主に組合員の賃金、労働時間、休日、休暇などの労働条件に関する事項や、労働組合と使用者との関係に関する事項をその内容とします。

　労働協約は、団体交渉によって労使間で合意に達した事項を文書化し、労使双方の代表者が署名または記名押印することで効力が生じます。つまり、労働協約は、使用者が主導的立場で制定できる就業規則とは異なります。

　労働協約の効力が及ぶのは、原則として協約当事者である労働組合の組合員に限られます。ただし、事業場の同種の労働者の4分の3以上が適用される労働協約は、その事業場全体の同種の労働者に対して適用されます（一般的拘束力）。

●労使協定

　労使協定とは、事業場の過半数の労働者で組織される労働組合（そのような労働組合がない場合には労働者の過半数を代表する者）と、使用者との間で、書面によって締結される協定のことです。いわゆる三六協定（労働基準法36条に基づく時間外・休日労働に関する協定）、変形労働時間制に関する協定、年次有給休暇の計画的付与に関する協定など、様々な労使協定がありますが、そのほとんどが労働基準法を根拠とするものです。

　なお、労使協定には、労働基準監督署への届出が義務付けられているものとそうでないものがあります。

●労働協約と労働契約などとの関係

　労働協約は労働基準法などの法令に次ぐ効力があるので、就業規則や労働契約に優先します。よって、労働協約に反する労働契約や就業規則は無効になり、無効となった部分は労働協約で決めた内容が労働契約の内容になります。注意すべき点は、労働協約が就業規則や労働契約よりも不利な内容であっても、原則として就業規則や労働契約が無効となって、労働協約が適用されることです。たとえば、労働契約で時給2000円と定めても、後から労働協約で時給1800円と定めると、原則として時給が1800円に切り下げられます。

労使委員会

労働条件について調査審議し、事業主に対し意見を述べる

●労使委員会とは

近年では、これまでにない新しい労働条件が、会社の各事業場で次々と導入されつつあります。そのたびに労使が意見交換し、労働条件を折衝しているのでは、あまりにも非効率的です。

そこで労働基準法によって、労使の間に入って協議を進める担当機関として「労使委員会」の設置が認められました。特に企画業務型の裁量労働制を採用しようとする事業場は、労使委員会を設置しなければなりません。

労使委員会の目的は、賃金、労働時間などの事業場における労働条件について調査審議し、事業主に意見を述べることです。労使委員会は継続的に設置される機関で、使用者と事業場の労働者を代表する者から構成されます。

労使委員会での議事については、議事録を作成・保管するとともに、事業場の労働者に対して周知させることになっています。また、労使委員会の決議は、労使委員会の委員の5分の4以上の多数決によることで労使協定の代替とすることが認められる場合があります（下図参照）。つまり、労使委員会の決議があれば、労使協定を定める必要がなくなる場合です。ただし、時間外・休日労働に関する三六協定に代えて労使委員会で決議した場合も、労働基準監督署には届け出なければなりません。

労使協定に代えて労使委員会で決議できる労働基準法上の事項

① 1か月単位の変形労働時間制　② フレックスタイム制
③ 1年単位の変形労働時間制　④ 1週間単位の非定型的変形労働時間制
⑤ 休憩時間の与え方に関する協定　⑥ 時間外・休日労働（三六協定）
⑦ 割増賃金の支払いに代えて付与する代替休暇
⑧ 事業場外労働のみなし労働時間制
⑨ 専門業務型裁量労働制のみなし労働時間
⑩ 時間単位の年次有給休暇の付与　⑪ 年次有給休暇の計画的付与制
⑫ 年次有給休暇に対する標準報酬日額による支払い

※「貯蓄金管理」「賃金の一部控除」は、必ず労使協定が必要で、労使委員会の決議による代替ができない。
※「企画業務型裁量労働のみなし労働時間制」は、労使協定が不要で、労使委員会の決議が必要である。

第1章　労働法の全体像

29

13 労働安全衛生法
労働者が快適に職場で過ごせるようにする法律

どんな法律なのか

労働安全衛生法は、職場における労働者の安全と健康を確保し、快適な職場環境を作ることを目的として昭和47年に制定された法律です。もともとは労働基準法に安全衛生に関する規定がありましたが、その重要性から独立した法律として置かれることになりました。このため、同法1条には「労働基準法と相まって労働者の安全と健康を確保するとともに、快適な職場環境の形成を促進する」と規定されています。同法には、①この目的を達成するために厚生労働大臣や事業者が果たすべき義務や、②機械や危険物、有害物に対する規制、③労務災害を防止するための方策を講じなければならないこと、④事業者は労働者の安全を確保するために安全衛生を管理する責任者を選出しなければならないこと、⑤法に反した際の罰則などが規定されています。

どのようなスタッフを配置する義務があるのか

労働安全衛生法は、労働者の安全と衛生を守るため、様々な役割をもつスタッフを事業場に配置することを事業者に対して要求しています。労働安全衛生法により配置が義務付けられているスタッフや組織は、総括安全衛生管理者、産業医、安全管理者、衛生管理者、安全衛生推進者・衛生推進者、安全委員会・衛生委員会などです。

会社が講じるべき措置

労働安全衛生法は、事業者が配置すべきスタッフの種類の他にも、事業者が講じるべき措置について定めています。まず、機械などの設備により、爆発・発火などの事態が生じる場合や、採石や荷役などの業務から危険が生じる可能性がある場合には、それを防止する措置を講じなければならないことを定めています（20、21条）。また、ガスや放射線あるいは騒音といったもので労働者に健康被害が生じるおそれがある場合にも、事業者は労働者に健康被害が生じないように必要な対策を立てなければならないとしています（22条）。さらに、下請契約が締結された場合には、元請業者は下請業者に対して、労働安全衛生法や関係法令に違反することがないように指導しなければならないとしています（29条）。

労働者への安全衛生教育

労働安全衛生法では、事業者が労働者の生命や健康を守るために安全衛生

教育を行わなければならないことを定めています。たとえば、事業者が新たに労働者を雇い入れた場合や作業内容を変更した場合は、労働者に対して安全や衛生についての教育を行うことが義務付けられています（59条）。

● 労働者の健康保持のための措置

労働安全衛生法は、労働者の健康を守るために、作業の適切な管理を事業者の努力義務としています。

さらに、事業者は、労働者に対して定期的に健康診断を実施しなければなりません（66条）。実施後には、診断結果に対する事後措置について医師の意見を聴くことも義務付けられています。健康診断を経て、労働者の健康が害されるおそれがあると判明した場合、事業者は必要な対策を講じます。

● 快適な職場環境を形成するために

事業者は、労働者が快適に労務に従事できるよう、職場環境を整える努力義務が課されています（71条の2）。

具体的には、厚生労働省が公表する「事業者が講ずべき快適な職場環境の形成のための措置に関する指針」を参考にします。この指針では、労働環境を整えるために空気環境、温熱条件、視環境、音環境を適切な状態にすることが望ましいとされています。また、労働者に過度な負荷のかかる方法での作業は避け、疲労の効果的な回復のため休憩所を設置することも重要です。

さらに、労働者が事業場で災害に遭うことを防ぐため、厚生労働大臣には「労働災害防止計画」の策定が義務付けられています（6条）。労働災害防止計画を策定するにあたり、まずは労働政策審議会の意見を聴きます。その上で社会情勢による労働災害の変化を反映させ、労働災害防止対策またはその他労働災害の防止に関する事項を定めます。

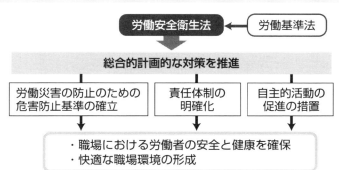

労働安全衛生法の全体像

14 労働組合法

労働者が使用者と対等に交渉する機会を保障する

どんな法律なのか

労働組合法は、労働者の地位向上を目的に、労働者が使用者と労働条件等に関して対等に交渉する権利を保障するための法律です。圧倒的に力関係に差がある使用者と、立場の弱い労働者の関係性を考慮して、労働者が団結して、使用者との交渉において、不利な立場に陥ることを防ぐための様々なルールを規定しています。

憲法28条においても労働基本権は保障されており、この憲法の規定を具体化するために、労働組合や団体交渉権に関して規定を置いています。

労働者が組織する労働組合が、労働条件をめぐって、使用者との間で交渉するにあたり、労働者側の意見が正しいことを主張するために、ストライキを行うことがあります。これは、争議行為とも呼ばれ、労働者側が労働力の提供を拒否するという実力行使に出ることで、その引き換えに、使用者に労働者側の主張を認めさせることを目的に行われる行為を指します。

労働者と使用者との間には、一般には雇用（労働）契約が締結されており、雇用契約に基づいて労働者は、労働力を提供する義務を負います。ところが、ストライキを行った場合、自己の主張が正しいことを表現するための行為であっても、労働力の提供を拒否する行為は、雇用契約における労働者の義務を怠っているということができます。

つまり、労働者側は、ストライキを行うことで、契約における義務に違反したとして、事業者は損害賠償請求をはじめとする民事責任の追及を受けるおそれがあります。さらに、労務の提供を拒否するだけではなく、職場での座り込みを行う等によって、職場を占拠するような状態に至った場合には、建造物侵入罪や不退去罪をはじめとする犯罪行為にあたるとして、刑罰が科される可能性も皆無ではありません。

そこで、正当なストライキなどの行為を行うことの萎縮効果を生まないように、労働組合法は労働組合の行う正当な団体交渉その他の行為について、刑法上の正当行為にあたるとして、刑事責任が免除される旨を明記している点が、非常に重要です。もっとも、暴力行為を合わせて行うストライキなどの行為は、労働組合の正当な行為ではなく、いかなる場合であっても刑事責任を免れることはできないことも明記されています。

● 主にどんなことを規定しているのか

労働組合法は、①労働組合、②労働協約、③労働委員会、④罰則などに関して規定を置いています。

まず、①労働組合に関して、労働組合とは、前述のように労働者が労働条件について使用者と交渉したり団体行動を行うために、自主的に組織する団体です。労働組合は、労働者主体の組織でなければならず、また、労働組合が労働組合法上の保護を受けるためには、組合の内部運営が民主的に行われている事が必要です。

中には労働者固有の利益ではなく、使用者の利益を代弁するいわゆる御用組合もあります。たとえば管理職のような使用者の利益代表者が参加すれば、本来使用者に対抗しなければならないはずの労働組合が使用者から干渉されることになります。これでは団体の自主性を守ることができませんので、使用者の「利益代表者」が参加している組織は、労働組合法上の労働組合とは認められません（労働組合法2条ただし書1号）。

使用者の利益代表者にあたるかどうかを判断する重要なポイントは、名目上の役職名だけでなく、実際にどのような権限があるかによって判断することになります。

次に、労使間での団体交渉の結果、労働組合と使用者との間で労働条件が決定されると、その内容は必ず書面に残されます。これが②労働協約です。労働協約の内容が効力をもつためには、正式に書面にして当事者双方が署名・押印しなければなりません。労働協約に定める労働条件その他の労働者の待遇についての基準に違反する就業規則や労働契約はその部分につき無効になります。

③労働委員会（中央労働委員会・都道府県労働委員会）については、使用者を代表する者、労働者を代表する者、公益を代表する者の三者により組織される機関です。集団的労使紛争（使用者と労働組合との間の紛争）の簡易迅速かつ的確な解決を図る公的機関として、その設置が認められています。

第1章　労働法の全体像

労働組合法の体系

労働組合法		
↓ 労働者が使用者と労働条件等に関して対等に交渉する権利を保障するための法律	① 労働組合	労働者主体の組織でなければならない
	② 労働協約	労使双方が署名・押印の上で書面を作成しなければならない
	③ 労働委員会	集団的労使紛争の簡易迅速かつ的確な解決を図る
	④ 罰則	

33

15 公民権行使の保証

勤務時間中に投票しに行きたいと労働者が申し出た場合、使用者は承諾しなければならない

● 憲法による保障

憲法15条1項では、国民に選挙権の行使を保障しています。

しかし、時間的・場所的に拘束を受けているため、労働者が選挙権を行使できないことも考えられ、実質的には選挙権が保障されていないことになってしまいます。また、選挙権の行使以外にも、労働者が議員や労働委員会の委員になっていたり、裁判の証人になることもありえます。このような場合に、使用者が労働契約を理由に、労働者を拘束するのであれば、社会的な支障が生じてしまいます。

● 労働基準法による保障

使用者は、労働者が労働時間中に、選挙権その他の「公民としての権利」を行使し、または「公の職務」を執行するために必要な時間を請求した場合には、これを拒んではならないことになっています（労働基準法7条）。

「公民としての権利」には、公職選挙の選挙権・被選挙権、最高裁判所裁判官の国民審査、地方自治法上の住民の直接請求、特別法の住民投票などがあります。

一方、「公の職務」とは、各種議会の議員、労働委員会の委員、検察審査会の審査員、公職選挙の立会人、裁判所・労働委員会の証人、裁判員裁判の裁判員、労働審判制度における労働審判員などです。

● 会社側の対応

たとえば、日曜日に仕事をしている労働者が、その日が選挙の投票日なので、勤務時間中に投票所へ投票しに行きたいと申し出た場合には、使用者はそれを承諾しなければならないのです。

ただ、仕事の状況によっては、その労働者がいないと業務に支障が生じる場合もありえます。

そこで、労働者の権利の行使または公の職務の執行に妨げがない限り、使用者は請求された時刻を変更することができます。たとえば、大切な取引先の来訪が予定されているので、投票のための外出を午後3時以降にしてほしいというような場合です。

会社の休職制度や公務への就任期間にもよりますが、公職就任期間を休職扱いとすることもできます。休職期間中の賃金は無給となり、賞与は対象となる査定期間において無給となります。

なお、公職に就任したことのみを理由に、使用者がその労働者を解雇することは原則として許されません。

第2章

募集・採用・労働契約を
めぐるルール

1 労働契約
労働条件の明示や中間搾取の禁止などの約束事が労働者を守る

●必ず書面で明示する必要がある

労働契約は労働者（被雇用者）が使用者に労務の提供をすることを約し、使用者がその対価として賃金を支払う契約です。契約という意識がなくても、「雇います」「雇われます」という合意だけで契約は成立します。ただ、お互いが合意さえすれば、どんな内容の労働契約を結んでもよいというわけではありません。

労働契約は様々な法令などの制約を受けます。その中で主な基準となるのは労働基準法、労働協約、就業規則です。これらに違反しない範囲で労働契約は有効になります。

労働基準法は、労働条件は労働者と使用者が対等の立場で決めるべきだとし（2条1項）、労働者を保護するために、合意された内容のうち労働基準法で定める最低基準に満たないものを無効とし、無効となった部分は同法に規定されている内容がそのまま契約の内容になるとしています（13条）。

使用者は労働者を雇い入れる（労働契約を締結する）際に、労働者に対して、労働条件を明示しなければなりません（次ページ図）。さらに、労働者を雇い入れる際に、賃金や労働時間などの重要な労働条件を明確に説明することを義務付けています（15条1項）。

労働条件の明示は口頭でよいのが原則ですが、労働条件のうち賃金・労働時間・契約期間・就業場所・業務内容などの一定の事項については、書面（労働条件通知書）を交付して明示しなければなりません。特にパートタイム労働者を雇用する場合には、上記の事項に加えて、①昇給の有無、②退職手当の有無、③賞与の有無、④相談窓口について、文書または電子メールなどによって明示することが必要です。

最近は、残業時間の増加に頭を悩ます企業も多いようです。そこで導入する企業が増えているのが固定残業代制です。たとえば月に30時間の残業が見込まれるとして、毎月30時間までは残業手当を固定金額にする制度です。その月の残業がなくても、30時間分の残業手当を支払い、30時間を超えた場合は超えた分を追加で支払います。この制度により、社員はムダに残業することがなくなるため、労働時間の短縮につながり、給与計算も簡素化されるメリットがあります。

ただし、この制度を導入する場合には、就業規則などに固定残業代制を採用する旨と、何時間分の残業手当を支払うのかを明記して、基本給と固定残

業手当を明確に区別する必要があります。それを怠ると固定残業手当が基本給に含まれると扱われ、残業手当の計算基礎になってしまいます。

●求人を受理しない場合もある

景気が回復していくと、中小企業では労働力の確保に苦労することがあります。企業の知名度、イメージ、福利厚生といった面ではなかなか大企業には太刀打ちできません。さらには給与水準も大企業より低くなっているのが一般的です。中小企業の人事担当者は創意工夫を凝らして求人票を作成しているようです。しかし、その内容に虚偽があると、特に採用してからトラブルになります。

最近増えているのが、固定残業手当を基本給に合算して表示するケースです。会社側からすると、毎月定額を支払うので、基本給と同じ感覚になるのはわかります。しかし、応募者は、見込まれる残業時間から、毎月の給与が残業手当を含めていくらくらいになるのか、それで生活できるのかということも考えて応募しています。実際に1か月働いて、求人票に書いてあった給与より低い場合はトラブルになり、ハローワークに通報される場合もあります。ハローワークではこのような通報を受けると、事実関係を確認し、法違反が認められると求人票を受理してもらえなくなりますので、注意が必要です。

第2章　募集・採用・労働契約をめぐるルール

労働者に明示する労働条件

書面で明示しなければならない労働条件	●労働契約の期間に関する事項
	●期間の定めのある労働契約を更新する場合の基準に関する事項
	●就業場所、従事すべき業務に関する事項
	●始業・終業の時刻、所定労働時間を超える労働の有無、休憩時間、休日、休暇、交替勤務制の場合の交替に関する事項
	●賃金(※)の決定・計算・支払の方法、賃金の締切・支払の時期、昇給に関する事項
	●退職・解雇に関する事項
右に示した事項を使用者が定めている場合には明示しなければならない労働条件	●退職手当の定めが適用される労働者の範囲、退職手当の決定・計算・支払の方法、退職手当の支払の時期に関する事項
	●臨時に支払われる賃金(退職手当を除く)、賞与・賞与に準ずる賃金、最低賃金に関する事項
	●労働者の負担となる食費、作業用品などに関する事項
	●安全、衛生に関する事項　　●職業訓練に関する事項
	●災害補償、業務外の傷病扶助に関する事項　　●表彰、制裁に関する事項
	●休職に関する事項

※　退職手当、臨時に支払われる賃金、賞与などを除く

37

2 契約期間

契約期間の上限は原則として３年である

● 契約期間の定めのある場合

契約期間が決められていない期間の定めがない労働契約（無期労働契約）においては、使用者は合理的理由と社会通念上の相当性がなければ契約を解消（解雇）できません。逆に、労働者から無期雇用契約を解消する場合は、理由がなくても使用者に対して２週間前に解約の通知をするだけでよいのです。

これに対し、契約期間の定めのある場合（有期労働契約）は、期間途中の間は使用者の方からも労働者の方からも労働契約を解消（解雇・解約）できないのが原則です。やむを得ない事情があれば解消できますが、そうでなければ損害賠償を支払う必要がでてきます。なお、雇用期間の定めをする場合には、原則３年を超えて労働者を雇用する契約は原則として許されません（労働基準法14条）。

有期労働契約で、契約期間が過ぎた後も労働者が労働を継続し、使用者の側からも異議が述べられていない場合には、労働契約はそれまでと同じ条件で更新されたと推定されます（黙示の更新）。ただし、更新後は無期労働契約に変わります。

● 契約期間の上限

有期労働契約の契約期間については、法律上は、原則として３年、厚生労働省が認める高度な専門技術を有する労働者の場合、または満60歳以上の労働者の場合は５年が上限と定めていまです。「高度な専門技術を有する者」とは、主に以下の者のことを指します。

① 博士の学位を有する者
② 公認会計士・弁護士・税理士・社労士・医師などの資格を有する者
③ システムアナリスト資格試験合格者、またはアクチュアリーに関する資格試験合格者
④ システムエンジニアとして５年以上の実務経験を有するシステムコンサルタントで、年収が1075万円以上の者

企業がこのような高度な技術をもつ労働者を５年以下の契約期間で雇うケースもありますが、通常は上限３年と考えてよいでしょう。

契約期間を定めた以上、その期間内は退職（労働契約を解消）できないのが原則です。ただし、１年を超える契約期間で働いている有期労働者は、労働契約の期間の初日から１年を経過した日以後は、使用者に申し出て、いつでも退職することができます（労働基準法137条）。この暫定措置は、前述した

高度な専門技術を有する労働者と、満60歳以上の労働者には適用されません。

●通算契約期間が5年を超えた場合

有期労働契約の更新が繰り返し行われ、通算の契約期間が5年を超えた場合において、労働者側が申込みをしたときは、自動的に有期労働契約が無期労働契約に転換されます。つまり、同じ使用者と締結していた労働契約の通算期間が5年を超えれば、労働者は労働契約を無期のものに転換するように申し込むことができます。使用者は、労働者のこの申込みを自動的に承諾したとみなされるため、使用者がこの申込みを拒否することはできません。無期労働契約に転換した際の労働条件は、原則として、有期労働契約を締結していたときと同様になります。

実務上は契約社員やパート社員との間で契約更新を繰り返すケースがあるため、人事担当者としては「5年を超えるかどうか」という点に注意する必要があります。上記の有期労働契約から無期労働契約への転換ルールには、以下の特例があります。

① 研究者に対する特例

研究に携わる専門家に対する無期労働契約への転換期間に特例を設け、日本の研究開発能力の強化と効率性に配慮しています。対象となる専門家は、大学や研究開発法人の教員や研究者、技術者、リサーチアドミニストレータなどです。これらの専門家が大学や研究開発法人、研究機関などと有期労働契約を結ぶ場合は、専門家の申し出により無期労働契約に転換が可能になる期間は、10年間とされています。

② 特別措置法

「専門的知識等を有する有期雇用労働者等に関する特別措置法」により、高度な専門知識を持つ有期労働者（5年を超える一定期間内に完了することが予定される業務に就く場合に限る）、または定年後も雇用されている有期労働者については、一定期間内は無期労働契約への転換申込みがなされないという特例が設けられています。

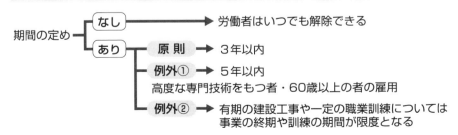

労働契約の期間

3 男女雇用機会均等法

性別による差別を禁止している

● 均等法の目的

憲法14条は、法の下の平等を規定しています。人は、政治的、社会的、経済的関係において性別を理由に一切の差別的な取扱いを受けるものではないとされています。これを受けて、労働基準法では、「使用者は、労働者の国籍、信条または社会的身分を理由として、賃金、労働時間その他の労働条件について、差別的取扱いをしてはならない」として労働条件の差別禁止を規定しています（3条）。

また、働く人が性別により差別されないようにするため、男女雇用機会均等法（雇用の分野における男女の均等な機会及び待遇の確保等に関する法律）が定められています。男女雇用機会均等法は、性別による不当な差別の禁止とともに、男女がともに育児や介護について家族としての役割を果たしながら充実した職業生活を営むことができる環境を整備することも目的としています。

● 男女雇用機会均等法が定めるルール

たとえば、男女雇用機会均等法により、募集・採用の際に、その対象から男女のいずれかを排除することが禁じられます。また、一定の職務への配置について、その対象から男女のいずれかを排除することも禁止されます。

この法律に違反した場合、直ちに是正が求められます。労働者と事業主との間で性別による差別に関する紛争が生じた場合には、都道府県労働局長は紛争解決に必要な助言・指導・勧告をすることができます。また、厚生労働大臣の是正勧告に事業主が従わないときは、会社名を公表するという制裁を受ける場合があります。さらに、紛争調整委員会（弁護士など労働問題の専門家で組織された委員会で各都道府県の労働局に設置されている）に調停を申請することもできます。

なお、男女雇用機会均等法では、男性に対する差別も禁止されています。たとえば、事務職員は女性しか採用しないという会社もありましたが、今は女性のみに限定して募集を行うことができません。

さらに、禁止される差別の種類にも注意する必要があります。募集や採用、定年などを性別により差別することが禁止されるだけではありません。降格、職種変更、雇用形態の変更（パートへの変更など）、退職勧奨、雇止め（労働契約の更新）についても、性別による差別が禁止されています。

なお、男女雇用機会均等法に違反した場合の罰則として、厚生労働大臣に対する報告に関する規定に違反した場合（不報告または虚偽報告）には、20万円以下の過料が科せられます。

　このように、性別による差別は厳しく禁止されています。そして、罰則を受けたり、会社名を公表されることは会社のイメージを悪くし、社会的な信用の低下を招きます。企業は、性別による差別をしないよう、従業員に対して注意・教育することが必要です。

○間接差別の禁止

　間接差別とは、性別などで直接差別していなくても、他の条件で区別することで実質的に性別を差別することをいいます。たとえば、「身長170cm以上の人しか採用しない」という条件で募集をした場合が考えられます。身長170cm以上の女性は少ないので、実質的に男性だけを採用することになり、女性に対する差別になります。

　また、採用や昇進における転勤の条件についても間接差別となる可能性があるため注意する必要があります。平成26年7月1日施行の男女雇用機会均等法施行規則の改正により、間接差別の対象範囲が拡大され、総合職だけでなくすべての職種で、転勤の可否を採用や昇進の条件にすることが間接差別となりました。ただし、採用や昇進の条件について、その条件をつけることに合理的な理由があれば、間接差別にはなりません。

　たとえば、会社の業務の中で重い物を持ち運ぶという内容の仕事があるために、労働者に体力が要求される場合には、体力に関することを採用の条件とすることが可能です。

第2章　募集・採用・労働契約をめぐるルール

男女雇用機会均等法の定めるルール

男女雇用機会均等法の主なルール

労働者が性別により差別されることなく、十分に能力が発揮できる職場環境を作ることを目的としている。

- 募集や採用における性別による差別の禁止
- 昇進や配置における性別による差別の禁止
- 間接差別の禁止
- 婚姻・出産・育児における不利益な取扱いの禁止
- セクシュアルハラスメント対策の整備

➡ 事業主（会社）は、男女雇用機会均等法のルールに従って雇用管理を行わなければならない

41

4 試用期間
試用期間後の本採用拒否は解雇と同じ

●14日以内なら解雇予告が不要

　正規従業員（正社員）を採用する際に、入社後の一定の期間（通常は3か月程度）を、人物や能力を評価して本採用するか否かを判断するための期間とすることがあります。これを試用期間といいます。

　試用期間を設けるにあたって注意しなければならないことがあります。それは「試用期間○か月」などと明確に示して雇用契約を締結しても、法律上は本採用の雇用契約と同じように扱われるということです。本採用の雇用契約と同等である以上、試用期間終了の時点で、会社側が一方的に「本採用は見送る」として、自由に入社を断ってもよいことにはなりません。本採用の見送りは解雇と同じとみなされるので、解雇予告（15ページ）など解雇の手続きに沿って行う必要があります。

　ただ、実際に働かせてみたところ、面接では判別しきれなかった実務能力やコミュニケーション能力に問題があることがわかり、本採用することが難しいと考え直すことはあるでしょう。

　そのため、労働基準法21条は「試の使用期間」（労働基準法21条で定められている解雇予告が適用されない試用期間）中の者を14日以内に解雇する場合には、通常の解雇の際に必要な「30日前の解雇予告」または「解雇予告手当金の支払い」をしなくてもよいと規定しています。つまり、試用期間開始から14日以内の解雇は、通常の解雇として扱わないということです。

　ただ、14日ではミスマッチを判断するにはかなり短いかもしれません。その場合は、試用期間以外の方法で採用することも検討する必要があります。

　なお、この「14日」は労働者の労働日や出勤日ではなく、暦日でカウントしますので、土日や祝日も含めることになります。

●試用期間は原則として延長できない

　試用期間中は解雇権が留保されているため、労働者の地位は不安定です。そのため、不当に長い試用期間を想定することは許されず、原則として試用期間の延長は認められません。試用期間の長さは3か月から6か月程度が妥当なところです。

　ただ、労働者が試用期間の大半を病欠した場合など、特別な事情があって、労働者も同意しているのであれば、試用期間が延長されることもあります。試用期間の延長があり得る場合は、その旨を就業規則に定めておく必要があ

ります。

●試用期間以外の方法もある

「試しに雇用してミスマッチを防ぎたい」という場合に採る手段としては、契約を2回締結するということが考えられます。たとえば、まず3か月など短期間の契約で実際に職場に入ってもらい、実務に対する能力やコミュニケーション能力といったことを見きわめます。その期間の満了後に改めて本採用するかどうかを判断するわけです。この場合の短期間契約の種類としては、次のようなものがあります。

① 有期雇用契約

求職者と会社が直接、短期の雇用契約を締結し、本採用する際に再度期間の定めのない雇用契約を締結する方法です。

② 紹介予定派遣

紹介予定派遣とは、派遣された労働者が派遣先の会社の労働者として雇用されることを予定して実施される派遣労働です。派遣会社に登録された人を6か月以内の一定期間派遣してもらい、派遣期間の終了時に本人と会社双方で話し合って直接雇用をするかどうかを決めることになります。この場合、最初は派遣会社と会社の間で派遣契約を締結し、直接雇用の段階になって本人と会社が雇用契約を締結することになります。

③ トライアル雇用

就職が困難な求職者を、ハローワーク・紹介事業者等の紹介により雇い入れて試行雇用（トライアル雇用）する制度です。試行雇用期間は原則として3か月です。要件を満たすトライアル雇用を実施した事業主に対しては、奨励金（トライアル雇用奨励金）が支給されます。

④ インターンシップ

ミスマッチがないようにするために、どのような職業経験を体験してもらうか、あらかじめ準備・検討しておくことが大切です。

試用期間を設定する上での注意点

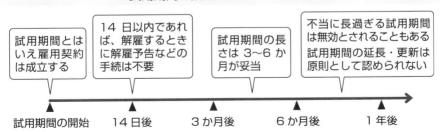

5 不採用や内定取消をめぐる問題点

内定取消の理由によっては無効となる場合がある

●内定とは

内定（採用内定）とは、会社が学生に採用内定通知書を交付し、学生が誓約書などの書面を会社に提出することにより、解約権留保付きの労働契約が成立していることをいいます。

解約権留保付きとは、採用が内定してから入社するまでの間に、大学を卒業できないなど、一定の事情がある場合には、会社が学生の内定を取り消すことができるということです。

ただし、内定をもらった者は通常、求職活動をやめてしまうことから、後日会社側から理由もなく内定を取り消されると、その精神的苦痛や財産的損害は計り知れないものとなります。

ですから、会社は学生に内定を出した後は、後述するように合理的な理由もなく勝手に内定を取り消すことはできません。

ただ、会社が出した「内定」が条件付きの労働契約あるいは労働契約の予約という程度に達していない場合は、内定取消を理由に不法行為として損害賠償を請求できるだけです。

●内定取消が無効になる場合

会社は学校卒業予定者に対して、採用内定の通知を出すのが通常です。誓約書の提出を求める企業もあるでしょう。志望する会社から内定を受けて就職活動を中止すれば、以降は他の会社に採用される途は極めて制限されます。また内定者は、採用先の会社の研修への参加を求められることもあります。

採用内定者と会社との間の法的関係は、前述のように「解約権留保付きの労働契約」が成立していると考えられています。つまり「卒業後、予定された入社日から働く」という内容の労働契約が成立しています。ただし、採用内定通知書や契約書に記載されている一定の取消事由が生じた場合には、使用者側で解約（内定取消）できるという解約権が留保されています。

しかし、内定の取消は他社への就職のチャンスを奪い、学生に大きな財産的損害や精神的苦痛を与えます。ですから、内定取消をするには、客観的に合理的な理由があり、社会通念上是認できるものでなければならず、そのようでない内定取消は無効となります。

●内定取消ができる場合

どんな場合に内定を取り消すことができるのでしょうか。抽象的に言えば、会社と内定者との間の信頼関係を破壊するような事実が内定者に起こったと

きや、著しい経済事情の変動があった場合があてはまります。たとえば履歴書に事実と違うことを書いても、それが仕事の適格性と全く関係なければ、それを理由に取り消すことはできないとされます。逆に、たとえば外国語の文書を扱う部署で語学力をあてにして採用するときのように、その人の特殊な技能を見込んで採用したのに、その技能についての経歴が全くのウソであった場合には、内定を取り消すことができるといえます。

では、内定当時より景気が悪くなったことを理由として内定を取り消すことはできるのでしょうか。

そもそも内定後の短い期間に景気が悪くなったとすると、経営者の景気予測に誤りがあったことになります。

よって、予測できない著しい景気変動がない限り、内定者の内定を取り消すことは違法・無効だと考えられます。

最高裁判所の判例の中にも大学生が卒業の直前に内定を取り消された事案について、採用の内定によって解約権留保付きの労働契約が成立したものであって、内定取消事由は内定当時知ることができなかった事実であることを要し、合理的な理由があって、社会通念（社会常識）上相当と認められる場合の他は、内定を取り消すことはできないと判断しています。

なお、内定時に労働契約の手続きがすべて終わり、ただ、卒業を単純な条件とした場合には、条件が成就したとき（卒業したとき）に労働契約は完全に効力を生じます。

内定を通知した学生に記載させる誓約書のサンプル

誓　約　書

△△△△株式会社　代表取締役社長　○○　○○　殿

この度貴社に従業員として入社するにあたり、次の条項を誓約し厳守履行いたします。

1　貴社就業規則および服務に関する諸規定・諸命令を堅く遵守し誠実に勤務すること
2　先に提出した履歴書および入社志願書の記載事項は真実に相違ないこと
3　貴社従業員としての対面を汚すような行為をしないこと
4　故意又は重大な過失、その他不都合な行為によって貴社に損害をおかけしたときはその責任を負うこと

平成　　年　　月　　日

現住所　東京都世田谷区○○町1丁目1番1号
氏　名　○○　○○　㊞
昭和○○年○月○日生

内々定と内定の違い

内々定は、まだ労働契約の成立に至っていない段階

●内々定とは

　内々定は、会社における採用の実務において、一般的に行われているものです。採用担当者などが、学生に対して、「もう他の会社を受けなくてもいいですよ」などと、明確な形をとらずに、暗に採用の通知を行うものです。

　このため、内々定と内定とは、法律的に見て大きな違いがあります。内定の場合には、すでに労働契約が成立しているため、会社が内定を通知した後に内定を取り消すとすれば、それは「解雇」にあたります。学生は、会社に対して、労働契約の存在を申し立てることが可能ということになります。

　一方、内々定の場合は、労働契約の成立が認められていないため、学生の側が内々定の取消について訴訟を起こしても、労働契約関係を主張することはきわめて困難だと考えられます。

●内々定を取り消された場合は

　裁判所は、内々定により労働契約は成立せず、内定と内々定は明らかに性質が違うものであるとしています。しかし、その一方、「内々定取消は、労働契約締結過程における信義則に反し、原告（内定者）の期待利益を侵害するものとして不法行為を構成するから、被告（会社）は原告が採用を信頼したために被った損害を賠償すべき責任を負うというべきである」として、内々定の取消について、会社側に責任があるとする判断を行い、労働契約が確実に締結されるだろうと考えた内定者の期待は保護に値するとしました。

　契約交渉を行っている当事者の間には、原則として、何らの権利義務関係もないはずです。しかし、契約締結までの準備段階で、一方当事者の言動によって、契約を有効に成立すると信じた側が不相当な損害を被ることがあります。そのため、契約締結の交渉に入った当事者には、民法の信義則の定めによって、お互いの利益に配慮し、相手方に損害を発生させないように行動する義務があり、その義務に違反した者は、契約が成立すると相手方が信じたことによる損害を賠償する責任があるものとされています。契約締結上の過失と呼ばれるものです。

　内定式の直前に突然内々定を取り消した上に、採用方針の変更などについて十分な説明も行わないなど、会社が内定者に対する配慮に欠いた対応を行った場合には、契約締結上の過失が認められ、損害賠償が課される可能性が高いことに留意する必要があります。

7 本採用前のインターンシップをめぐる問題

学生が「労働者」とみなされる場合がある

●インターンシップとは

　インターンシップは、学生の側からすると、実務経験を積み、職業意識を高めるための企業内研修ということになります。一方、企業側のメリットとしては、企業イメージの向上の他、新入社員教育への応用、就労後の企業と学生のミスマッチの回避などがあります。

　インターンシップは、様々な観点から種類分けができますが、以下の4つのタイプに分けて考えてみましょう。

① **企業PRタイプ**

　インターンシップ受入企業として、企業の認知度を高め、企業のイメージのアップを図るために行うものです。

② **実務実習タイプ**

　医療・福祉関係の大学で行われている実際の現場での教員免許取得のための実習、研究・開発の実習などがあります。

③ **職場体験タイプ**

　実際の職場での体験を通じて、学生たちの職業観の確立を支援するものです。

④ **採用活動タイプ**

　インターンシップ自体が採用活動につながっているものです。

●「労働者」にあたるのか

　インターンシップの法的問題は、インターン生が、労働基準法上の「労働者」にあたるのかどうかという点にあります。厚生労働省の通達によると、その判断基準を次のように示しています。

・見学や体験的なもので、業務に係る指揮命令を受けていないなど、使用従属関係が認められない場合は労働者に該当しない。

・直接生産活動に従事するなど、その作業による利益・効果が事業場に帰属し、かつ、事業場と学生との間に使用従属関係が認められる場合は労働者に該当するものと考えられ、また、この判断は実際に即して行う。

　つまり、企業がインターン生に対して指揮命令を行い、使用従属関係にあれば、インターン生が労働者であると認められる可能性が高いということになります。労働者とみなされた場合には、労働基準法・最低賃金法などの労働法が適用されます。その場合、会社としては、インターン生に対して、賃金の支払いや労働時間に応じた割増賃金の支払いが義務付けられます。

　もし、インターン生が労働者とみなされる可能性のある研修を行う場合には、インターン生と労働契約を取り交わした上で、労働法に基づいて適切に実施する必要があります。

第2章　募集・採用・労働契約をめぐるルール

8 身元保証契約

社員の保証人と会社の間で交わされる契約書

● 身元保証書の提出

入社時には、会社のルールに則って業務に従事することを約束する「誓約書」と、不正があったときなどには損害賠償などの保証人となることを明記した「身元保証書」、資格を所持している証明となる「資格証明書」などを提出してもらうケースもあります。

「身元保証書」は、社員の保証人と会社の間で交わされる契約書です。

身元保証契約は労働契約に伴い、労働者が不正行為をして使用者に損害を与えたときに、使用者（会社）に対し、身元保証人が損害賠償をするというものです。身元保証書を交わす意義は、もし身元保証をする相手が会社に対して損害を与えた場合、身元保証人が連帯してその責任を負うということを文書で示すことにあります。

● 身元保証に関する法律

労働契約を結ぶにあたっては、使用者の立場の方が一般的に強いので、会社が身元保証を要求するケースは多いといえます。身元保証は具体的な債務の保証でないため軽い気持ちで応じてしまうことも多いようです。

しかし、身元保証人になると、保証契約した時点では、将来いくらの損害賠償責任を負わされるのかわからないため、きわめて不安定な立場に置かれます。また、負わされる責任も、時として予想もしていなかったような高額になることもあります。

そこで「身元保証に関する法律」が制定されました。身元保証人の責任は、①身元保証をする期間の定めがないときは３年、②期間を定めたときでも５年を超えることはできない（更新もできますが、更新後の期間の定めも５年を超えることができない）とされています。

なお、以下の場合には、使用者はなるべく早く、身元保証人に通知をしなければなりません。

・労働者に業務上不適任または不誠実な事跡があり、そのため身元保証人の責任を生じるおそれがあることがわかったとき
・労働者の任務または任地を変更し、そのため身元保証人の責任を加重し、または監督を困難にするとき

身元保証人は、以上の通知を受けた時または以上の事実を知った時は、将来に向かって身元保証契約の解除をすることができます。

副業と禁止規定
労働者の副業は原則として自由である

●副業は法律で禁止されているのか

インターネットの広告などで「副業で年収アップ」「週末起業」といった内容を目にすることがあります。「収入が増やせる」と聞けば、興味を持つ人も多いのではないでしょうか。ワークシェアリングなど雇用形態が多様化する中で、賃金が減少する労働者にとっては、生活のために副業をする必要が出てくる場合もあるでしょう。

一方で、「正社員になれば副業は原則禁止じゃないの?」と疑問に思う人も多いのではないでしょうか。実際、就業規則において正社員の副業を「原則禁止」または「会社の許可が必要」と規定している企業は多いようです。

ただ、憲法では「職業選択の自由」を謳っています。それを考えると、就業時間外の副業まで会社が制限するのは行きすぎのようにも思われます。

わが国の法令上、副業禁止が明記されているのは公務員だけで、民間企業に勤務する労働者の副業を禁じる規定はありません。労働基準法に副業を禁止する規定がないということは、意外に知らない人が多いかもしれません。むしろ副業を全面的に禁止することは、特別な事情がない限り合理的ではないとする判例もあります。

●就業規則で副業を禁止できるのか

就業規則などで副業を禁止するかどうかは、基本的には会社しだいといえます。就業規則に副業禁止を盛り込むことを認めないという法律も、今のところ存在しないからです。

会社側が副業を禁じる理由としては、「副業をすると、疲れがたまって本業に支障をきたす」「副業先で本業の情報が漏えいするおそれがある」「残業や休日出勤ができなくなる」などが挙げられます。副業禁止の就業規則を破って懲戒解雇などの制裁を受けた労働者が、会社を相手取って提訴した訴訟においても、上記のような理由で会社に損害を与えたり、労務の提供に支障が生じるとして、会社側の正当性を認めた判例もあります。

ただし、副業禁止の就業規則を規定していれば、それに違反した労働者をすべて懲戒処分にできるわけではないことは知っておくべきです。また、副業を行うにあたって、会社に許可や届出を義務付けている会社も存在します。会社としては副業の是非を判断でき、労働者は手続を踏めば懲戒処分などを恐れず副業を行うことができるというメリットがあります。

第2章 募集・採用・労働契約をめぐるルール

10 入社前研修
会社は内定段階でも、学生を労働者として扱えるわけではない

●内定を取り消すことができるのか

内定段階の時期は会社側から見ると、労働契約における労務の提供を求める権利は確保しているものの、その権利を行使できる時期（入社日）に至っていない状態です。この時期に、会社は、学生に対して研修を強制することができるのでしょうか。

近時の判例によると、内定段階では労働契約の効力が発生していないため（効力が発生するのは正式な入社日です）、会社側が入社前研修を強制的に命じることはできないとされています。

したがって、会社としては、入社前研修を行おうとするときは、内定者の同意の下に実施しなければなりません。また、入社前研修に参加しなかった内定者に対し、内定の取消や入社後に不利益な取扱いをすることは許されません。

●適性に問題がある場合

入社前研修に参加してくれた内定者について、会社側から見て、入社後に自社の業務を遂行していく能力や適性に欠けていることが判明した場合には、どのように対処すべきでしょうか。

たとえば、内定者に対して、「内定を辞退することも考えたらどうか」などと言うことは許容されるのでしょうか。

近時の判例によると、内定者に対して、内定の取消や内定辞退の強要を明示的または黙示的に行うことは許されないとしています。

したがって、会社としては、入社前研修においては、内定者の適性について多少問題があっても、研修の成果を身につけ、成長していけるよう最大限サポートしていかざるを得ないといえます。

●内定辞退への損害賠償の請求

内定者の中に、入社の直前になって内定を辞退する者もいます。会社としては、多大なコストがムダになるだけではなく、予定採用者数に欠けるときは、中途採用などのための新たな経費が必要になります。こうした会社が被った経済的損害を内定辞退者に対して損害賠償請求できるのでしょうか。

この問題については、会社としては、内定者が、会社との信頼関係を破壊するようなやり方で内定の辞退をした場合には、損害賠償請求できる可能性があると近時の判例で判断されました。

50

第3章

継続雇用・パート・
派遣をめぐるルール

1 継続雇用制度
再雇用制度の導入も可能である

●高齢者の雇用を確保する義務がある

　高年齢者雇用安定法（高年齢者等の雇用の安定等に関する法律）は、高年齢者の雇用の安定や再就職の促進などを目的とした法律です。①高年齢者の定年に関する制限（定年を定める場合は60歳以上とする必要があります）、②高年齢者の雇用確保のために事業者が講じるべき措置、③高年齢者雇用推進者の選任、といった事項が定められています。

　医療技術の発展による長寿化と少子高齢化の加速とともに日本は世界でも未曾有の超高齢社会へと突き進んでいます。その勢いは、年金や医療などの社会保障制度を根底から脅かすほどのものです。このような状況の中、たとえば60歳で定年を迎えても、その後に何らかの職業に就かなければ生活できない状況になってきました。

　そこで、平成18年4月から改正高年齢者雇用安定法が施行されました。改正の内容は、65歳未満の定年制を採用している事業主に対し、雇用確保措置として、①65歳までの定年の引上げ、②65歳までの継続雇用制度（高年齢者が希望するときは定年後も引き続き雇用する制度）の導入、③定年制の廃止のいずれかを導入する義務を課すというものです。

●継続雇用制度とは

　すべての企業は、定年制を廃止するか、あるいは定年を65歳以上とするのでなければ、継続雇用制度を導入する必要があります。継続雇用制度とは、60歳となった労働者を再雇用する形で働かせ続けるか、60歳となっても引き続き勤務してもらう制度です。

　継続雇用制度の具体的な内容は法令で定められているわけではなく、65歳まで雇用する形態については、法令に違反しない範囲で、各企業で自由に定めることができます。そのため、労働条件の引下げが全く認められないわけでありません。たとえば、「57歳以降は労働条件を一定の範囲で引き下げた上で65歳まで雇用する」という制度も継続雇用制度の形態として認められます。

　会社は、希望する労働者をすべて継続して雇用し続ける必要があり、会社が任意で継続雇用する労働者を選択することは許されません。

　ただし、継続雇用制度は希望者全員を継続雇用する制度ですので、労働者が本心から継続雇用を希望していないときは、従来どおり60歳で退職という取扱いをしてもかまいません。

●平成37年3月までの経過措置

前述のとおり、平成18年施行の改正高年齢者雇用安定法により、定年を65歳未満に設定している企業には雇用確保措置の実施が義務付けられました。大半の企業は継続雇用制度を導入することで対応していましたが、労使協定の中で雇用を継続する高年齢者の基準を定め、一部の高年齢者だけを選んで雇用を継続させるという取扱いが認められたため、希望しても労働者が継続雇用されるとは限らないことが問題となっていました。

そのため、この雇用が継続される高年齢者を労使協定により限定できるしくみが平成24年8月の改正高年齢者雇用安定法により廃止され、平成25年4月以降は、事業主は原則として、継続雇用を希望するすべての労働者を継続雇用の対象にしなければならなくなりました。

ただし、経過措置として、平成25年3月31日までに労使協定を締結していることを条件に、その労使協定で定められた基準を基に、年金を受給できる労働者について、継続雇用の対象から外す措置をとることが認められています。経過措置が認められるのは平成37年3月までです。たとえば、平成28年から平成31年の間であれば、62歳から65歳までの者については、経過措置としての基準を適用できるため、労使協定により、雇用継続のための条件を設定し、雇用継続する者を限定することが可能です（下図）。

なお、平成25年4月以降は、新たに継続雇用制度の対象者を定めることが認められません。平成25年4月より前に対象者を限定する基準を定め、労使協定を締結していない場合、会社は、同年4月以降は希望する者全員を継続雇用の対象としなければなりません。

経過措置のスケジュール

	年金の支給開始年齢	経過措置の適用が認められない労働者の範囲
平成25年4月1日から平成28年3月31日	61歳以降	60歳から61歳未満
平成28年4月1日から平成31年3月31日	62歳以降	60歳から62歳未満
平成31年4月1日から平成34年3月31日	63歳以降	60歳から63歳未満
平成34年4月1日から平成37年3月31日	64歳以降	60歳から64歳未満
平成37年4月1日以降	65歳以降	60歳から65歳未満

※ 年金の支給開始年齢欄の年齢は男性が受給する場合の年齢を記載

2 継続雇用制度の種類

企業は再雇用制度または勤務延長制度の導入を行う

● どんな制度なのか

継続雇用制度には、再雇用制度と勤務延長制度の２つがあります。

・再雇用制度

再雇用制度とは、定年になった労働者を退職させて、その後にもう一度雇用する制度のことをいいます。雇用形態は正社員、パートタイマー等を問いません。再雇用を行う場合には、通常は労働契約の期間を１年間として、１年ごとに労働契約を更新していきます。

・勤務延長制度

勤務延長制度とは、定年になった労働者を退職させず、引き続き雇用する制度のことをいいます。再雇用制度と継続雇用制度とは、定年に達した労働者を雇用するという点では共通しています。再雇用制度は、雇用契約をいったん解消してから労働者と改めて雇用契約を締結するのに対して、勤務延長制度では雇用契約が引き継がれるという点に、両者の違いがあります。

● 再雇用制度導入の手続き

特に決まった形式があるわけではありません。就業規則の変更を届け出る場合や労働協約を用いて再雇用制度を導入することも可能です。労働者と企業とが定年後に雇用契約を締結すると

いうシステムを導入することが、再雇用制度導入の手続きになります。

● 勤務延長制度導入の手続き

勤務延長制度の導入についても、特に決まった形式があるわけではありません。労働者と企業との間の労働契約を延長するというシステムを導入することが、勤務延長制度導入の手続きになります。

● 事務手続上の問題はあるのか

企業は、原則として、60歳で定年になった希望する労働者を雇用し続ける必要がありますが、定年となった翌日から雇用しなければならないわけではありません。事務手続上の理由がある場合には、労働者が定年となった後にしばらく雇用していない期間が生じても、それが違法となるわけではありません。ただし、合理的な理由なく会社の一方的な都合で、長期間雇用の空白期間を生じさせることは許されません。

なお、平成25年４月からは、従来認められていた労使協定による継続雇用する高年齢者の限定が認められなくなりましたが、従前の基準を経過措置として引き続き使用する場合であっても、年金を受給できない年齢の高年齢者に

ついては、希望者全員を再雇用しなければなりません（53ページ）。

●異なる企業での雇用も認められる

高年齢者雇用安定法では、一定の条件を満たした場合には、定年まで労働者が雇用されていた企業以外の企業で雇用することも可能です。その条件とは、定年まで労働者が雇用されていた企業と定年後に労働者が雇用されることになる企業とが実質的に一体と見ることができ、労働者が確実に65歳以上まで雇用されるというものです。

具体的には、①元の事業主の子法人等、②元の事業主の親法人等、③元の事業主の親法人等の子法人等（兄弟会社）、④元の事業主の関連法人等、⑤元の事業主の親法人等の関連法人等で雇用することが認められます。①〜⑤を特殊関係事業主（グループ会社）といいます。

他社を自己の子法人等とする要件は、当該他社の意思決定機関を支配しているといえることです。たとえば親法人が子法人の議決権の50％超を保有していれば、親法人を定年退職した労働者を子法人で継続して雇用できます。

なお、グループ会社（特殊関係事業主）は、高年齢者雇用安定法で認められた範囲であれば、たとえ遠隔地にある会社であったとしても、そのことだけで高年齢者雇用確保措置義務違反になることはありません。

●指針で運用が定められている

平成24年8月の改正高年齢者雇用安定法に伴う、事業主が講じるべき高年齢者の雇用確保の実施と運用について、指針が定められています。

継続雇用制度を導入する場合には、希望者全員を対象としなければなりません。ただ、指針では、就業規則に定める解雇事由や退職事由に該当する者（心身の故障のために業務を遂行できないと認められる者、勤務状況が著しく悪く従業員としての職責を果たし得ない者など）については、継続雇用をしないことが認められています。

継続雇用制度と一定の労働者の除外

継続雇用する労働者の限定

就業規則に定める解雇事由や退職事由に該当する場合
・心身の故障のために業務を遂行できない
・勤務状況が著しく悪く従業員としての職責を果たし得ない
・労働者の勤務状況が著しく悪い　　　　　　　　　　　　　　など

平成25年3月までに締結した労使協定で、継続雇用制度の対象者を限定する基準を定めていた場合

第3章　継続雇用・パート・派遣をめぐるルール

3 外国人雇用

雇う前に知っておかなければならないことをつかむ

●在留資格は27種類ある

　在留資格とは、外国人が日本に入国や在留して行うことができる行動等を類型化したものです。現在は27種類あり、これに該当しなければ90日を超える滞在は認められていません。

　外国人留学生を雇用するにあたり、まず前提として知っておかなければならないことは、日本で雇用できる外国人は、「高度な専門的能力を持った人材」に限られているという事です。

　また、「留学」の在留資格では、正規の雇入れができないので、在留資格を変更してもらう必要があります。留学生は本来、勉強のみを目的として在留するわけですから、その在留資格に定められた活動しかできないからです。

　留学先でアルバイトなどの仕事に就く場合には、「資格外活動許可」が必要です。資格外活動許可は「本来の活動の遂行を阻害しない範囲内」で許可されていますので、労働させることができる場所や時間が制限されています。労働場所については風俗営業等の場所での活動は禁止されています。また、労働時間については、留学生のアルバイトの場合だと1週28時間以内で、夏休みなどのように、教育機関が長期休業中の場合だと1日8時間以内と設定されています。もし、1週の労働時間がオーバーした場合は、オーバー分を翌週に回し、その分翌週の労働時間を減らすなどの調整をする必要があります。

●残業代や最低賃金の支払について

　日本国内の企業に使用される労働者であれば、外国人労働者であっても労働基準法は適用されます。したがって、時間外労働をさせた場合には、働いた時間に応じた割増賃金を支払わなければなりませんし、時給（1時間あたりの賃金）が最低賃金を上回るようにしなければなりません。

●労働条件通知書を作成しておく

　外国人を雇用する場合にも、労働契約書（雇用契約書）、労働条件通知書、賞罰規則を整備する必要があります。現在では厚生労働省から外国人向けの労働条件通知書のモデルも公開されていますので、これを参考に外国人向けの労働条件通知書を整備するようにしましょう。労働契約書については、専業の労働者として雇用する場合の契約書の他に、留学目的で来日した外国人留学生をアルバイトなどで雇用する場合の契約書を用意しておきます。いずれの場合も契約書で就労資格に問題

がないことを確認することが必要です。書式の整備後に面接を行います。面接時には社会保険の加入に関しても説明しなければなりません。適用事業所に常用雇用されている限り、外国人も日本人と同様の扱いを受けます。外国人労働者の場合、保険料の負担が煩わしいことを理由に加入したがらないことがよくありますが、面接時に必ず社会保険の説明を行い、加入してもらいましょう。

○外国人雇用状況届出制度とは

外国人労働者（特別永住者を除く）を採用したとき、離職のときにその氏名、在留資格等をハローワークに届け出なければなりません。

雇用保険の被保険者の場合は、資格取得届、喪失届の備考欄に在留資格、在留期限、国籍等を記載して届け出ますが、その他の外国人労働者については外国人雇用状況届出書を提出します。

外国人雇用状況届出書は管轄のハローワークに、雇入れ、離職の場合ともに翌月末日までに提出します（10月1日の雇入れの場合は11月30日まで）。添付書類として、①外国人登録証明書またはパスポートや②資格外活動許可書または就労資格証明書が必要です。

なお、留学生が行うアルバイトも届出の対象となります。届け出る際には資格外活動の許可を得ていることを確認しなければなりません。

通常外国人であると判断できるにも関わらず、在留資格の確認をしないで、在留資格がない外国人を雇用すると罰則の対象になります。

就労が認められる主な在留資格

在留資格	内　容	在留期間
教育	教育機関で語学の指導をすること	5年、3年、1年または3か月
医療	医療についての業務に従事すること	5年、3年、1年または3か月
興行	演劇やスポーツなどの芸能活動	3年、1年、6月、3月または15日
法律・会計業務	外国法事務弁護士、外国公認会計士などが行うとされる法律・会計業務	5年、3年、1年または3か月
技術・人文知識・国際業務	理学・工学・法律学・経済学などの知識を要する業務	5年、3年、1年または3か月
報道	外国の報道機関との契約に基づいて行う取材活動	5年、3年、1年または3か月

4 パートタイマーをめぐる法律
パートタイマーの保護を目的とした法律もある

●パートタイマーとは

パートタイマー（パートタイム労働者）とは、どのような労働者をさすのかは、法律や役所の調査によって定義の仕方が異なるようですが、大まかにいうと、雇用期間の定めがあり、正社員と比べて短い時間で少ない日数で働く人がパートタイマーである、と解釈すれば間違いにはならないようです。

パートタイマーをはじめとする短時間労働者の労働環境を改善することを目的として制定された「短時間労働者の雇用管理の改善等に関する法律」（パートタイム労働法）は、「短時間労働者」を「1週間の所定労働時間が同一の事業所に雇用される通常の労働者の1週間の所定労働時間と比較して短い労働者をいう」と定義しています。

パートタイム労働法の「短時間労働者」が、常にパートタイマーを意味するとは限りませんが、一つの目安にはなるでしょう。

●労働基準法などの適用

労働基準法の「労働者」とは、職業の種類を問わず、事業または事務所に使用される者で、賃金を支払われる者のことです。パートタイマーも労働者に含まれますから、労働基準法の適用を受けます。また、労働基準法だけでなく、労働契約法、最低賃金法、労働安全衛生法、労災保険法、男女雇用機会均等法、育児・介護休業法など労働者に関する他の法律も適用されます。

●パートタイム労働法

パートタイマーなどの短時間労働者を雇用する事業主に対して、短時間労働者の適正な労働条件の確保や福利厚生の充実などの措置を講ずることを求めるべく、労働基準法とは別に定められたのがパートタイム労働法です。

パートタイム労働法3条では、事業主等が負うべき責務として、就業の実態などを考慮して、適正な労働条件の確保、教育訓練の実施、福利厚生の充実、通常の労働者への転換の推進に関する措置などをとることによって、「通常の労働者との均衡のとれた待遇の確保等を図り、当該短時間労働者がその有する能力を有効に発揮することができるように努めるものとする」と定めています。

なお、短時間労働者の適正な労働条件の確保と雇用管理の改善に関して、パートタイム労働法に基づき「パートタイム労働指針」が厚生労働省によって定められています。

パートタイマーと就業規則

パートタイマーのための就業規則を作成する

●パート用就業規則を作成する

就業規則の具体的な内容については、法令や労働協約に反しない範囲内であれば、各事業所の事情に沿って自由に定めることができます。パートタイマーを対象とした就業規則（パート用就業規則）を作成する際にも、労働基準法はもちろん、労働契約法、最低賃金法、男女雇用機会均等法など、正社員に適用される法律は、原則としてすべて適用対象になります。

特にパートタイム労働法やパートタイム労働指針の内容をよく理解して、その内容に沿った就業規則を作ることが必要です。

その他、パート用就業規則を作成する際に注意すべき点としては、以下のようなものがあります。

① 正社員との違いを考慮する

正社員とパートタイマーは、労働時間や賃金体系が異なるのが一般的ですので、正社員用とは別に、パート用就業規則を作成する方がよいでしょう。

② 対象者を明確にする

就業規則を複数作成する場合は、その就業規則を遵守すべき労働者が誰なのかを明確にしておく必要があります。雇用形態の違う労働者それぞれについて、別個の就業規則を作成する必要はありません。似たような労働条件である労働者については、同じ就業規則を使ってもかまいません。

なお、派遣社員は派遣元が雇用主ですから、実際に就業している事業場の就業規則の対象にはなりません。

③ パートタイマーの意見

パートタイマーが労働組合に加入していない場合や、その人数が少ない場合、パートタイマーの意見を聴く機会が与えられない事態が生じます。

そこで、パートタイム労働法7条は、就業規則を作成・変更しようとするときは、その事業所で雇用している短時間労働者の過半数を代表する人の意見を聴かなければならないとしています。

④ 正社員との均衡を考慮する

パートタイマーという雇用形態をとっていても、正社員と同等の労働時間、仕事内容で就業している場合は、できるだけ正社員としてふさわしい処遇をすべきです。事業主は、短時間労働者の賃金を決定するにあたって、客観的な基準に基づかない事業主の主観や、一律に「パートタイマーの時給は○○円」と決定するのではなく、働きや貢献に応じて決定するように努めなければなりません（パートタイム労働法10条）。

6 パート、アルバイトの採用手続き

パートタイマーなどの労働条件を明確にする

● 雇用管理の際の注意点

　パートタイマーの雇用管理については、正社員の雇用管理と共通する部分と異なる部分があります。

・採用

　事業主は、短時間労働者と労働契約を締結する際、労働基準法やパートタイム労働法に基づき、一定の事項を文書（労働条件通知書）で明示する義務がある他（36ページ）、短時間労働者の労働条件全般にわたる事項について、文書などを交付して明示するよう努める（努力義務）ものとしています（パートタイム労働法6条）。また、平成27年4月施行の改正パートタイム労働法により、短時間労働者を雇い入れた事業主は、速やかに、賃金体系や教育訓練といった事項について説明することが義務付けられています（14条）。

・労働契約の期間

　原則として、労働契約の期間は3年以内です（38ページ）。また、労働契約で更新の有無を明確にします。「更新する場合があり得る」とした労働契約で「更新しない」（雇止め）としたい場合には、30日前までにその意思を伝えなければなりません。

・異動

　勤務場所の変更を伴う異動は、長期雇用を前提とした正社員に対する制度であって、パートタイマーにとっては本来予定されたものとはいえません。本人の同意や事業場（事業所）内の異動に限るなど、正社員の異動とは異なる規定が必要となるでしょう。

・労働契約の解除（解雇）

　契約期間中の使用者側からの労働契約の解約を解雇といいます。解雇については、契約期間の定めがあったとしても、労働契約が何度も更新され、期間の定めのない労働者と同視できる場合には、その後の契約更新拒否（雇止め）は、雇止め法理により制限される場合があります（27ページ）。

・賃金、賞与、退職金

　ほとんどの企業において、パートタイマーの賃金は、正社員の賃金に比べて低く抑えられています。常に同一でなければ無効になるわけではありませんが、パートタイム労働法では、短時間労働者の待遇の原則（8条）、通常の労働者（正社員など）と同視すべき短時間労働者に対する差別的取扱いの禁止（9条）が規定されていることに注意が必要です。

　賞与・退職金については、会社の業績などを考えて独自に判断します。賞与は支給する場合でも少額で、退職金

60

は支給しないことが多いようです。

・労働時間

パートタイム労働指針は、事業主に対して短時間労働者にできるだけ所定労働時間を超えて、または所定労働日以外の日に労働させないように努めることを求めています。所定労働時間を超える労働の有無は、労働契約の締結の際に書面（労働条件通知書）で明示しなければなりません。

パートタイマーに時間外・休日労働を要請する際は、そのつど事情を説明の上、個別的な同意を求める方法をとることが望まれます。

・年次有給休暇

パートタイマーにも年次有給休暇が与えられます。ただし、パートタイマーの所定労働日数が通常の労働者に比べて相当程度少ない場合、年次有給休暇は比例付与になります。

休暇に関する事項は、就業規則の絶対的必要記載事項ですので、年次有給休暇に関する条項をパート用就業規則に定めなければなりません。就業規則には比例付与の表を載せるか、単に年次有給休暇は労働基準法に従って付与すると規定するだけでもよいでしょう。

・健康診断

以下のいずれかにあたらない限り、常時使用される労働者とはいえず、一般健康診断を実施する義務はありません。

① 期間の定めのない労働契約により使用される者（期間の定めがある労働契約であっても、当該契約の更新により1年以上使用されることが予定されている者および当該労働契約の更新により1年以上引き続き使用されている者を含む）

② 1週間の労働時間数が当該事業場において同種の業務に従事する通常の労働者の1週間の所定労働時間の4分の3以上であること

パートタイマーの賃金と昇級・賞与を決定する際の考慮事項

賃金の決定	昇給・賞与の決定
◆経験・資格等 ◆会社の業績 ◆従事する仕事の内容 ◆近隣同業他社の相場 ◆労働力市場の状況 　　　　　　　　　など	◆勤続年数 ◆会社の業績 ◆会社への貢献度 ◆知識・経験・技術の向上度合い ◆就業規則などによる取り決め 　　　　　　　　　など

パートタイマー（短時間労働者）と正社員（通常の労働者）との待遇の相違は、①職務の内容（業務の内容、当該業務に伴う責任の程度）、②職務の内容の変更の範囲、③配置の変更の範囲、④その他の事情、を考慮して不合理であってはならない（パートタイム労働法8条）。

パート社員の雇止め

5年間契約更新を続けたパート社員は、無期労働契約への転換が可能

●雇止めとは

　期間の定めのある労働契約（有期労働契約）において、契約期間の満了をもって労働契約の更新を拒否することを雇止めといいます。雇止めについては、更新による雇用継続を期待させる使用者の言動が認められたり、更新の手続きが形式的に行われていたような場合には、労働者に更新期待権が発生すると考えられ、更新拒否が解雇権の濫用と同視されることがあります。解雇権の濫用と同視されることを防ぐためには、厚生労働省が示した以下の基準を満たさなければなりません。
① 　労働契約締結時に、更新の有無や更新の判断基準を明示すること
② 　1年を超えて継続勤務している従業員を雇止めするには、少なくとも30日前にその予告をすること
③ 　雇止めの理由を明示するよう請求があった場合は、遅滞なく証明書を交付すること

●不更新特約がある場合

　会社は、労働者と有期労働契約を締結する際、契約期間や契約更新の回数を5年以内となるように定めた条件で契約することがあります。このような条件を不更新特約や不更新条項と呼びます。この場合、契約書等の文言で契約内容が明らかにされていると考えられ、労働契約法19条の雇止め法理（27ページ）の適用を受けることなく、5年以内の契約終了が可能になります。

　平成25年4月施行の改正労働契約法では、同じ使用者との間で更新された有期労働契約が通算5年を超えた場合に、労働者からの申込みによる無期労働契約への転換が義務付けられました（26ページ）。法改正を受けて、パート社員をはじめとして、期限付き雇用の労働者の地位が大幅に改善されることが期待されています。

　期限付きで雇用されているパート社員等は、契約期間が満了した時に、継続して働き続けることができる保証がなく、常に不安定な地位にありました。しかし、5年間継続して同一の使用者との間で有期労働契約を更新できた場合は、労働者からの転換の申込みによって、以後は無期労働契約になるため、労働者としての地位が安定し、生活基盤を確保できるようになります。

　しかし、入社時に不更新特約を盛り込んだ有期労働契約を交わすことで、会社は無期労働契約への転換義務を回避できる場合があります。一方、5年が経過した後に、労働者が無期労働契

約への転換を申し込まないことを条件に、契約更新をすることや、無期労働契約に転換するよう求める権利をあらかじめ放棄させておいた上で、労働契約を結ぶことはできません。

また、無期労働契約への転換は、正社員になることができることを意味するのではないことにも注意が必要です。有期労働契約が無期労働契約に転換されたとしても、労働条件（職務の内容、勤務地、労働時間、賃金など）に関しては、これまでの労働条件が引き継がれることになります。もっとも、無期労働契約に転換される際に、特別な事情がないにも関わらず、労働条件を低下させることはできません。むしろ、企業により若干の差はありますが、無期労働契約に転換されることで、これまで十分とはいえなかった有給休暇の取得や社会保険の加入等について、雇用体制が整備されることになります。

実務上、単に契約書等で前述した不更新特約を設けただけでは、必ずしも雇止めが有効になるとは限りませんので注意が必要です。労働契約では会社と労働者との間に合意が必要なことは言うまでもありませんが、往々にして労働者は立場が弱いため、不更新特約が設けられている契約であっても合意せざるを得ない場合があります。

このように、不更新特約による不利益な労働契約を締結せざるを得ない状況にあったと認められると、雇止めは客観的に合理性を欠くと判断され、裁判所等で否定されることになります。

そのため、あらかじめ不更新特約について十分に説明し、継続的に相談に応じることなどの配慮をする必要があります。また、不更新特約を盛り込んだ労働契約自体が有効としても、新たな就職のあっせんや、慰労金の支払い、年休残日数への配慮を行うなど、会社は労働者に真摯に向き合い、無用のトラブルを防止することが重要です。

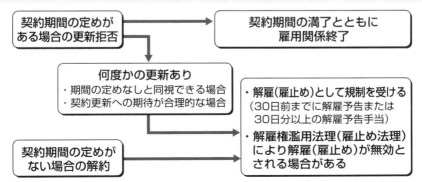

使用者によるパート従業員の更新拒否・解約

8 パートタイム労働者の待遇の確保

正社員と比較して不合理な差別とならないような待遇を用意する

● 労働条件が整備された

採用にあたり、正社員への待遇なども考慮して雇用を管理しなければなりません。平成27年4月施行の改正パートタイム労働法は、正社員と同視される短時間労働者についてその者が有期雇用契約であっても待遇の差別的取扱いを禁止しています（9条）。また、正社員との待遇に差を設ける場合も、不合理な差とならないように短時間労働者の待遇の原則が設けられています（8条）。さらに、短時間労働者の雇用管理の改善等について、短時間労働者からの相談に応じる体制を整備すべきことも規定されています（16条）。

また、パートタイム労働者も、一定の要件に該当すれば、労働保険や社会保険に加入する必要があります。

労災保険は、事業所単位で強制加入となっていますので、パートタイマーなども当然に適用対象になります。

雇用保険については、1週間の労働時間が20時間以上である等の要件を満たした労働者は、被保険者になります。社会保険（健康保険と厚生年金保険）については、原則として1週の労働日数と1か月の労働時間が正社員の4分の3以上の労働者が被保険者になります。ただし、平成28年10月以降は、従業員が常時501人以上の企業では、①1週の労働時間20時間以上、②月額賃金8.8万円以上（年収106万円以上）、③勤務期間1年以上（見込みを含む）、④学生でないこと、の要件を満たす労働者が被保険者となっています。

パートタイマーを多く雇用する企業は、社会保険の法改正をふまえた社内体制を構築する必要があります。

パートタイマーと労働保険・社会保険の適用

保険の種類		加入するための要件
労働保険	労災保険	なし（無条件で加入できる）
	雇用保険	31日以上引き続いて雇用される見込みがあり、かつ、1週間の労働時間が20時間以上であること
社会保険	健康保険	1週間の所定労働時間および1か月の所定労働日数が正社員の4分の3以上であること
	厚生年金保険	※従業員数が常時501人以上の企業では加入条件が緩和されている（本文参照）

パートタイマーの所得調整・年末調整

配偶者控除の制度改正に注意する必要がある

●配偶者控除は制度改正に注意

よく会社員の妻がパートに出る場合、年収を気にして103万円以下になるように労働時間を調整します。その理由は、年収103万円以下であれば本人の所得税が課税されないこと、そして夫の控除対象配偶者にもなれることによります。給与収入から控除される給与所得控除額が最低65万円、すべての人が対象となる基礎控除額が38万円であるため、年収103万円以下であれば所得が「ゼロ」になり、所得税が課税されないというしくみです。

なお、妻の年収が103万円を超えても夫は配偶者特別控除が受けられます。これは年収103万円を超えても段階的に控除額を減らしていき、年収141万円以上で控除額ゼロとするものです。

なお、平成30年分の所得税（確定申告）から配偶者控除の制度が改正されます。主な改正点は、①配偶者控除や配偶者特別控除の額が年収1120万円超から段階的に減少して年収1220万円超でゼロとなる、②配偶者特別控除が配偶者の年収150万円まで配偶者控除と同額（38万円）となる（150万円超から減少して201万円超でゼロとなる）です。年収103万円超になると本人に所得税が課税される点は変わりません。

●パートタイマーと年末調整

パートタイマーであっても、所得税を徴収されていた場合、年末調整（1年間に源泉徴収した所得税の合計額と本来の所得税額を一致させる手続き）を行うことにより、源泉所得税の還付を受けることができます。

年の途中で退職した場合、確定申告を行うことで、源泉所得税の還付を受けることができます。

税金や社会保険に関する収入要件

	対象	制限の内容
100万円を超えると	住民税	保育園、公営住宅の優先入所、医療費助成などの自治体のサービスの一部が制限される
103万円を超えると	所得税	夫（妻）が所得税の配偶者控除が受けられなくなる ※「150万円以下」の場合は同額の配偶者特別控除が受けられる
130万円を超えると	社会保険	健康保険などの夫（妻）の被扶養者にはなれない ※常時501人以上の企業では「年収106万円以上」となる（前ページ）

10 労働者派遣
三者が関わる契約である

労働者派遣とは

派遣社員（派遣労働者）として働く場合、労働者と雇用主だけではなく、派遣社員と派遣元企業、派遣先企業が関わります。このような雇用形態を労働者派遣といいます。労働者派遣は、労働者と雇用主の一対一の関係と異なり、労働者である派遣社員を雇用している派遣元企業と、派遣社員が実際に派遣されて働く現場となる派遣先企業の三者が関わる雇用形態です。労働者派遣は三者が関わるため、正社員などの直接雇用と比べると少し複雑な雇用関係となります。

派遣社員の場合は、派遣元企業と派遣社員の間で雇用契約が交わされますが、派遣社員が労働力を提供する相手は派遣先企業になります。派遣先企業は、派遣社員に対して業務に関連した指揮や命令を出します。派遣社員に対する賃金は派遣元企業が支払います。

なお、派遣元企業と派遣先企業の間では、派遣元企業が派遣先企業に対して労働者を派遣することを約した労働者派遣契約が結ばれます。

派遣社員とは

派遣労働者は、ある会社（派遣事業者）に雇用されながら、他の会社（派遣先）での指揮命令を受けて労働する労働者のことを意味します。派遣労働者については、労働者派遣法に規定があります。労働者派遣事業とは、派遣元で雇用する労働者を、その雇用関係を維持したまま、派遣先の事業場で働かせ、派遣先の指揮命令を受けながら派遣先のための労働に従事させる事業です。

派遣労働者の安全衛生については派遣元である事業者が原則として責任を負います。しかし、派遣労働者は派遣先で仕事をするので、派遣先の事業者が責任を負うケースも多くなります。

派遣労働者は、①派遣先の規律を守ること、②派遣先の事業所の秩序を乱さないこと、③派遣先で政治活動などを行わないこと、が必要とされます。

特定労働者派遣事業の廃止

従来は、労働者派遣事業は、①一般労働者派遣事業と②特定労働者派遣事業の2形態に分類されていました。派遣社員として働くことを希望する者がスタッフとして登録するのが、一般労働者派遣事業です。企業から派遣の要請があったときに派遣会社が適任と思われる登録スタッフを選んで派遣します。つまり、実際に派遣先企業へ派遣

される期間だけ雇用契約を結ぶ形態を採るということです。一般労働者派遣事業を行うには厚生労働大臣の許可が必要で、最初の有効期間は3年間であると規定されていました。

これに対して、②の特定労働者派遣事業は、派遣元企業がその企業内で常時雇用する者だけを派遣する労働者派遣事業を指していました。派遣される労働者は、派遣先が決まっていない間も派遣元企業に雇用されているので、一般労働者派遣事業よりも雇用の状態は安定しています。このため特定労働者派遣事業を行うには届出をするだけでよく更新も必要ありませんでした。

ところが、派遣労働者の常時雇用契約が条件のはずの特定労働者派遣事業において、数か月単位の有期雇用契約を繰り返す派遣会社がありました。そのため、派遣労働者の一層の雇用の安定・保護をめざして、特定労働者派遣事業を廃止し、統一的な派遣事業の健全化を目的に、平成27年9月施行の改正労働者派遣法により、すべての派遣事業を許可制とし、労働者派遣事業の形態を一本化しました。特定労働者

派遣事業であるか否かの判断は容易ではなく、派遣事業の種類により、許可制であるのか届出制であるのかという、取扱が異なることも複雑であったため、一本化してすべての派遣事業について、許可制を採用することで、仕組みが分かりやすく整備されました。

一般労働者派遣事業と特定労働者派遣事業の区別とも関連して、従来は期間制限についても、複雑な制度が採られていました。つまり、いわゆる専門26業務（69ページ）については派遣期間の制限がないのに対し、それ以外の業務の派遣期間については、原則1年（例外3年）の期間制限が存在するという制度が設けられていました。

平成27年9月施行の改正労働者派遣法では、業種による区別を撤廃して、一部の例外を除いて、すべての業務に共通して、原則として3年が統一的な派遣期間の上限として設けられています。そして、派遣労働者の不安定な地位を解消するために、派遣元企業から雇用安定措置（派遣先への直接雇用の依頼など）が講じられるようになっています。

第3章　継続雇用・パート・派遣をめぐるルール

労働者派遣とは

派遣元事業主　←労働者派遣契約→　派遣先

雇用関係　　派遣労働者　　指揮命令関係

派遣期間の規制
派遣事業所単位と個人単位の制限が設けられることになる

● 従来のルール

派遣労働者が派遣元との間で締結する派遣契約期間については、いわゆる専門26業務以外では、派遣受入期間を超えることができませんでした。これに対し、従来は派遣受入期間の制限がなかった専門26業務では、派遣契約期間の上限を3年とする業務と、期間制限がない業務がありましたが、上限を3年とする場合であっても、契約の更新は禁止されていませんでした。

一方、派遣契約期間とは別に、労働者派遣には派遣可能期間（派遣期間）の制限があり、この制限にも従わなければなりませんでした。派遣先企業は、その企業内の同じ場所で行われる同じ業務について、原則1年（最長3年）を超えて派遣労働者を受け入れることが禁じられていました。ただし、専門26業務については派遣可能期間の制限がありませんでした。

● 2種類の派遣期間の制限が及ぶ

平成27年9月施行の改正労働者派遣法により、施行日以後に行われる労働者派遣においては、派遣先の業務に関係なく、①派遣先事業所単位の期間制限と、②個人単位の期間制限の2種類の制限が適用されます。

① 派遣先事業所単位の期間制限

同じ派遣先の「事業所」（会社の「支店」に相当します）に派遣できる期間は3年が限度となります。派遣先が3年を超えて受け入れようとする場合は、派遣先の過半数組合などからの意見聴取が必要です。

② 個人単位の期間制限

同じ派遣労働者を派遣先の事業所における同じ「組織単位」（事業所内の「課」に相当します）に派遣できる期間も3年が限度となります。この制限は過半数組合などの意見聴取による延長ができません。

③ 期間制限の具体例

たとえば、平成28年1月、同一の派遣会社が、ある会社の東京支店総務課にAを派遣し、平成30年1月に東京支店人事課にBを派遣しました。この場合、平成30年12月になると、東京支店への派遣が3年となるので、過半数組合の意見聴取で派遣期間を延長しない限り、AとBの派遣が違法となります。さらに、Aの派遣も3年となるので、Aは総務課で勤務できなくなります。Aを東京支店で引き続き勤務させるには、上記の意見聴取とともに、別の課（人事課など）に異動させることが必要です。

68

● 専門26業務が廃止された

従来は、業務によって異なる派遣期間が定められていました。専門的な技術・能力が必要な「専門26業務」は派遣期間の制限がなく、それ以外の業務では原則1年（最長3年）でした。なお、平成24年の改正労働者派遣法により実態は28業務となっていましたが、その後も「専門26業務」と呼ばれてきました。たとえば、情報処理システム開発関係等の日雇い派遣可能な業種と、放送機器操作関係等の日雇い派遣禁止の業種があります。しかし、平成27年9月施行の改正労働者派遣法により、専門26業務による区別が廃止され、すべての業務で派遣期間が統一されました。

● 派遣労働者への雇用安定措置

平成27年9月施行の改正労働者派遣法によって、派遣元は、同じ組織単位に継続して3年間派遣される見込みがある派遣労働者に対し、①派遣先への直接雇用の依頼、②新たな派遣先の提供（合理的なものに限る）、③派遣元での（派遣労働者以外としての）無期雇用、④その他安定した雇用の継続を図るための措置を講じる義務が課せられました（雇用安定措置）。

派遣元としては、最初に①の措置を講じなければならず、派遣先での直接雇用に至らなかった場合に、②③④の措置を講じる必要があります。

● 労働契約申込みみなし制度

「労働契約申込みみなし制度」とは、派遣先が制限期間を超えた継続勤務など、違法な派遣を受け入れている場合に、派遣先が派遣労働者に「労働契約の申込みをした」とみなされる制度です。ただし、派遣先が違法派遣であることを知らず、かつ知らないことにつき過失がなかった場合を除きます。

個人単位の期間制限

【派遣労働者に対して行うべき雇用安定措置】
①派遣先に直接雇用を促す　②新たな派遣の場を提供する
③派遣元での無期雇用を約束する　④上記以外の雇用安定措置

12 労働者派遣契約の締結と解除

派遣労働者の地位が保護されるように契約内容や解除は制限されている

●派遣契約の内容で何を決めるか

　労働者派遣契約（派遣契約）は、派遣先と派遣元との間で、個別の派遣労働について契約書を作成します。また、派遣元企業は派遣社員に対して、就業条件明示書を交付します。

　派遣契約書に記載する主な事項は、まず、派遣社員が行うことになる仕事の内容、業務上必要な能力や実際の業務内容を具体的に記載する必要があります。特に複数の業務内容がある場合には、それぞれについて詳細を記載する必要があります。また、派遣社員が派遣される事業所の名称・所在地など、派遣社員を直接指揮命令する者の氏名・役職・所属部署、派遣期間・就業開始日を、具体的に派遣社員が働き始める日と終了日をもって記載する必要があります。特に始業時間・終業時間・休憩時間に関しては、派遣元と派遣社員との間の取決めや法令に反しないように注意が必要です。

　その他、派遣社員から苦情の申し出を受けた場合の処理などに関する事項、派遣契約の解除の際の派遣社員の雇用の安定を図るための措置等も取り決めておく必要があります。また、派遣料金、債務不履行の場合の賠償責任についても、あらかじめ契約書に記載して

おきましょう。

●解除は認められるのか

　派遣契約の解除が検討される場合としてまず考えられるのが、派遣先企業の都合によって契約期間満了前に派遣契約を解除する場合が挙げられます。

　この場合には、派遣先企業は派遣元企業の合意を得るとともに、相当の猶予期間をおいてあらかじめ派遣元企業に解除の申入れを行う必要があります。そして、関連会社などで派遣社員が働けるように手配するなど、派遣社員が新たに働ける機会を提供できるように努力しなければなりません。

　派遣社員の新たな就業機会を確保できない場合には、派遣契約の解除を行う予定の日の30日以上前に解除の予告を行う必要があります。予告を行わず直ちに解除をする場合、派遣先企業は派遣元企業に対して、派遣社員の30日分の賃金に相当する金額以上の損害賠償を支払わなければなりません。また、解除の予告を行った日から解除を行う予定となる日までの期間が30日未満の場合には、派遣先企業は派遣元企業に対して、原則として30日に足りない日数分の賃金に相当する金額の損害賠償を支払うことになります。

解除の際に理由を派遣元企業から問われた場合には、派遣先企業は理由を明らかにする義務を負います。

もっとも、派遣先企業が行う労働者派遣契約の解除には、いくつかの制限があります。派遣契約の期間満了にともなう契約解除の場合には、特に問題はありませんが、次のような場合には解除が禁止されています。つまり、派遣社員の国籍や信条、性別、社会的身分、派遣社員が労働組合の正当な行為を行ったことなどを理由として派遣先企業が派遣契約を解除する場合です。信条は特定の宗教的な信念あるいは政治的な信念を指し、社会的身分は生来的な地位を指します。また、労働組合の正当な行為には、団体交渉や正当な争議行為などの行為があります。

この他、人種や門地、婚姻や妊娠出産、心身の障害、派遣社員が派遣先に苦情を申し出たこと、などを理由とする解除も禁止されています。また、派遣先企業が違法行為を行っていた場合に、そのことを派遣社員が関係する行政機関に申告しても、派遣先企業がそれを理由に派遣契約を解除することは許されません。

派遣社員については、原則として派遣元企業が人選を行うため、想定していた労働力に満たない者が派遣されることもあります。派遣社員の能力が派遣元企業の求める労働力に明らかに満たない場合、派遣元企業は派遣契約で負っている義務を全うしていないことになります。こうした場合には、派遣先企業は派遣元企業に対して派遣社員の交代や解除を検討することもあります。

派遣契約を中途で解除する場合の注意点

1	その解除が真にやむを得ず、正当なものかを十分に検討すること
2	あらかじめ相当の余裕をもって、派遣元に解除の申し出を行い、合意を得ること
3	派遣先の関連会社での就業をあっせんするなど、その派遣労働者の新たな就業の機会の確保を図ること
4	派遣先の責めに帰すべき事由で派遣契約を中途で解除する場合は、少なくとも 30 日前に予告すること。予告を行わない場合は、30 日分以上の賃金に相当する損害賠償を行うこと （予告の日から解除を行おうとする日までの期間が 30 日に満たない場合には、少なくとも解除を行おうとする日の 30 日前の日と予告の日までの日数分以上の賃金に相当する額について損害賠償を行うこと）
5	派遣先と派遣元の双方の責めに帰すべき事由がある場合は、派遣先と派遣元のそれぞれの責めに帰すべき部分の割合についても十分に考慮すること

13 派遣元事業主が注意すべきこと

派遣労働者が正規雇用者と同じような待遇が受けられるように努力する

●派遣会社側の注意点とは

派遣労働者は、正規に雇用されて同じ仕事をしている労働者と比較して、賃金などの労働条件が悪い中で働いています。平成24年10月施行の改正労働者派遣法では、派遣元事業主（派遣会社）は、派遣先で同種の業務に従事している正規雇用者と同じような待遇を派遣労働者が受けられるように、努力する必要があると規定されています。

派遣労働者の賃金について、派遣元事業主は、派遣先で正規に雇用されている労働者で派遣労働者と同種の業務を行う者の賃金水準を考慮し、派遣労働者の賃金を決定します。賃金決定の際には、他にも、派遣労働者の仕事の成果、意欲、経験などを考慮します。

また、派遣元事業主は、派遣労働者や派遣先に対して、派遣労働業務に関して情報提供を行う必要があります。派遣元事業主が提供すべき情報の内容は、派遣労働者の数、派遣先の数、マージン率（派遣料金の中で派遣元事業主が手数料として受け取る金銭の割合）、教育訓練に関する事項、労働者派遣についての料金の平均額（1人あたり）などがあります。

さらに、派遣労働者は派遣元事業主と有期雇用契約を締結しています。特に派遣先の業績が悪化すると、派遣労働者の雇用契約は期間満了により終了し、更新されません。そのため、派遣労働者の雇用は非常に不安定だといえます。そこで、派遣元事業主は、派遣労働者の雇用の安定のために必要な措置を講じるよう努めなければならないことが定められています。派遣元事業主は、派遣労働者のために、期間を定めずに派遣労働者として雇用されるような就業機会を確保したり、派遣労働者以外の労働者として期間を定めずに雇用される機会を確保する必要があります。派遣元事業主が雇用の安定のために必要な措置を講じるべき労働者というのは、派遣元事業主と1年以上にわたって雇用契約を締結している派遣労働者です。このような派遣労働者に対して、派遣元事業主は前述の措置を講じる必要があります。

さらに、平成27年9月施行の労働者派遣法改正により、派遣先が、派遣労働者を受け入れていた組織単位（「○○課」に相当）に、派遣終了後、新たに労働者を雇い入れる際、一定の場合には、その派遣労働者を雇い入れるよう努めることが規定されています。

日雇派遣の原則禁止

平成24年10月施行の改正労働者派遣法により、日雇派遣を行うことが原則禁止されています。日雇派遣とは、日々または30日以内の期間を定めて雇用する労働者（日雇労働者）を派遣することをいいます。日雇労働者が派遣労働者として扱われると、労働者を管理している会社（派遣元）が管理責任を果たそうとせず、労働災害の原因となるため、日雇労働者について労働者派遣を行うことが禁止されました。

ただし、高齢者（60歳以上）、昼間学生、副業として従事する者、主たる生計者ではない者については、例外的に日雇派遣が認められています。これらの労働者は、日雇派遣を禁止しない方が労働者の雇用の機会を確保できるからです。

グループ企業への派遣制限

グループ企業内に子会社として派遣会社を設立し、その派遣会社から親会社に人材を派遣するというような事態が生じていました。平成24年10月施行の改正労働者派遣法では、派遣労働者の総労働時間のうち、派遣元のグループ企業で働く時間が8割を超えないように調整しなければならないと規定されています。

離職した元従業員の受け入れ

派遣先企業は、派遣労働者がその企業を離職して1年以内の者である場合には、その派遣労働者を受け入れることが禁止されます。解雇した従業員をすぐに解雇を行った企業が派遣労働者として雇用できてしまうと、労働者は自分の意に反して正社員から派遣労働者になってしまうことになるので、離職して1年以内の労働者を派遣先の企業が受け入れることは、原則として禁止されています。

労働条件の確保のために派遣元事業主が講ずべき措置

派遣元会社

- ① 労働者派遣契約の締結にあたっての就業条件の確認
- ② 労働者派遣契約に定める就業条件の確保
- ③ 労働者派遣契約の定めに違反する事実を知った場合の是正措置
- ④ 適切な苦情の処理
- ⑤ 労働・社会保険の適用促進
- ⑥ 派遣先事業主との連絡体制の確立　など

14 派遣先事業主が注意すべきこと
派遣社員の地位確保のための様々な措置が求められている

●派遣先企業の注意点

労働者派遣では、派遣先企業（派遣先事業主）は派遣元企業（派遣元事業主）と派遣契約を結び、派遣社員は派遣元企業と雇用契約を結びます。派遣社員は雇用契約や就業条件に示された範囲内で、派遣先企業の指示に従って業務を遂行します。このように、実際に業務上の指揮命令を派遣社員に与えるのは直接の契約関係にない派遣先企業です。こうした事情から、派遣社員について派遣先企業が責任を持つとされることがいくつかあります。

派遣社員に関して派遣先企業が管理することの例として、具体的には、派遣社員の出勤・欠勤状況、遅刻・早退の状況、日々の始業・終業時間の実績、休憩時間などが挙げられます。

労働者派遣法によると、労働基準法や労働安全衛生法、男女雇用機会均等法などの労働関連法令の規定を適用する場合にも、派遣社員の雇用主である派遣元企業ではなく派遣先企業を使用者とみなすように定めている項目があります。

●派遣先責任者の仕事とは

派遣社員を受け入れる場合、派遣先企業は派遣先責任者を置かなければな

りません。派遣先責任者には、労働関係の法令等の知識、人事面や労務管理などの専門知識や経験を持つ人を選任する必要があります。

派遣先責任者は、派遣社員を指揮命令する地位にある者や派遣社員の就業に関係するすべての労働者に対して、派遣社員の氏名と性別などの他、労働者派遣に関する法令や派遣契約の内容について、知らせなければなりません。

また、派遣社員の受入期間の変更通知に関すること、派遣先管理台帳の作成・記録・保存、派遣先管理台帳の記載事項の通知に関すること、派遣社員からの苦情への対処、派遣社員の安全衛生に関する連絡調整などを行います。安全衛生については、たとえば、健康診断の実施時期・場所・内容などについて、安全衛生に関する業務の統括者や派遣元企業との連絡調整などを行います。

●事前面接はできない

派遣社員を受け入れる場合、派遣先企業は派遣社員を特定すること、また特定することを目的とする行為を行うことが禁止されています。

派遣社員を特定することを目的とする行為として具体的に挙げられるもの

に、事前面接があります。事前面接とは、派遣社員を受け入れることがまだ決まっていない状態で、採用するかどうかを特定するために行われる面接です。

派遣先企業の雇用安定措置

平成27年9月施行の改正労働者派遣法により、同じ派遣労働者を継続して1年以上受け入れて、派遣元企業からその派遣労働者を直接雇用するよう依頼があり、派遣終了後に引き続き同じ業務に従事させるために労働者を新たに雇用しようとする場合は、その派遣労働者を雇い入れる努力義務が派遣先企業に課せられています。

その他派遣先はどんなことに注意するのか

派遣先企業は、派遣社員が円滑に仕事を行えるように職場環境を整える必要があります。たとえば、派遣先企業の社員が利用する医療室や食堂などの施設を派遣社員も使えるように取り計らうことや、セクシュアルハラスメントの防止に努める必要があるのです。

また派遣先企業では、業務上の指揮命令についての苦情など、派遣社員から出された苦情への対応も必要です。派遣先企業は、受けた苦情の内容を派遣元企業に伝えて、派遣元企業と連携しながら、誠意をもって適切に対応しなければなりません。

さらに、派遣先企業は、派遣先管理台帳を事業所ごとに作成し、派遣社員が就業した日、始業・終業・休憩時間、行った業務の種類など、必要な事項を派遣社員ごとに記載しなければなりません。

派遣先責任者の職務

1	次の事項を派遣労働者の業務の命令を指揮命令する者などに周知させること ① 労働者派遣法など ② 労働者派遣契約の定め ③ 派遣労働者の氏名、健康保険被保険者資格取得確認など
2	労働者派遣契約の締結後に派遣期間を定めまたは変更したときに、派遣元事業主に対し、派遣可能期間に抵触することとなる最初の日を通知すること、および派遣先管理台帳に関すること
3	派遣労働者から申し出を受けた苦情処理にあたること
4	派遣労働者の安全および衛生に関し、事業所の労働者の安全および衛生に関する業務を統括管理する者および派遣元事業主との連絡調整を行うこと
5	1〜4に掲げるものの他、派遣元事業者との連絡調整に関すること

15 違法派遣の取扱い

違法派遣から派遣労働者の地位を守るため、みなし雇用制度がある

● みなし雇用制度とは

みなし雇用制度（労働契約申込みみなし制度）とは、労働者派遣法の一部の規制に違反して派遣労働者を受け入れていた派遣先が、その派遣労働者に対して直接雇用の申込みをしたとみなされる制度のことです。平成24年成立の労働者派遣法改正に基づき、平成27年10月1日に施行されました。

具体的には、派遣先が、①派遣労働者を派遣禁止業務に従事させた場合、②無許可事業主から派遣労働者の派遣を受けた場合、③派遣可能期間を超えて労働者派遣を受けていた場合、④労働者派遣以外の名目で契約を締結していた場合（偽装請負など）に、派遣先が派遣労働者に対して直接雇用の申込みをしたとみなされます。

③の違法派遣については、事業所単位の期間制限または個人単位の期間制限に違反して労働者派遣を受けることを指します（68ページ）。

みなし雇用制度によって労働契約の申込みをしたとみなされた派遣先は、この申込みを1年間撤回することができません。派遣労働者が1年間のうちに労働契約の申込みに対する承諾をすれば、派遣先と派遣労働者との間で労働契約が成立します。

このときの労働条件は、派遣労働者と雇用主（派遣元）との労働条件と同じとなります。そこで、労働契約の申込みをしたとみなされた派遣労働者を派遣していた雇用主は、派遣先から求めがあった場合には、派遣労働者の労働条件について通知を行います。

なお、派遣先が①～④の違法派遣に該当することを知らず、かつ知らないことにつき過失がないときは、みなし雇用制度が適用されません。

● 厚生労働大臣の指導や勧告

厚生労働大臣は、派遣先や派遣労働者の求めに応じて、派遣先の行為が労働契約の申込みとみなされる行為に該当するかどうかの助言ができます。

また、派遣先が労働契約の申込みをしたとみなされ、それに対して派遣労働者が承諾をしたにも関わらず、派遣先が派遣労働者を就労させない場合には、厚生労働大臣は、派遣先に対して派遣労働者の就労に関して助言や指導を行うことができます。

さらに、厚生労働大臣が、派遣労働者を就労させるように勧告したにも関わらず、派遣先がその労働者を就労させない場合には、その旨を公表することができます。

16 その他労働者派遣の注意点

必要な教育訓練の実施、賃金体系や安全確保のための措置がとられている

●キャリアアップ措置の実施

平成27年9月施行の改正労働者派遣法により、派遣元は、派遣社員（派遣労働者）がキャリアアップを図るために、①段階的かつ体系的な教育訓練を実施する義務と、②希望者にキャリア・コンサルティング（職業生活の設計に関して相談の機会の確保や必要な援助）を行う義務が課せられています。

特に無期雇用派遣社員には、長期的なキャリア形成を視野に入れた教育訓練を実施することが派遣元に義務付けられています。

●派遣労働者の均衡待遇の推進

平成27年9月施行の改正労働者派遣法により、派遣社員の求めがあった場合に、派遣元は、賃金の決定と教育訓練・福祉厚生の実施について、派遣社員と派遣先の社員（派遣先で同種の業務に従事する労働者）の待遇の均衡を図るために考慮した内容を説明する義務が課せられています。

また、従来からの制度として、派遣元責任者の職務には、安全衛生について派遣先企業と必要な連絡や調整を行うことが含まれており、派遣社員の安全衛生について、派遣元企業では労働者の安全衛生に関する業務を統括する

者を置いています。派遣先企業でも労働者の安全衛生に関する業務を統括する者を置いて、派遣元企業と必要な連絡や調整を行う職務を負っています。

労働者の安全衛生に関する業務を統括する者とは、労働安全衛生法で定める安全管理者のことです。衛生管理者も選任されているときは衛生管理者を指し、総括安全衛生管理者が選任されている場合には総括安全衛生管理者を指し、これらの選任義務がない小規模企業では事業主自身を指します。

●その他気をつけるべきこと

派遣社員も正社員と同様、要件を満たす限り、各種の公的社会保険制度に加入することになります。

派遣社員の社会保険（健康保険・厚生年金保険・介護保険）や労働保険（雇用保険・労災保険）への加入については、派遣元企業が責任を持ちます。派遣社員の就業形態は様々で、勤務時間や曜日などが派遣先企業の他の労働者と比べると短い場合などもあります。実際に保険に加入すべきかどうかは、それぞれの派遣社員の就業条件によって異なることがあります。

第3章 継続雇用・パート・派遣をめぐるルール

17 紹介予定派遣
派遣社員から正社員になることができる

●紹介予定派遣のメリット

　紹介予定派遣は派遣社員（派遣労働者）がいずれ正社員として雇用されることを予定して派遣が行われます。紹介予定派遣には、①派遣先企業、②派遣元企業、③派遣社員の三者それぞれにとってメリットがあります。

　①派遣先企業は、自前で経費と手間をかけて求人を行う必要がなくなります。応募者の提出した履歴書や実施した試験の結果を基に採用を決めるしかない通常の求人と異なり、採用候補者が実際に働いているところを見て採否を判断することができます。

　次に、②派遣元企業にとっては、派遣料金と紹介料を得ることができるというメリットがあります。

　また、③派遣社員にとっても、雇用前に職場の雰囲気をあらかじめ体感できるので、自分の希望とのミスマッチが生じにくくなるというメリットがあります。

　三者の合意があった場合には、派遣就業期間を短縮して雇用契約を結ぶこともできます。

　紹介予定派遣の派遣期間については、厚生労働省の「派遣元事業主が講ずべき措置に関する指針」により、6か月を超えて同じ派遣社員の労働者派遣を行わないよう示されています。

　また、すでにその職場での勤務経験があるので、紹介予定派遣により採用した労働者については試用期間を設けないよう指導がなされています。

　期間終了後、派遣先企業がその紹介予定派遣社員の雇用を希望しない場合もありえます。

　このような場合、派遣先企業は、紹介予定派遣社員の採用を拒否することができます。逆に、派遣期間が終了して、派遣先企業がその紹介予定派遣社員の雇用を望んでも、派遣社員がその企業への入社を希望しない場合には断ることができます。

●事前面接は可能か

　通常の労働者派遣の場合、派遣先企業が派遣社員を特定するような行為を行うことは禁止されています。しかし、紹介予定派遣の場合、たとえば、履歴書の提出を求めたり、事前に面接を行うような通常の求人と同様に紹介予定派遣社員についての情報についてある程度収集することができます。これは、派遣先企業が円滑に直接雇用を図ることができるようにするためです。

第4章

労働時間をめぐる
ルール

労働時間のルールと管理

週40時間、1日8時間の労働時間が大原則である

● 週40時間、1日8時間

仕事が忙しい場合にも、使用者は労働者に対して自由に残業をさせることができるというものではありません。労働基準法では、「法定労働時間（週40時間、1日8時間）を超えて働かせてはならない」という原則があります（労働基準法32条）。これに違反する場合には刑事罰（6か月以下の懲役または30万円以下の罰金）が科されます（労働基準法119条）。

週の労働時間の合計の上限（40時間）と1日の労働時間の上限（8時間）の両面から規制がなされています。労働時間に関する労働基準法の規定には次のような例外があります。

① 1か月単位での平均が1週あたりの法定労働時間を超えない定めをした場合に、労使協定または就業規則などにより、特定の週または日に法定労働時間を超えて労働する場合（労働基準法32条の2）

② 労使協定かつ就業規則などにより、始業・就業時間をその労働者に委ねる場合（フレックスタイム制、労働基準法32条の3）

③ 労使協定により、1週あたりの法定労働時間を超えない範囲内で、1か月超〜1年以内を対象期間とする場合（労働基準法32条の4）

④ 日ごとの業務に繁閑の差が生じることが多い事業の場合（労働基準法32条の5）

それぞれの規定には詳細な制約があります。いずれも労働者側と使用者とが、事業の実情にあわせて労働時間を集中または分散できるようにするための規定です。労働時間の算定が困難な業種については、裁量労働制という働き方も認められています。事業内容、会社規模などによる例外もあります。

● 法定内残業と時間外労働

割増賃金を支払わなければならない「時間外労働」は、法定労働時間（週40時間、1日8時間）を超える労働時間です。労働基準法は、就業規則で定められた終業時刻後の労働のすべてに割増賃金の支払を要求しているわけではありません。

たとえば、ある会社の就業規則で9時始業、5時終業で、昼休み1時間と決められているのであれば、労働時間は7時間です。そこで6時まで「残業」したとしても、8時間の枠は超えていませんから、時間外労働にはなりません。この残業を法定内残業といいます。法定内残業は時間外労働ではあ

りませんから、使用者は割増賃金ではなく、通常の賃金を支払えばよいわけです。もっとも、この場合でも使用者が割増賃金を支払うことについては問題ありません。

●変動的給与計算のための時間管理

会社が労働者に給与を支給するときは、一定のルールに従って支給額を計算することになります。

給与は固定的給与と変動的給与に分かれます。固定的給与とは、原則として毎月決まって同じ額が支給される給与のことで、たとえば、基本給・役職手当・住宅手当・家族手当・通勤手当などがこれにあたります。これに対して、変動的給与とは、支給されるごとに支給額が異なる給与のことです。時間外手当・休日労働手当・深夜労働手当などの残業手当や、精皆勤手当などがこれにあたります。

固定的給与は、原則として就業規則（賃金規程）であらかじめ毎月の支給額が決まっているため、月中での入退社や休職からの復帰、欠勤や遅刻・早退などがない限り、あらためて計算する必要はありません。

一方、変動的給与は、毎日の出退勤状況や残業時間に応じて、給与を支給するたびに金額が異なるため、支給額を計算する必要があります。そこで、変動的給与を計算するために、それぞれの労働者について、日々の出勤・欠勤の状況、労働時間・残業時間などのデータが必要になります。データ収集のために一般的に利用されるのが出勤簿やタイムカードです。サービス残業などをさせると、残業代不払いとして法的な問題になりますから、会社としては労働時間管理表を作成し、労働時間を適正に管理することが必要です。なお、出勤簿、タイムカード、賃金台帳は、最後に記入した日から３年間、事業所に保存しておく必要があります。

第４章　労働時間をめぐるルール

割増賃金を支払う義務が生じる場合

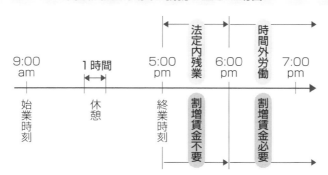

2 休憩時間

休憩時間は労働時間の途中に一斉に与える

● 休憩時間も法律で定められている

労働時間は休憩時間を除外して計算するのですが、これとは別に休憩時間についても定めがあります。使用者は労働者に対し、労働時間が6時間を超える場合は45分以上、8時間を超える場合は1時間以上の休憩時間を与えなければならず、休憩時間は労働時間の途中に一斉に与えなければなりません（一斉付与の原則）。ただし、労使協定に基づき交替で休憩させるなどの例外が認められます。

多くの会社では、まとまった休憩時間を昼食時に設定しています。一斉に与えなければならないのは、バラバラに休憩をとると、休憩がとれなかったり、休憩時間が短くなったりする労働者が出ることを防ぐためです。

また後述するように、休憩時間は拘束してはならず、労働者に自由に利用させなければなりません（自由利用の原則）。休憩時間に社員を講堂に集めて勉強会をするというのでは、法律の認める休憩時間にはなりません。

● 組合活動や政治活動も許される

休憩時間は自由利用が原則です（労働基準法34条3項）。使用者が休憩時間中の労働者の行動を制約することは

できません。以下、それぞれのケースを見ていきましょう。

① **外出**

労働者は休憩時間中、自由に外出できます。もっとも、事業場の中で自由に休憩できるのであれば、外出について所属長などの許可を必要とする許可制は違法ではありません。

② **自主的な勉強会**

労働者が自主的に活動している場合は問題ないのですが、使用者が参加を強制している場合（事実上の強制も含みます）は、休憩の自由利用の原則に反します。

③ **電話番**

電話番をさせるのは、休憩室で自由に休憩しながらであっても、労働から解放したものとはいえないので、休憩の自由利用の原則に反します。

④ **組合活動**

労働者が休憩時間を利用して組合活動を行うことは自由です。組合活動は憲法で保障された権利です。

⑤ **政治活動**

職場秩序や会社の事業に対する具体的な支障がない限り、政治活動も許されると考えられます。

3 変形労働時間制
労働時間を合理的に使うことができる

●変形労働時間制には3類型ある

会社の業種の中には、「土日だけ忙しい」「月末だけ忙しい」「夏だけ忙しい」などのように、時期や季節によって繁閑の差が激しい業種もあります。このような業種の場合、忙しいときは労働時間を長くして、逆に暇なときは労働時間を短くしたり、休日にしたりする方が合理的といえます。そこで考えられたのが変形労働時間制です。

変形労働時間制とは、一定の期間を通じて、平均して「1週40時間（44時間の特例あり）」の範囲内であれば、期間内の特定の日や特定の週に「1日8時間、1週40時間」を超えて労働させてもよいという制度です。労働基準法が認めている変形労働時間制には、次の3種類があります。
① 1か月単位の変形労働時間制
② 1年単位の変形労働時間制
③ 1週間単位の非定型的変形労働時間制

なお、満18歳未満の者を変形労働時間制によって労働させることはできないのを原則としています。

変形労働時間制のメリットは、前述のように、業種に合わせた合理的な労働時間を設定できることが挙げられます。また、労働時間が法定労働時間に収まる範囲が広がるので、企業側が残業代を削減できるのも大きなメリットといえます。

一方、変形労働時間制のデメリットとしては、個別の労働者ごとに労働時間が異なるため、会社としての一体性を保つことが困難になり、社員のモチベーションや、規律を正すことが困難になる場合があります。また、企業の担当者は、複雑な労働時間の管理等の手続を行わなければなりません。

変形労働時間制の種類

変形労働時間制
├ 1か月単位の変形労働時間制
├ 1年単位の変形労働時間制
└ 1週間単位の非定型的変形労働時間制

1か月単位の変形労働時間制
月単位の平均労働時間が法定労働時間内に収まればよい

● どんな制度なのか

1か月以内の一定期間を平均して、1週間の労働時間が40時間を超えなければ、特定された日または週に法定労働時間を超えて労働させることができる制度です。たとえば月初や月末だけ忙しくなる仕事のように1か月の中で仕事量に繁閑のある業種や職種に利用できます。ただし、1か月単位の変形労働時間制をとるためには、労使協定または就業規則その他就業規則に代わるものによって、1か月以内の一定の期間を平均して、1週間あたりの労働時間が法定労働時間を超えない旨の定めをしなければなりません。

たとえば、週休2日制を（土・日曜日休日）採用しているある企業では、月末にかけて業務量が増える業種です。業務量が増えた時期の労働時間が、仮に1日10時間の労働が必要な業務であれば、10時間×5日間＝50時間が、労働時間にあたります。法定労働時間は、1日8時間×5日間＝40時間ですので、法定労働時間を超える部分（50時間－40時間＝10時間）については時間外労働にあたり、会社は残業代を負担しなければなりません。

一方で、1か月単位の変形労働制では、1か月間の平均労働時間が法定労働時間内であればよいわけです。労働日が4週間ある1か月を例にとると、法定労働時間は、1日8時間労働×5日間（1週間）×4週間（1か月）＝160時間です。月末の第4週で1日10時間労働が必要な場合でも、第1週が平均6時間労働（6時間×5時間＝30時間）、第2週が平均7時間労働（7時間×5日間＝35時間）、第3週が平均9時間労働（9時間×5日間＝45時間）等の場合には、1か月の合計労働時間は160時間ですので、1週間の平均労働時間は法定労働時間に収まります。

1か月間の変形労働制をとるためには、具体的に以下の①～⑤のような事項について、あらかじめ定める必要が生じます。注意点としては、就業規則で定める場合には、「各日の始業・終業時刻」を定める必要が生じます。一方、労使協定による場合は、協定の有効期間を定めなければならず、その協定を事業場の所在地を管轄する労働基準監督署に届け出ることも必要です。

1か月単位の変形労働時間制の採用にあたっては、1か月単位の変形労働時間制について定めている労使協定または就業規則などに定める事項をよく確認するようにしましょう。

① 1か月以内の一定の期間（変形期

間といいます）とその期間の起算日

② 対象労働者の範囲

③ 変形期間の1週間平均の労働時間が40時間（44時間の特例あり）を超えない定め

④ 変形期間における各日・各週の労働時間（所定労働時間）

⑤ 各日の始業・終業時刻（労使協定による場合は「有効期間の定め」が必要になる）

変形期間について、法定労働時間の総枠を超えて各週の所定労働時間を設定することはできません。

変形労働時間制は法定労働時間制の変形ですから、特定の週、特定の日に、「1週40時間、1日8時間」を超える労働時間が定められても、超えた部分は時間外労働にはなりません。時間外労働になるのは、就業規則などで定めた所定労働時間（上記④）を超えており、かつ1週40時間または1日8時間を超える時間についてです。

また、上記により時間外労働とされた時間を除き、変形期間の法定労働時間の総枠を超える時間も時間外労働になります。時間外労働となる労働時間については、当然ですが割増賃金の支払いが必要になります。なお、1か月単位の変形労働時間制の対象期間は、1か月以下であればよく、1か月に限定されるわけではありませんので、「4週間」「3週間」といった期間であってもかまいません。変形期間における法定労働時間の総枠は、以下の算式によって求めます。

法定労働時間の総枠＝1週間の法定労働時間×変形期間の日数／7

たとえば、変形期間を1か月としている事業所で、1週の法定労働時間が40時間の場合だとします。

1か月が30日の月の労働時間の総枠は171.4時間（＝40時間×30日÷7）です。1か月が31日の月の場合は、177.1時間（＝40時間×31日÷7）、同じく1か月が28日の月の場合は、160時間（＝40時間×28日÷7）となります。

1か月単位の変形労働時間制の例

対象期間	労働時間
1週目	36時間
2週目	34時間
3週目	42時間
4週目	42時間
4週間	154時間

3週目と4週目は法定労働時間をオーバーしているが、4週間の労働時間の合計が160時間（40時間×4週）以下なので時間外労働とはならない

85

1年単位の変形労働時間制

1か月超1年以内の期間を単位として所定労働時間を設定する制度

● どんな制度なのか

業種によっては、夏に消費者の需要が集中していて、その間は忙しいものの、それを過ぎればグンと仕事量が減ってしまうような事業もあります。このような季節によって繁閑の差が大きい業種は、忙しい時期には時間外労働が多くなり、暇な時期には、その事業所の所定労働時間内でも仕事がなくて暇をもて余したりします。

そこで、1か月よりも長い期間（1か月を超え1年以内の期間）を単位として、それぞれの事業所の業務形態にあわせた所定労働時間を設定することを可能にしたのが、1年単位の変形労働時間制です。

1年単位の変形労働時間制を採用することで、労働時間を効率的に活用することができるようになり、また、同時に労働時間の短縮も図ることができるようになります。

1年単位の変形労働時間制を採用するためには、労使協定によって一定の事項を定めなければなりません。この場合の労使協定は所轄労働基準監督署に提出する必要があります。

労使協定に定める事項としては以下のようなものがあります。
① 対象労働者の範囲
② 対象期間
③ 特定期間
④ 対象期間における労働日と労働日ごとの労働時間
⑤ 対象期間の起算日
⑥ 労使協定の有効期間

①の対象労働者の範囲に制限はありませんが、対象期間の途中で退職した者などについては、労働時間を再計算して割増賃金を支払わなければならない場合もあります。また、途中入社の者についても割増賃金の支払いが必要になる場合があります。

②の対象期間は1か月を超え1年以内の期間になります。事業所の事情にあわせて、たとえば、3か月、10か月、120日といった期間を自由に設定することができます。

③の特定期間は、対象期間の中で業務が忙しくなる期間のことです。

④については、労使協定の中で対象期間のすべての日の労働時間をあらかじめ定めておくのが原則です。ただ、対象期間を1か月以上の期間ごとに区分する場合には、次の事項を定めておくことで足ります。
ⓐ 最初の期間（対象期間の初日の属する期間）の労働日と労働日ごとの労働時間

ⓑ　最初の期間以外の各期間における労働日数と総労働時間

　なお、最初の期間を除く各期間については、各期間の初日の少なくても30日前に、その事業所の過半数組合などの同意を得て、各期間の労働日と労働日ごとの労働時間を特定する必要があります。

　対象期間が長く、事前に先々の業務の繁閑の程度を予測できない場合は、3か月以上の期間で区切って、最初の期間の所定労働日ごとに労働時間を決め、残りの期間については労働日と総労働時間を定めておくという方法も許されます。

○労働時間には上限がある

　1年単位の変形労働時間制には、対象期間中の労働日数と労働時間について上限があります。

　労働日数については、対象期間が3か月を超えるときは1年あたり280日が限度となります。労働時間については、対象期間の長さに関係なく、1日あたり10時間、1週あたり52時間が限度になります。この場合、対象期間が3か月を超えるときは、対象期間中の労働時間が48時間を超える週が連続する場合の週数が3以下であり、かつ、対象期間を初日から3か月ごとに区切った各期間において労働時間が48時間を超える週の初日の数が3以下である、という制限があります。

　また、対象期間において連続して労働させることができる日数は6日が限度になります。ただ、特定期間（特に忙しいとき）については、1週間に1日の休日が確保できればよいとされていますので、最長で連続12日間労働させることができます。もっとも、労働日や労働日における労働時間の定め方には、①対象期間すべてに関して定める方法と、②対象期間を1か月以上の期間に区分して、区分した期間ごとに定めるという2種類あります。

　なお、1年単位の変形労働時間制を採用している会社に予期しない事情が生じ、やむを得ず休日の振替えを行わなければならない場合、同じ週内に限り休日の振替えを行うことができます。これは1週に1回の休日を確保するという原則に基づくもので、予期しない事情があっても異なる週に休日を振り替えることはできません。

第4章　労働時間をめぐるルール

1年単位の変形労働時間制

● 1年単位の場合の労働日数・労働時間の総枠（3か月超～1年未満）

280日 × 対象期間の日数 ÷ 365

1日10時間以内、1週52時間以内、連続6日間（原則）

1週間単位の非定型的変形労働時間制
1週間の所定労働時間が法定労働時間内に収まればよい

● どんな制度なのか

　旅館や料理店、行楽地にある売店などのように、日によって繁閑の大きな差があり、就業規則などで各日の労働時間を特定することが困難な事業所の場合、1週間を単位として、日によって所定労働時間を調整できるとした方が効率的です。

　そこで、このような特定の業種で、一定規模以下の事業所については、1週間の所定労働時間が40時間以内であれば、1日の労働時間を10時間まで延長できることにしました。この制度が「1週間単位の非定型的変形労働時間制」です。1週間単位の非定型的変形労働時間制を採用することができるのは、小売業、旅館、料理店、飲食店のうち常時30人未満の労働者を使用する事業です。

　1週間単位の非定型的労働時間制を採用するためには、以下の2つの事項について労使協定を締結し、所轄労働基準監督署に届け出る必要があります。
① 1週間の所定労働時間を40時間以内で定める
② 1週間に40時間を超えて労働した場合には割増賃金を支払うこと

　事業主は、原則として、1週間単位の非定型的変形労働時間制で働くことになる労働者に対して、1週間の各日の労働時間をその1週間が開始する前に書面で通知しなければなりません。

　1週間単位の非定型的労働時間制を採用した場合に、実際の労働者の労働時間は、どのようになるでしょうか。具体例を見てみましょう。

　たとえば、ある飲食店は、週末（土曜日・日曜日）は、平日に比べてより多くの集客が見込まれているとします。この場合、平日は多くの客が来店するわけではありませんので、働いている従業員の労働時間を、それほど多く設定する必要がない代わりに、週末はより多くの時間を働いてほしいことになります。そこで、この飲食店が前述の要件を満たしている場合、1週間単位の非定型的変形労働時間制が役に立ちます。この飲食店で働く従業員Aが、週6日勤務（水曜日が休日）の労働者である場合を例に、Aについて、1週間単位の非定型的変形労働制に基づいて、労働時間を設定した場合を表してみましょう。

　まず、平日の前半は、特に集客が少ないことが見込まれるため、所定労働時間をそれぞれ、以下のように設定します。
ⓐ月曜日　3時間

ⓑ火曜日　4時間
ⓒ水曜日　休日
ⓓ木曜日　4時間

　そして、週末にかけて集客が増えることに対応するために、週の後半の所定労働時間を以下のように設定します。

ⓔ金曜日　9時間
ⓕ土曜日　10時間
ⓖ日曜日　10時間

　以上の設定では、従業員Aについて、後半の曜日は1日8時間労働という法定労働時間を超えています。そこで、本来は、時間外労働にあたる部分について、この飲食店はAに対して、割増賃金を支払う必要があります。しかし、1週間単位の非定型的変形労働時間制として、前述のようにAの労働時間を設定しておくと、たしかに後半の曜日の労働時間は法定労働時間を超えていますが、10時間を超えておらず、また、1週間の所定労働時間の合計は、

3時間＋4時間＋4時間＋9時間＋10時間＋10時間＝40時間

となっており、40時間以内にとどまっています。したがって、Aの労働時間の設定は、有効な1週間単位の非定型的変形労働時間制として認められますので、後半の曜日の法定労働時間を超える部分についても、この飲食店は、割増賃金を支払う必要はありません。

　もっとも、Aの労働時間がⓔは9時間、ⓕⓖは10時間を超える日が生じた場合には、1週間の労働時間の合計が40時間以内に収まっていても、この飲食店は、Aに対して、割増賃金を支払うべきことに注意しなければなりません。

1週間単位の変形労働時間制

● 1週間単位の変形労働時間制を採用するための要件

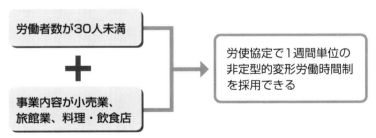

● 1週間単位の変形労働時間制の例

	日	月	火	水	木	金	土	合計
第1週	6	4	4	定休日	6	10	10	40
第2週	定休日	5	4	6	7	9	9	40

フレックスタイム制
就業規則などに制度を定めて、労使協定を結ぶ

●始業と終業の時刻を選択できる

　事業の内容によっては、労働者が自分で出退勤の時刻を決めることが適している場合があります。このような事業について有効な制度がフレックスタイム制です。フレックスタイム制は、1か月以内の一定の期間（清算期間といいます）内の総労働時間を定めておいて、労働者がその範囲内で各日の始業と終業の時刻を選択することができる制度です。フレックスタイム制を導入する場合、事業所の労働者全員が必ず労働しなければならない時間帯を設けるのが一般的です。この時間帯をコアタイムといいます。コアタイムの前後の一定の範囲で、労働者が自由に始業時刻と終業時刻を選択できる時間帯をフレキシブルタイムといいます。

　フレックスタイム制を採用した場合、清算期間を平均して1週間あたりの労働時間が法定労働時間（原則は40時間、44時間の特例あり）の枠を超えなければ、1週間または1日の法定労働時間を超えて労働させても割増賃金を支払う必要はありません。一方、法定労働時間の枠を超過して働いている労働者に対しては、超過分については割増賃金を支払う必要があります。

　なお、清算期間における実際の労働時間が「総労働時間」（労使協定で定めた総枠）を上回っていた場合、過剰した部分の賃金は、その期間の賃金支払日に支払わなければなりません。支払いを翌月に繰り越すことは賃金の全額払いの原則に反する違法行為になります。逆に、清算期間における実際の労働時間が総労働時間を下回っていた場合、その期間の賃金を支払った上で、不足している労働時間を次の期間に繰り越す（不足分を加えた翌月の総労働時間が法定労働時間の枠の範囲内であることが必要）こともできますし、その期間内で不足している労働時間分に相当する賃金をカットして支払うこともできます。

●導入する場合の注意点

　フレックスタイム制を採用する場合、労使協定で、①フレックスタイム制が適用される労働者の範囲、②清算期間（1か月以内）、③清算期間内の総労働時間、④標準となる1日の労働時間、⑤コアタイムを定める場合はその時間帯、⑥フレキシブルタイムを定める場合はその時間帯、について定めておくことが必要です。③の総労働時間は1か月単位の変形労働時間制と同じ計算方法によって求めます。

フレックスタイム制により、労働者は自分の都合で働くことができますが、必ずしも業務の繁閑にあわせて勤務するとは限りません。さらに、コアタイムでない限り出社時刻や退社時刻を指示できないため、会社の意思と合致しないなど、デメリットもあるため、導入しても廃止する会社もあります。

フレックスタイム制のデメリットとしては、まず、フレックスタイム制を導入すること自体が困難な業種があります。たとえば、編集や設計、研究開発等の業種の会社では、フレックスタイム制を採用すると、日常の業務に支障が生じてしまうおそれがあります。つまり、フレックスタイム制では、コアタイム以外、原則として従業員のすべてが集合する機会が少なくなりますが、日常の業務が従業員の協同体制によって成り立つ業種では、従業員が連携することによって業務を行っていくことが前提になるため、そもそもフレックスタイム制を導入することは困難です。会社の側としてもフレックスタイム制を活用しようというインセンティブが生まれにくい状況にあります。

また、編集や設計などが典型的ですが、業務の量が一定ではなく、一時に入る業務の量が膨大になる場合には、フレックスタイム制を採用してしまうと、業務をこなすことは難しくなります。時期における業務の増減について見通しが立たない場合も多いため、コアタイムの設定等についても、あらかじめ明確に定めておくことができません。

さらに、日本ではフレックスタイム制が受け容れられにくいといわれています。ある程度自由に就業時間を決定することができるため、時間にルーズが許されるとの誤解が生じるおそれがあるため、導入が敬遠される傾向にあります。

なお、フレックスタイム制については、労使間で締結した労使協定の労働基準監督署への届出は不要とされています。

フレックスタイム制度の例

8 事業場外みなし労働時間制
労働時間の算定が難しい場合に活用できる

●外勤社員の労働時間について

　営業担当者などの一日中外勤の労働者の労働時間はどう算定するでしょうか。外勤の場合も、実際に働いた時間を計算するのが、労働基準法の考え方の基本です。外勤に従事する人の場合について、労働基準法は、「事業場外（事業場施設の外）で業務に従事した場合において、労働時間を算定しがたいときは、所定労働時間労働したものとみなす」と定めています（労働基準法38条の２第１項）。外勤に従事する労働者の労働時間について、社内で働く他の労働者と同じように、始業時刻から終業時刻まで労働したとみなします。これを事業場外労働のみなし労働時間制といいます。

　また、「当該業務を遂行するためには通常所定労働時間を超えて労働することが必要となる場合には、当該業務の遂行に通常必要とされる時間労働したものとみなす」とされているので、通常、始業時刻から終業時刻までの所定労働時間に終えることができないような仕事の場合は、その仕事をするのに通常必要な時間労働したとみなすことになります。なお、「通常その仕事に必要な時間」が８時間を超える場合は、事業場外労働のみなし労働時間を

定める労使協定を結び、労働基準監督署へ届け出る必要があります。

●適用されないケースもある

　外で働く場合でも、労働時間を算定できる場合があります。たとえば上司と同行して外出することはよくあることだと思います。その中に労働時間を管理する立場の上司がいる場合、その上司が始業時刻、終業時刻を把握し、記録する必要があります。つまり会社が「労働時間を算定しがたい」とはいえない状況です。労働時間の管理は、会社に設置されたタイムカードに打刻することだけではありません。また携帯電話で上司の指示を受けながら働く場合もみなし労働時間は適用されません。

　また、会社によっては、個人の物とは別に携帯電話を貸与することもあります。その場合、随時連絡をとり、指示することが可能ですので、労働時間を管理できる状況にあると解釈されます。さらに、出社して上司からその日の訪問先や帰社時刻など当日の具体的指示を受け、それに従い業務に従事した後に帰社する場合もみなし労働時間は適用されません。

　これらの場合は、実際に働いた時間を計算して労働時間とします。事業場

外のみなし労働時間の適用除外についての行政通達は昭和63年に出されたもので、その後、通信技術も大幅に進化しています。事業場外のみなし労働時間の適用の余地は狭まっています。

●事業場外労働と残業代の支給の有無

事業場外労働のみなし労働時間制は、事業場外の労働時間の全部または一部を所定労働時間とみなす制度です。

ただし、その労働が所定労働時間を超えて労働しなければ業務を遂行できない場合もありますので、このような場合は、できるだけ労使で協議して、その業務を行うのに、通常どの程度の時間を必要とするのかをあらかじめ決めて、その時間を労働時間とすることになります。昭和63年の行政通達では、当該業務を遂行するのに、通常は所定労働時間を超えない場合は所定労働時間労働したものとみなし、通常は所定労働時間を超える場合は「通常必要とされる時間」か「労使協定で定めた時間」をもってその労働時間とすることとしています。これによって、時間外手当の計算が簡単になりますが、時間外手当を支払わなくてもよいというわけではありません。労使で協議して決めた時間が1日10時間なら、8時間超となりますから、1日2時間の時間外手当を支給することになります。このように、定められている労働時間が8時間を超えていれば残業代の支払いが必要になります。

なお、労使協定で労働時間を定めた場合は、その労働時間が8時間以内であれば協定を締結するだけでよいのですが、8時間を超える場合は、協定を労働基準監督署に届け出なければなりません。営業担当者の事業所外での労働時間は管理できないとして、残業代は払わずに「営業手当」を支給し、残業代も営業手当の中に含まれると考える会社もあります。しかし、通常必要であると定められている労働時間が8時間を超えている場合は、月に何回事業所外での労働があるかを把握し、「営業手当は○時間分の残業代を含む」などと規定しておかなければ、別途残業代の支払いが必要になります。

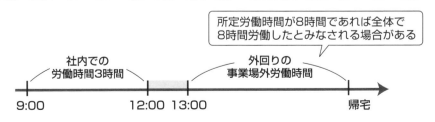

午後から外回りに出た場合の労働時間の算定

裁量労働制

労使協定により定めた時間を労働したものとみなす制度

●裁量労働制とは

業務の中には必ずしも労働の成果が労働時間と関連しない職種もあります。労使協定によって、実際の労働時間と関係なく、労使協定で定めた時間を労働したとみなす制度が設けられています。このような労働を裁量労働といい、裁量労働により労働時間を測る方法を裁量労働制といいます。裁量労働制には、労働基準法で定める専門業務に就く労働者について導入可能な専門業務型裁量労働制と、企業の本社などで企画、立案、調査や分析を行う労働者を対象とした企画業務型裁量労働制の2種類があります。

●専門業務型裁量労働制とは

専門業務型裁量労働制にいう「専門業務」とは、新商品や新技術の研究開発など、情報処理システムの分析・設計、取材・編集、デザイン考案、プロデューサー・ディレクター、システムコンサルタントなどの業務です。

専門業務型裁量労働制を導入する際には、労使協定で様々な事項を定めなければなりません。まず、対象となる業務を定めます。専門業務であるため裁量労働が認められているので、その業務の範囲は厚生労働省令で定められています。社内ルールで「専門」と考えても、厚生労働省令で定める業務に該当しなければ、裁量労働は認められないことに注意が必要です。

次にみなし労働時間を定めます。1日あたり何時間労働したこととして算定するかを定める必要があり、その時間が労働者の労働時間になります。

また、業務の遂行、手段、時間の配分について会社が具体的な指示をしないこと、対象労働者の健康および福祉を確保するための措置を講ずること、労働者からの苦情の処理に関する措置を会社が講ずることを定める必要があります。

●企画業務型裁量労働制とは

専門業務型裁量労働制に対して、企画業務型裁量労働制にいう「企画業務」とは、①経営企画を担当する部署における業務のうち、経営状態・経営環境などについて調査や分析を行い、経営に関する計画を策定する業務や、②人事・労務を担当する部署における業務のうち現行の人事制度の問題点やそのあり方などについて調査や分析を行い、新たな人事制度を策定する業務、などを指します。

企画業務型の裁量労働制の場合、労

働者と使用者の代表で構成する労使委員会を設置して、委員の多数（5分の4以上）の同意を得て、対象業務や対象労働者の範囲を定める必要があります。労使委員会の決議は、労働基準監督署に届け出なければなりません。届出によって、対象労働者が、労使委員会の決議で定めた時間に労働したとみなすことができる制度です。

専門業務型裁量労働制を導入する際に労使協定で定める事項

1	対象業務の範囲
2	対象労働者の範囲
3	1日のみなし労働時間数
4	業務の遂行方法、時間配分などについて、従事する労働者に具体的な指示をしないこと
5	労使協定の有効期間（3年以内が望ましい）
6	対象業務に従事する労働者の労働時間の状況に応じた健康・福祉確保措置
7	苦情処理に関する措置
8	⑥と⑦の措置に関する労働者ごとの記録を有効期間中と当該有効期間後3年間保存すること

企画業務型裁量労働制の要件

1	導入できる事業場	②の対象業務が存在する事業場
2	対象業務	事業の運営に関する事項（対象事業場の属する企業などにかかる事業の運営に影響をおよぼす事項と当該事業場にかかる事業の運営に影響をおよぼす独自の事業計画や営業計画をいう）についての企画、立案、調査と分析の業務であって、当該業務の性質上これを適切に遂行するにはその遂行の方法を大幅に労働者の裁量にゆだねる必要があるため、当該業務の遂行の手段と時間配分の決定などに関し使用者が具体的な指示をしないこととする業務
3	決議要件	委員の5分の4以上の多数による合意
4	労使委員会	委員の半数は過半数組合（ない場合は過半数代表者）に任期を定めて指名されていることが必要
5	定期報告事項	対象労働者の労働時間の状況に応じた健康・福祉を確保する措置についてだけ報告
6	決議の有効期間	3年以内とすることが望ましい

10 企画業務型裁量労働制

企画業務型裁量労働制を充実・簡素化する改正が検討されている

● どんな改正が検討されているのか

平成29年12月現在、労働基準法を改正して、企画業務型裁量労働制について、対象業務に「課題解決型提案営業」と「裁量的にPDCAを回す業務」を追加することや、対象労働者の健康確保措置の充実や手続の簡素化等を行うことが検討されています。

なぜなら、従来の企画業務型裁量労働制では、該当する事務を行う労働者が限定され、企業の実態とかけ離れていたからです。そこで、対象になる業務の中に、以下のような新たな類型の追加が検討されています。

まず、法人顧客の事業の運営に関する事項についての企画立案調査分析と一体的に行う商品やサービス内容に係る「課題解決型提案営業」の業務の追加が検討されています。たとえば、取引先企業のニーズを調査・分析して、社内で新商品開発の企画立案を行い、ニーズに応じた課題解決型商品を開発の上、販売する業務などがあたります。

また、事業の運営に関して、実施の管理および実施状況の検証結果に基づく企画立案調査分析を一体的に行う業務が追加される予定です。たとえば、会社全体の品質管理の取組計画を企画立案して、その計画に基づく調達や監査の改善を行い、さらに改善すべき点について、取組計画を企画立案する業務があたります。企画立案から実施と検証までが業務に含まれるため、「PDCAを回す業務」と呼ばれています。なお、PDCAとは、「計画（Plan）、実行（Do）、評価（Check）、改善（Action)」の頭文字で、PDCAのサイクル化には、透明・公正な事業運営を促す目的があります。

さらに、対象の労働者の健康を確保するための措置の充実や手続きの簡素化として、以下の改正が検討されています。

使用者は、対象労働者の健康・福祉を確保するために、対象労働者の勤務状況を把握する方法を具体的に定めることや、把握した勤務状況に応じ、適切な健康・福祉確保措置を、どのように講じるのかを明確にしなければなりません。そして、企画業務型裁量労働制が定着してきたことを踏まえて、労使委員会決議について、本社一括届出を認めるとともに、定期報告は6か月後に行い、その後は健康・福祉確保措置の実施状況に関する書類の保存を義務付けることでよいというように、健康を確保するための措置の簡素化をめざすということです。

特定高度専門業務・成果型労働制

成果による報酬設定システムの導入が検討されている

●特定高度専門業務・成果型労働制とは

　平成29年12月現在、特定高度専門業務・成果型労働制（高度プロフェッショナル制度）の導入を盛り込んだ労働基準法の改正が検討されています。

　この制度は、時間ではなく成果で評価される働き方を希望する労働者のニーズに応えて、意欲や能力を十分に発揮できるようにするものです。一定の年収要件を満たし、職務の範囲が明確で高度な職業能力を有する労働者を対象として、本人の同意などの下に、長時間労働を防止するための措置を講じつつ、時間外・休日・深夜の割増賃金の支払義務等の規定を適用除外した新たな労働時間制度の選択肢として、その導入が検討されています。

　対象業務は、高度の専門的知識等が必要で、業務に従事した時間と成果との関連性が強くない事務です。たとえば、金融商品の開発業務、金融商品のディーリング業務、アナリストによる企業・市場等の高度な分析業務、コンサルタントの事業・業務の企画・運営に関する高度な助言等の業務が念頭に置かれています。そして、対象労働者の年収要件は、1年間に支払われる賃金の額が平均給与額の3倍を相当程度上回るもの（具体的には省令により1075万円を想定）とされる予定です。

　特定高度専門業務・成果型労働制を導入するにあたって、対象労働者の範囲に属する労働者ごとに、職務記述書等に署名する形で、職務の内容及び制度適用についての同意を得ることが求められます。同意をしなかった労働者に対して、解雇等の不利益な取扱いを行うことは許されないとする規定が置かれる予定です。さらに、労使委員会を設置して必要事項につき5分の4以上の多数により決議し、行政官庁に届け出ることも要求される予定です。

●どんな影響が生じ得るのか

　特定高度専門業務・成果型労働制では、労働時間ではなく、成果により報酬が決定されるため、労働基準法上の1日8時間、1週40時間という労働時間の規制や、6時間を超えて働かせる場合の45分以上の休憩、8時間を超えて働かせる場合の1時間以上の休憩を取らせるという規制、さらに、週1回の休日や4週4回の休日に関する規制の適用が除外される予定です。そのため、「残業代ゼロ法案」である等の批判が加えられているところです。

12 労働時間、休憩、休日の規定の適用除外

一定の事業、職責、業務については法定労働時間や週休制が適用されない

● 規定の適用除外

事業、職責、業務の性質・態様が、法定労働時間や週休制に適さない場合もあります。そこで、労働基準法では、一定の事業、職責、業務については、これらの規定を適用除外（その規定が適用される労働者として取り扱わないこと）としています。ただし、深夜業、年次有給休暇に関する規定は適用されますので注意して下さい。

・事業の種類による適用除外

農業（林業を除く）、畜産、養蚕、水産業に従事する者が該当します。これらの事業は、天候などの自然条件に左右されるため、労働時間などの規制になじまないからです。

・労働者の職責による適用除外

管理監督者や機密の事務を取り扱う者が適用除外となります。管理監督者は、具体的には部長や工場長などが該当します。こうした立場の役職者は労働条件の決定など、労務管理について経営者と一体的な立場にあるからです。ただし、単に役職の名称ではなく、実態に即して管理監督者か否かを判断することになります。機密の事務を取り扱う者は、具体的には秘書などが該当します。職務が経営者や管理監督者の活動と一体不可分であり、厳格な労働時間管理になじまないことが理由です。

● 業務の態様による適用除外

監視または断続的労働に従事する者が適用除外されています。監視に従事する者とは、原則として一定部署で監視することを本来の業務とし、常態として身体や精神的緊張の少ないものをいいます。したがって、交通関係の監視など精神的緊張の高い業務は認められません。断続的労働に従事する者とは、休憩時間は少ないが手待時間（業務が発生したときには直ちに作業を行えるよう待機している時間のこと）の多い者のことです。いずれも対象者の労働密度が通常の労働者よりも低く、労働時間、休憩、休日の規定を適用しなくても必ずしも労働者保護に欠けないため適用を除外したものです。

ただし、これらの労働の実態は労働密度の高低を含めて多様であり、適用除外することによって、1日の労働時間が16時間と大幅に超過した場合や、1週1日の休日もないことになるなど、労働条件に大きな影響を与えます。そこで、適用除外の要件として所轄労働基準監督署長の許可を求めていることに注意しましょう。

13 年少者の労働時間

1週間につき40時間を超えて労働させることはできない

● 年少者とは

労働基準法では、年少者とは、満18歳に満たない男女をいい、さらに年少者のうち、満15歳に達した日以後の最初の3月31日が終了するまでの者を児童といいます。つまり、年少者は18歳未満、児童は義務教育である中学校を卒業するまでの者を指します。労働基準法では、原則として、中学校卒業相当の年齢以上でなければ労働させてはならないということです。

例外として、非工業的事業に関する職業で、児童の健康・福祉に有害でなく、その労働が軽易なものについては、所轄労働基準監督署長の許可を受けて、満13歳以上の児童を修学時間外に使用することができます。

なお、映画の制作・演劇の事業については、ILOの国際条約においても子役の就業を認めているため、満13歳未満の児童も、所轄労働基準監督署長の許可を受けて、修学時間外に使用することができます。

● 年少者を就労させる場合の労働時間

「満13歳以上の児童」について、つまり中学生相当年齢の者について使用が許可された場合、児童の労働時間は、修学時間を通算して、1週間について40時間、1日について7時間を超えることはできません。修学時間とは、当該日の授業開始時刻から同日の最終授業終了時刻までの時間から休憩時間（昼食時間を含む）を除いた時間をいいます。なお、修学時間のない日曜日に児童を労働させることは、別に修学日に法定の休日が与えられているのであれば問題ありません。

「満18歳未満の年少者」については、原則として時間外・休日労働を行わせることはできませんし、変形労働時間制も適用できません。たとえば、変形労働時間制により運営されている事業所においても、1週間につき40時間を超えて労働させることはできません。

したがって、所定労働時間が1日8時間1週40時間の事業所では、日曜日から土曜日までの同一の週における休日の変更はできますが、他の週に休日を変更することはできません。ただし、非常災害時などの場合には、所轄労働基準監督署長の許可を条件に、必要の限度で時間外労働、休日労働をさせることができます。

また、使用者は、原則として年少者を深夜（午後10時から午前5時まで）に使用することができません。

99

14 産前産後休業
働く女性すべてに認められる権利

● どんな場合に取得できるのか

産前産後の休業は、母体の保護、次世代を担う労働力の保護という観点から設けられた制度です。

6週間（双子などの多胎妊娠の場合は14週間）以内に出産することが予定されている女性が休業を請求した場合、使用者はその者を就業させてはいけません。

また、産後休業は出産日の翌日から8週間です。出産後8週間を経過するまでは、女性労働者からの請求の有無に関わらず休業させる必要があります。

ただ、産後6週間を経過した者については、女性が就労したいと請求した場合、医師が、支障がないと認めた業務につかせることが認められています。

産前休業と産後休業では性質が違いますから、就業規則などで「産前産後あわせて14週間を産前産後の休業とする」と規定することはできません。労働基準法でいう「出産」とは、妊娠4か月以上の分娩を意味します（死産・流産を含みます）。産前産後の休業中は有給とすることは義務付けられていません。

産前休業と産後休業

予定日　出産日

←――― 6週間 ―――→　　←――― 6週間 ―――→ ←2週間→

産前休業　　　　　　　　　　　**産後休業**

- ・労働者（妊婦）の意思で働くことはできる
- ・労働者が休業を請求した場合には就業させてはいけない

- ・産後6週間については、出産した労働者が「働きたい」と言っても就業させてはいけない
- ・産後7～8週間の2週間については、労働者が請求し、かつ、医師の許可がある場合に就業させることができる

15 妊娠中と産後1年の就業制限
労働場所や労働時間などに対する配慮が求められる

● 労働基準法の保護規定

労働基準法は、妊産婦（妊娠中の女性と産後1年を経過しない女性）および胎児の心身の健康を守り、出産後の母体の健康回復や育児などを考慮した職場環境作りをするための規定が置かれています。まず、産前産後の休業期間（前ページ）とその後30日間は、会社は解雇することができず、妊娠・出産に伴い職場を失うことはありません。

それ以外にも、①坑内業務や危険有害業務の就業制限（64条の2、64条の3）、②軽易な業務への転換（65条3項）、③労働時間や休日などの制限（66条）などの規定があります。

● 坑内業務や危険有害業務の就業制限

妊産婦が坑内業務や危険有害業務に就業することによって、流産の危険が増したり、健康回復を害するおそれが高まることから、就業を制限する規定が置かれています。

まず、鉱山の掘削などの坑内業務については、妊娠中の女性を従事させることができません。また、産後1年を経過しない女性が申し出れば、坑内業務に従事させることはできません。

次に、重量物を取り扱う業務や有毒ガスが発生する場所での業務など、妊娠・出産・保育に悪影響を及ぼす危険有害業務については、妊娠中の女性を従事させることはできません。また、産後1年を経過しない女性も、危険有害業務に従事させることはできませんが、業務の内容によっては、女性からの申し出がなければ従事させることができるものもあります。

● 軽易な業務への転換

妊娠中の女性が請求した場合、使用者は、その女性を現在の業務よりも軽易な業務に転換させなければなりません。たとえば外を歩き回る営業の仕事から、屋内での事務仕事に移すことなどが考えられます。社内に適当な「軽易な業務」がないこともありますが、このような場合は新たに軽易な業務を作る必要はなく、一部の業務を免除するなどの対応をすれば足ります。

● 労働時間や休日などの制限

妊産婦が請求した場合、会社が変形労働時間制を採用していても、本来の労働基準法の規定を超える労働をさせることはできません。また、妊産婦が請求した場合、使用者は、時間外労働や休日労働をさせたり、深夜業に就業させることはできません。

16 育児時間

女性従業員は育児のための時間を請求することができる

● 通常の休憩時間とは異なる

労働基準法67条では、生後1年に達しない生児を育てる女性は、1日2回各々少なくとも30分、生児を育てるための時間を請求することができるとしています。女性が授乳などの世話のため、作業から離脱できる時間を法定の休憩時間とは別に与えるものです。

ここでの「生児」とは、実子、養子ともに認められ、その女性が出産した子であるか否かは問いません。注意したいのは、育児時間は「請求できる」という規定です。つまり、女性従業員が請求した時に、はじめて会社に育児時間を与える義務が発生します。

1日につき2回という回数も、本人が希望すれば1回でもかまわないわけです。時間についても「少なくとも30分」とありますので、使用者の方でそれ以上の時間を与えることはかまいませんし、労使協定を結んだ場合は、ま

とめて1日1回60分（育児時間を連続2回取得したものと扱う）とすることも可能です。

通常の休憩時間と異なり、育児時間を就業時間の開始時や終了時に与えることもできます。もちろん、1日のどの時間帯で育児時間を与えるかは、労働者と使用者が話し合って決めなければなりません。一般的には、本人の請求した時間に与えるのが望ましいといえます。

本規定は正社員だけでなく、パートタイマーやアルバイトにも適用されます。ただし、1日の労働時間が4時間以内の女性従業員から請求があった場合は、1日1回少なくとも30分の育児時間を与えればよいとされています。

また、育児時間中の賃金を有給にするか無給にするかは、労使協定や就業規則などで定めるところによるため、使用者の裁量によるといえます。

育児時間のポイント

- ・1歳未満の子供を育てている女性が請求可能
- ・1日2回、30分以上の育児時間を取得できる
- ・パートタイマーやアルバイトなども請求可能
- ・育児時間中の賃金を有給とするか無給とするかは使用者の自由

17 看護休暇
小学校入学前の子を看護するための休暇

◉どんな場合に取得できるのか

　看護休暇とは、小学校就学前の子を養育する労働者が、病気やケガをした子の看護のために休暇を取得することができる制度です。育児・介護休業法は、会社（事業主）に対して看護休暇の付与を義務化しています。看護休暇を取得できるのは、小学校就学前の子を養育する従業員です。該当する従業員は、病気やケガをした子の世話をする場合、会社に申し出ることで、看護休暇を取得することができます。

　ただし、労使協定で看護休暇の対象外とされた者については、会社は申し出を拒否することができます。具体的には、会社に引き続き雇用された期間が6か月に満たない従業員や週の所定労働日数が2日以下の従業員については、労使協定の締結により看護休暇の対象外とすることができます。

◉看護休暇の付与日数

　看護休暇は、年次有給休暇とは別に1年間につき5日間を限度として取得することができます。この場合の1年間とは、会社が別段の定めをした場合を除いて、4月1日から翌年3月1日までの期間を意味します。また、5日という日数は、子の人数に関わらず従業員1人あたりに与えられる日数です。

　なお、平成29年1月施行の改正育児・介護休業法により、半日（所定労働時間の2分の1）単位での看護休暇の取得が可能となりました。

◉時間外労働・深夜業の制限

　看護休暇を申請できる労働者が請求した場合、事業主は、原則として深夜業に就かせることはできません。また、時間外労働も1か月24時間、1年150時間以内に制限されます。

◉看護休暇中は無給でもよい

　看護休暇の取得によって休業した日の賃金の取扱いは、育児休業や介護休業と同様です。つまり、有給とするか無給とするかは労使協定や就業規則などの定めにより、労働者が休業した期間は年次有給休暇の出勤率を計算する際に出勤扱いとなります。

　なお、会社は、従業員が看護休暇の申し出をし、または看護休暇を取得したことを理由として、解雇その他不利益な取扱いをしてはいけません。不利益な取扱いとは、勤務しなかった日数を超えて賃金を減額したり、賞与や昇給などで不利益な算定を行うことなどがこれにあたります。

18 子が3歳到達までの期間の労働時間の配慮
勤務時間の短縮、所定外労働の免除が義務付けられた

●所定労働時間を短縮できる

基本的な生活習慣が身につく3歳くらいまでは、子の養育に手がかかるため、限られた時間の中で仕事と子育てが両立できる環境が必要です。そこで、育児・介護休業法23条は、育児休業の取得中でない3歳未満の子を養育する労働者の申し出により、事業主（企業）がとるべき措置として、以下のものを規定しています。

① 所定労働時間（会社の就業規則などで定められた労働時間のこと）の短縮（短時間勤務制度）
② 所定外労働（所定労働時間を超えて行う労働のこと）の免除
③ フレックスタイム制
④ 始業・終業時刻の繰上げ・繰下げ（時差出勤制度）
⑤ 託児施設の設置運営
⑥ ⑤に準ずる便宜の供与
⑦ 育児休業制度に準ずる措置（子どもが1歳から3歳未満の場合）

①〜⑦の措置うち、①②の措置はすべての事業主に義務付けられているのに対し、③〜⑦の措置は努力義務（遵守するように努めなければならないが、違反しても罰則などが科せられない義務のこと）となっています。

これにより、3歳未満の子どもを養

育している労働者であれば、申し出により、1日の所定労働時間を原則6時間とする①の措置を講じなければなりません。ただし、日雇い労働者や1日の所定労働時間が6時間以下の者は、短時間勤務制度の対象から外されています。また、短時間勤務制度が認められない労働者を定める労使協定を結ぶことによって、次の者を対象外とすることができます。

ⓐ 継続雇用1年未満の者
ⓑ 1週間の所定労働日数が2日以下の者
ⓒ 業務の性質または業務の実施体制に照らして、短時間労働勤務の措置を講ずることが困難な者

もっとも、上記のⓒに該当する者に対して①の措置を講じない場合には、事業主は、③〜⑦のいずれかの措置を講じなければなりません。

●所定労働時間を超えてはいけない

所定労働時間の短縮と同様に、事業主には、所定外労働の免除（前述した②の措置）を講ずることが義務付けられています。つまり、育児休業の取得中でない3歳未満の子を養育している労働者から請求があった場合、すべての事業主は、事業の正常な運営を妨げ

104

る場合を除き、その労働者に所定労働時間を超える労働（残業）をさせることができません。

ただし、日雇い労働者は適用対象外です。また、①継続雇用1年未満の労働者、②1週間の所定労働日数が2日以下の労働者については、労使協定を結ぶことによって、所定外労働の免除の適用対象外とすることができます。

◯標準報酬改定や標準報酬月額の特例

育児休業取得後に、職場復帰してもらう労働者の労働条件が育児休業取得前と異なることもあります。取得前よりも報酬が低下した場合、育児をしている労働者の経済的な負担を少しでも軽くするため、標準報酬月額を改定する制度が認められています（育児休業終了時改定）。子が1歳になるまでの育児休業だけでなく、3歳までの子を養育するために休業した場合も、標準報酬の改定を利用することができます。

また、3歳未満の子を養育している労働者の将来の年金の受給が不利にならないようにするための「養育期間標準報酬月額の特例」という制度もあります。これらの手続きは事業主が行います。事業主は社会保険料の制度をふまえた上で、育児について雇用管理しなければなりません。

◯その他会社側が配慮すること

事業主は、雇用する労働者に対する転勤命令など、就業の場所の変更を伴う配置変更を行う場合、就業場所の変更により働きながら子を養育することが困難になる労働者がいるときは、子の養育の状況に配慮しなければなりません。また、事業主は、所定外労働の制限、所定労働時間の短縮措置、時間外労働の制限、深夜業の制限などの申し出や取得を理由として、その労働者に対して、解雇などの不利益な取扱いをすることは認められません。

第4章 労働時間をめぐるルール

所定外労働の免除と例外

3歳までの子どもを養育している労働者

所定外労働の免除を請求 →

事業主

- 【原則】請求者（労働者）に所定外労働（残業）をさせることはできない
- 【例外】事業主は「事業の正常な運営を妨げる場合」には拒むことができる

⇒「その労働者の担当する業務の内容、代替要員の配置の難しさなどを考慮して」客観的に判断される

105

19 子が小学校就学までの期間の労働時間の配慮
事業主は必要な措置を講じるように努力しなければならない

どんな規定があるのか

　小学校に入る前の子どもを養育する労働者が、働きながら子育てできることを支援するために、育児・介護休業法で制度・措置が定められています。事業主は、法定の制度・措置に準じて、必要な措置を講ずる努力義務も負います。

　小学校就学前の子どもを養育する男女の労働者については、申し出（または請求）により、①看護休暇、②時間外労働の制限、③深夜業の制限の措置・制度が適用されます。

看護休暇について

　小学校就学前の子どもを養育する労働者（日雇い労働者を除く）は、申し出ることにより、1年度につき原則5日を限度に、病気やケガの子どもの世話のために、子どもの看護休暇を取ることができます（103ページ）看護休暇の申し出にあたり、子が小学校就学前であることの確認のため、子の氏名および生年月日を、負傷・疾病の事実とともに、示す必要があります。

　事業主は看護休暇の申し出を拒絶することはできませんし、また年次有給休暇で代替させることもできません。

　ただし、以下の①②のいずれかに該当する者については、看護休暇制度が適用されない労働者について定める労使協定を結ぶことにより、看護休暇制度の適用除外者とすることができます。また、看護休暇は無給とすることもできます。

①　継続雇用6か月未満の者

②　週の所定労働日数が2日以下の者

時間外労働が制限されている

　小学校就学前の子どもを養育する労働者（日雇い労働者を除く）が請求した場合には、1か月24時間、1年150時間を越える法定の時間外労働をさせることはできません。事業主は、事業の運営を妨げる場合を除いて、この請求を拒むことはできません。

　ただし、①継続雇用1年未満の者、②1週間の所定労働日数が2日以下の者は、適用除外者として規定されていますので、時間外労働の制限の請求を行うことができません。

　時間外労働の制限について、労働者は事業主に対して、制限開始予定日の1か月前までに、制限を求める期間（1か月以上1年以内の連続する期間）を明示して請求する必要があります。また、この請求に回数の制限はありませんので、子どもの小学校就学前であれば何度でも時間外労働の制限を請求

することができます。

● 深夜業が制限されている

　小学校就学前の子どもを養育する労働者（日雇い労働者を除く）が請求した場合、夜の10時から翌朝5時までの深夜の時間帯に労働をさせることはできません。事業主は、事業の運営を妨げる場合を除いて、この深夜業の制限の請求を拒むことはできません。

　ただし、以下のいずれかに該当する労働者は、適用除外者となっています。
① 　継続雇用1年未満の者
② 　深夜において保育する条件を満たす16歳以上の同居の家族がいる者
③ 　1週間の所定労働日数が2日以下の者
④ 　所定労働時間の全部が深夜にある者
　なお、深夜業の制限について、労働者は事業主に対して、制限開始予定日の1か月前までに、制限を求める開始日と終了日（1か月以上6か月以内の連続する期間）を明示して請求する必要があります。この請求にも回数の制限はありません。

● 養育者に対する均衡措置とは

　上記の法律上の制度や措置をとることが事業主の義務ではない場合であっても、子の養育と仕事を両立させるために、必要な措置を採るよう努力が求められている場合があります。たとえば、1歳から3歳までの子どもを養育する労働者について、育児休業に準じる措置や、始業時刻変更等の措置を講じることが挙げられます。始業時刻変更等の措置とは、フレックスタイム制の導入などを指します（104ページ）。

第4章　労働時間をめぐるルール

子育てをする労働者に対する企業側の対応

	内容・企業の対応
育児休業制度	原則として子が1歳になるまで。子の小学校就学まで育児休業に準じる措置についての努力義務
所定労働時間の短縮	子が3歳までは義務、子の小学校就学まで努力義務
所定外労働の制限	子が3歳までは義務、子の小学校就学まで努力義務
子の看護休暇	子の小学校就学まで義務
時間外労働の免除・制限	子の小学校就学まで義務（子が3歳までは免除）
深夜業の免除	子の小学校就学まで義務
始業時刻変更等の措置	子の小学校就学まで努力義務

107

20 在宅勤務
インターネット等を利用した在宅勤務が新しい働き方として注目されている

●在宅勤務のメリットとデメリット

労働者の新しい働き方として注目されているのが、在宅勤務です。

在宅での仕事といえば、以前は縫製やデータ入力、部品組み立てなどの作業を、企業が家庭の主婦に委託する、いわゆる内職のようなものが多かったのですが、現在では一般の企業に勤務している人が、インターネット等の通信環境を利用して、自宅から業務を行うケースも増えています。国土交通省の「平成26年度テレワーク人口実態調査」によると、自宅でICT（インターネット等の情報通信技術）を使って仕事をする「在宅型テレワーカー」は、約550万人と推計されています。

在宅勤務が普及してきた背景には、少子化・高齢化や災害対策、過疎化といった社会問題があります。たとえば社員が、育児や介護など家庭の事情で通常の勤務をすることができなくなったとき、在宅勤務のシステムができていればその社員は退職せずにすみます。在宅勤務で使用する機器等については、社員個人が持っている通信環境を用いる場合が多く、在宅勤務の開始で、会社が新たに負担する費用がない場合がほとんどです。会社にとっても、経験を積み重ねてきた優秀な社員を失うことなく業務を継続させることができますし、災害で交通網が分断されたときなどにも、業務を止めずに対応できるといった効果が期待されます。このため、国も平成19年に「テレワーク人口倍増アクションプラン」を策定し、在宅勤務の態勢作りを後押ししています。

このように見ると、労使双方にとって、在宅勤務は大きなメリットがある働き方だといえるでしょう。ただ、在宅勤務には管理が難しいという問題点もあります。自宅で仕事をするとなると、プライベートと仕事の線引きがしにくく、管理者の目が行き届かなくなります。したがって、労働時間はもちろん、業務内容の報告方法や通信にかかる費用の分担、データ管理・情報保護の手順なども、通常の就業規則とは別に規定を置かなければなりません。

在宅勤務制度を導入する際には、それぞれの会社の事情に合わせた体制作りが不可欠です。たとえば在宅勤務制度のために、新たな労務管理制度の設置体制が整っていない会社は、完全な在宅勤務制度を採用すると大きな負担がかかります。そこで、無理なく採り入れるために、1週間のうちの2日程度を在宅勤務にするなどの工夫をすることで、負担を軽減することができます。

第5章

賃金をめぐるルール

賃金
労働の「対償」として使用者から支払われるもの

●賃金イコール給料ではない

賃金というと「給料」をさすと考えるのが一般的です。しかし、労働基準法上の賃金には、実際に行った労働の直接の対価だけでなく、家族手当、住宅手当のように労働の対価よりも生計の補助として支払うものや、通勤手当のように労働の提供をより行いやすくさせるために支払うものも含まれるとされています。さらに、時間外手当や休業手当、年次有給休暇中の賃金のように、実際に労働しなくても労働基準法が支払いを義務付けているものも、労働基準法上の賃金に含まれます。

なお、賞与や退職金などは、当然には労働基準法上の賃金にあたりませんが、労働協約・就業規則・労働契約で支給条件が決められていれば、使用者に支払いが義務付けられるので、賃金に含まれるとされています。

これに対し、ストック・オプション（企業が、役員や労働者に自社株を購入する権利を与えておき、一定の業績が上がったときに、労働者がその権利を行使して、株価上昇分の差益を得ることができる制度）は、労働基準法上の賃金には該当しません。

また、賃金は、労働の提供に対して支払われる対価としての性質を持っています。そのため、会社が出張や顧客回りのために交通費を支給する場合がありますが、これは会社の経費なので賃金にはあたりません。

●給与の範囲は法律によって異なる

法律によって「給与」の範囲が異なる場合もあります。

たとえば、労働基準法では、前述のとおり就業規則などによって支給条件があらかじめ明確にされている退職金や結婚祝金・慶弔金などは、給与（労働基準法では給与のことを「賃金」といいます）に含めます。

一方、社会保険（健康保険や厚生年金保険）では、労働契約・就業規則などによってあらかじめ支給条件が明確にされている退職金や結婚祝金・慶弔金などであっても、給与（社会保険では給与のことを「報酬」といいます）には含めないとされています。

おおまかにいうと、労働基準法では給与の範囲を広くとっているようです。つまり、労働保険（労災保険の保険料は全額事業主負担のため、従業員の給与からは何も控除しない）、社会保険（健康保険と厚生年金保険は給与の範囲が同じ）、源泉所得税で少しずつ給与の範囲が違うということです。

2 最低賃金

最低賃金を下回る賃金は原則として無効

●最低賃金とは

賃金の額は使用者と労働者との合意のもとで決定されるものですが、景気の低迷や会社の経営状況の悪化などの事情で、一般的な賃金よりも低い金額を提示する使用者がいないとも限りません。

そのような場合、賃金をもらって生活をしている労働者の立場では、提示額をそのまま受け入れざるを得ないという状況になり、苦しい生活環境を強いられるということも考えられます。

そこで、国は最低賃金法を制定し、賃金の最低額を保障することによって労働者の生活の安定を図っています。最低賃金法の対象となるのは労働基準法に定められた労働者であり、パートタイマーやアルバイトも当然に含まれます。また、派遣社員については、派遣先の所在地における最低賃金を満たしているのかどうかが判断されることになります。

たとえば、個別の労働契約で、最低賃金法を下回る賃金を設定していたとしても、その部分は無効であり、最低賃金法が定める賃金額で契約したものとみなされます。もし、最低賃金法を下回る賃金しか支払っていない期間があるのであれば、事業者はさかのぼっ

てその差額を労働者に支払わなければならなくなります。

●最低賃金の種類

最低賃金には、①地域別最低賃金、②特定最低賃金（従来の産業別最低賃金）があります。どちらも都道府県ごとに設定されており、ほぼ毎年改正されています。最低賃金の趣旨を活かすために、物価等の地域による差を考慮しています。

地域別最低賃金と特定最低賃金とが競合する場合には、原則として金額の高い方の最低賃金額が優先して適用されます。地域別最低賃金・特定最低賃金による最低賃金額以上の賃金を支払わない場合は、罰則が科せられます。

●最低賃金の例外

最低賃金のルールを一律に適用すると、かえって不都合になるケースが生じる可能性もあります。

そのため、試用期間中の者や、軽易な業務に従事している者、一般の労働者と比べて著しく労働能力の低い労働者などについては、都道府県労働局長の許可を得ることによって、最低賃金額を下回る賃金を設定することが認められています。

3 平均賃金

休業手当や減給の制裁の制限額などの算定の基準となる

●平均賃金とは何か

　たとえば、有給休暇を取得した場合や、労災事故などによって休業した場合など、何らかの事情で労働しなかった期間であっても、賃金が支払われることがあります。この場合、その期間の賃金額は、会社側が一方的に決めるのではなく、労働基準法の規定に基づいて１日の賃金額を算出し、これに期間中の日数を乗じた額とすることになっています。その基準となる１日の賃金額を平均賃金と呼びます。

　労働基準法12条によると、平均賃金の算出方法は「これを算定すべき事由の発生した日以前３か月間にその労働者に対し支払われた賃金の総額を、その期間の総日数で除した金額」とされています。これは、できるだけ直近の賃金額から平均賃金を算定することによって、労働者の収入の変動幅を少なくするためです。

　たとえば、労働者を解雇する際に、30日以上前に予告をしない場合、使用者は30日分以上の平均賃金を解雇予告手当として支払うことになります（労働基準法20条）。また、機械の故障や業績不振など、使用者側の事情で労働者を休業させる場合、使用者は休業期間中、労働者にその平均賃金の100分の60以上を休業手当として支給するとされています（同法26条）。年次有給休暇中の労働者に支給する金額についても、就業規則等の定めに従い、平均賃金または所定労働時間労働した場合に支払われる通常の賃金により算定することになります（同法39条）。

●算定方法の原則ルール

　平均賃金は「算定すべき事由の発生した日」以前の３か月の間に支給された賃金を元に計算するわけですが、ここでいう「３か月」とは、暦の上の日数のことです。たとえば算定すべき事由の発生した日が10月15日で、その前日から計算する場合、10月14日〜７月15日までの計92日間ということになります。ただし、業務上の傷病による休業期間や育児・介護休業期間などがある場合は、その日数が「３か月」から控除され、その期間内に支払われた賃金額が「賃金の総額」から控除されます（計算基礎から除外）。

　算定の対象となる「賃金の総額」には、基本給の他、通勤手当や時間外手当などの手当も含まれますが、臨時に支払われた賃金や３か月を超える期間ごとに支払われた賃金は「賃金の総額」から控除されます。

平均賃金の算定方法

$$\frac{算定事由の発生した日以前3か月間にその労働者に支払われた賃金総額}{上記の3か月間の総日数}$$

【「以前3か月間」の意味】

算定事由の発生した日（＊）は含まず、その前日から遡って3か月
賃金締切日がある場合は、直前の賃金締切日から遡って3か月

（＊）「算定事由の発生した日」とは、
解雇予告手当の場合「解雇通告した日」
休業手当の場合「その休業日の初日」
年次有給休暇中の賃金の場合「有給休暇の初日」
災害補償の場合「事故発生の日又は疾病の発生が確定した日」
減給の制裁の場合「制裁意思が労働者に到達した日」

【計算基礎から除外する期間・賃金】

・業務上の傷病による休業期間
・産前産後の休業期間
・使用者の責に帰すべき事由による休業期間
・育児・介護休業法による育児・介護休業期間
・試用期間

【賃金総額から除外される賃金】

・臨時に支払われた賃金（結婚祝金、私傷病手当など）
・3か月を超える期間ごとに支払われた賃金（賞与など）
・法令・労働協約に基づかない現物給与

【平均賃金の最低保障額】

日給制、時間給制などの場合、勤務日が少ないと上記の計算式では異常に低くなってしまう場合があるため、最低保障額が定められている。上記計算式の算出額と、次の計算式の算出額を比較し、多い方を平均賃金とする。

・賃金が日給、時間給、出来高給その他の請負制であった場合

$$\frac{3か月間の賃金総額}{その期間中に労働した日数} \times \frac{60}{100} \cdots Ⓐ$$

・賃金の一部が、月給、週給その他一定の期間によって定められた場合
（月給・週給などと「日給、時間給、出来高給その他の請負制」との併用の場合）

$$\frac{月給・週給等の部分の総額}{上記の部分の総日数} + 上記Ⓐの金額$$

・雇入れ後3か月に満たない者の場合

雇入れ後に支払われた賃金総額÷雇入れ後の期間の総日数

第5章 賃金をめぐるルール

4 割増賃金
残業などには所定の割増賃金の支給が義務付けられている

●割増賃金とは

使用者は、労働基準法37条により、労働者の時間外・深夜・休日労働に対して、割増賃金の支払義務を負います。

割増率については、1日8時間、週40時間の法定労働時間を超えて労働者を働かせた時間外労働の割増率は25％以上です（月60時間を超える部分については50％以上。中小企業については平成34年4月1日から適用）。

次に、午後10時から午前5時までの深夜労働についても、同様に25％以上となっています。時間外労働と深夜労働が重なった場合は、2つの割増率を足すことになりますので、50％以上の割増率になります。また、法定休日に労働者を働かせた場合は、休日労働として35％以上の割増率になります。休日労働と深夜労働が重なった場合、割増率は60％以上になります。

●代替休暇とは

1か月に60時間を超える時間外労働をさせた場合、超える部分については50％以上の割増率を乗じた割増賃金を支払うことが必要です。

ただし、労働者の健康を確保するという観点から、長時間労働の代償として割増分の残業代の支払いではなく、労働者に休暇を付与する方法（代替休暇）もあります。具体的には、労使協定を締結することにより、1か月の時間外労働が60時間を超えた場合、通常の割増率（25％）を上回る部分の割増賃金の支払いに代えて、有給休暇を与えることが認められています。

代替休暇は労働者の休息の機会を与えることが目的ですので、付与の単位

賃金の割増率

時間帯	割増率
時間外労働	25％以上
時間外労働（月60時間を超えた場合の超えた部分）	50％以上 ※
休日労働	35％以上
時間外労働が深夜に及んだとき	50％以上
休日労働が深夜に及んだとき	60％以上

※労働時間が1か月60時間を超えた場合に支払われる残業代の割増率については、平成34年4月1日より、中小企業に適用される。

114

は1日または半日とされています。また、代替休暇に振り替えられるのは、通常の割増率を上回る部分の割増賃金を時間換算したものです。通常の割増率の部分については、これまで通り25％以上の割増率による割増賃金の支払いが必要です。

●労使協定で定める事項

代替休暇を与えるためには、労使協定を締結しなければなりません。労使協定で定めなければならない事項として、①代替休暇として与えることができる時間数の算定方法、②代替休暇の単位、③代替休暇を与えることができる期間、④代替休暇の取得日の決定方法、⑤割増賃金の支払日、があります。

①の時間数の算定方法ですが、1か月の時間外労働時間数から60を差し引いて、換算率を乗じます。この換算率は、法定通りの割増率の場合は、60時間を超えた部分の時間外労働の割増率50％から通常の時間外労働の割増率25％を引いた25％となります。法定を上回る割増率を定めている場合は、60時間を超えた時間外労働の割増率から通常の時間外労働の割増率を引いた数字になります。たとえば、通常の時間外労働の割増率が30％で、1か月60時間を超える時間外労働の割増率が65％の場合は、65から30を差し引いた35％が換算率になります。

③の代替休暇を与えることができる期間は、長時間労働をした労働者の休息の機会を与えるための休暇ですから、時間外労働をした月と近接した期間内でなければ意味がありません。そのため、労働基準法施行規則で、時間外労働をした月から2か月以内、つまり翌月または翌々月と定められています。労使協定ではこの範囲内で定めます。

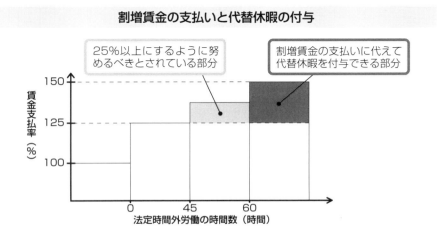

割増賃金の支払いと代替休暇の付与

5 割増賃金の計算方法
1時間あたりの賃金に換算し、その額に割増率を掛けて算出する

●割増賃金の計算の手順

割増賃金を計算する手順は、まず月給制や日給制などの支払方法に関わらず、すべての労働者の1時間あたりの賃金を算出します。

その額に割増率を掛けた金額が割増賃金になります。

賃金には労働の対償として支給されるものの他、個人的事情にあわせて支給される賃金もあります。家族手当や通勤手当がこれにあたります。これらの個人的事情にあわせて支給される賃金は割増賃金の計算の基礎となる賃金から除くことになっています。

割増賃金の計算の基礎から除く手当としては、①家族手当、②通勤手当、③別居手当、④子女教育手当、⑤住宅に要する費用に応じて支給する住宅手当、⑥臨時に支払われた賃金、⑦1か月を超える期間ごとに支払われる賃金があります。

●時間給の計算方法

割増賃金は1時間あたりの賃金を基礎とするので、まずは時間給を計算します。

① 時給

時給とは、1時間あたりいくらで仕事をするという勤務形態です。時給の場合、その時給がそのまま1時間あたりの賃金になります。

1時間あたりの賃金＝時給

② 日給

日給とは1日あたりいくらで仕事をするという勤務形態です。日給の場合、日給を1日の所定労働時間で割って1時間あたりの賃金を算出します。

1時間あたりの賃金＝日給÷1日の所定労働時間

③ 出来高払い

歩合給などの出来高払いの賃金の場合、出来高給の金額を1か月の総労働時間数で割った金額が1時間あたりの賃金になります。

1時間あたりの賃金＝出来高給÷1か月の総労働時間数

④ 月給

月給は、給与を月額いくらと定めて支払う方法です。月給の場合、月給の額を1か月の所定労働時間で割って1時間あたりの賃金を算出します。

1時間あたりの賃金＝月給÷1か月の所定労働時間

ただし、1か月の所定労働時間は月によって異なるにも関わらず、月ごとに所定労働時間を計算してしまうと、毎月の給与は同じであっても割増賃金の単価（1時間あたりの賃金）が毎月

違う、という不都合が生じてしまいます。そこで、月給制の1時間あたりの賃金を計算する場合、年間の所定労働時間から1か月あたりの平均所定労働時間を計算して、「月給（基本給）÷1か月の平均所定労働時間」を求めた金額を1時間あたりの賃金とします。

割増賃金の計算方法

前提

- ・基本給のみの月給制
- ・1日の所定労働時間は8時間（始業9時・終業18時・休憩1時間）
- ・完全週休2日制（法定休日は日曜日）

① 賃金単価の算出

基本給 ÷ 1か月平均所定労働時間 = 1時間あたりの賃金単価

② 1か月の残業時間、深夜労働時間及び法定休日労働時間の算出

- ・1日ごとの残業時間（法定外休日労働時間を含む）を端数処理せずに1か月を合計
- ・1日ごとの深夜労働時間を端数処理せずに1か月を合計
- ・法定休日労働時間を端数処理せずに1か月を合計

③ 1か月の割増賃金の算出

60時間までの残業時間 × 1時間賃金単価 × 割増率（1.25以上） = 60時間までの残業の割増賃金 **A**

60時間を超える残業時間 × 1時間賃金単価 × 割増率（1.5以上） = 60時間を超える残業の割増賃金 **B**

深夜労働時間 × 1時間賃金単価 × 割増率（0.25以上） = 深夜労働の割増賃金 **C**

法定休日労働時間 × 1時間賃金単価 × 割増率（1.35以上） = 法定休日労働の割増賃金 **D**

※60時間を超える残業時間の割増率が50%以上となるのは中小企業を除く企業（114ページ参照）

④ 受け取る賃金の算出

A ＋ **B** ＋ **C** ＋ **D** ＝ 1か月の受け取る割増賃金の合計額

三六協定①
残業をさせるには三六協定に加えて就業規則などの定めが必要である

●三六協定を結べば残業が認められる

　時間外労働は、原則として労使間で時間外労働について労使協定を結び、その範囲内で残業を行う場合に認められます。この労使協定は、労働基準法36条に由来することから三六協定といいます。同じ会社であっても、残業の必要性は事業場ごとに異なりますから、三六協定は事業場ごとに締結しなければなりません。事業場の労働者の過半数で組織する労働組合（過半数組合がないときは労働者の過半数を代表する者）と書面による協定（三六協定）をし、これを労働基準監督署に届ける必要があります。

　労働組合がなく労働者の過半数を代表する者と締結する場合は、その選出方法にも注意が必要です。選出に関して証拠や記録がない場合、代表者の正当性が否定され、三六協定自体の有効性が問われることになります。そこで、選挙で選出する場合は、投票の記録や過半数の労働者の委任状があると、後にトラブルが発生することを防ぐことができます。

　なお、管理監督者は労働者の過半数代表者になることができません。もし管理監督者を過半数代表者として選任して三六協定を締結しても、その協定は無効となる、つまり事業場に三六協定が存在しないとみなされることに注意が必要です。

　三六協定は届出をしてはじめて有効になります。届出をする際は原本とコピーを提出し、コピーの方に受付印をもらい会社で保管します。労働基準監督署の調査が入った際に提示を求められることがあります。また、三六協定の有効期限は1年が望ましいとされています（法令上の制限はない）。

　もっとも、三六協定は個々の労働者に残業を義務付けるものではなく、「残業をさせても使用者は刑事罰が科されなくなる」（免罰的効果といいます）というだけの消極的な意味しかありません。使用者が残業を命じるためには、三六協定を結んだ上で、労働協約、就業規則または労働契約の中で、業務上の必要性がある場合に三六協定の範囲内で時間外労働を命令できることを明確に定めておくことが必要です。

　使用者は時間外労働について通常の労働時間の賃金の計算額の25％以上の割増率で計算した割増賃金を支払わなければなりません（月60時間超の例外あり、114ページ）。三六協定を締結せずに残業させた場合は違法な残業となりますが、違法な残業についても割増

賃金の支払いは必要ですので注意しなければなりません。

なお、三六協定で定めた労働時間の上限を超えて労働者を働かせた者は、6か月以下の懲役または30万円以下の罰金が科されることになります（労働基準法119条1号）。

●就業規則の内容に合理性が必要

最高裁判所の判例は、三六協定を締結したことに加えて、以下の要件を満たす場合に、その就業規則の内容が合理的なものである限り、それが労働契約の内容となるため、労働者は時間外労働の義務を負うと判示しています。
・三六協定の届出をしていること
・就業規則が当該三六協定の範囲内で労働者に時間外労働をさせる旨について定めていること

ですから、就業規則に従って残業などの業務命令が出された場合には、労働者は正当な理由がない限り、残業を拒否することはできません。これに従わない労働者は業務命令違反として懲戒処分の対象になることもあります。

ただし、三六協定の締結だけでは労働者に残業義務は発生しません。前述したように、三六協定は会社が労働者に残業をさせても法律違反にならない、という免罰的効果しかありません。就業規則などに残業命令が出せる趣旨の規定がなければ、正当な理由もなく残業を拒否されても、懲戒の対象にはできませんので注意が必要です。

なお、会社として残業を削減したい場合や、残業代未払いなどのトラブルを防ぎたい場合には、時間外労働命令書・申請書、時間外・深夜勤務届出書などの書面を利用して、労働時間を管理するのがよいでしょう。また、残業が定例的に発生すると、残業代が含まれた給与に慣れてしまいます。その金額を前提にライフサイクルができあがると、残業がなくなると困るので、仕事が少なくても残業する社員が出てくることがあります。そのような事態を防ぐためにも、会社からの命令か事前申請と許可がなければ残業をさせないという毅然とした態度も必要です。

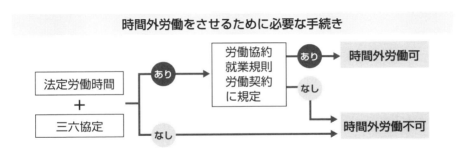

時間外労働をさせるために必要な手続き

三六協定②
限度時間を超えた時間外労働を設定できる特別条項付き三六協定もある

●三六協定の締結方法

締結すべき事項は、①時間外または休日の労働をさせる必要のある具体的事由、②業務の種類、③労働者の数、④「1日」「1日を超え3か月以内の期間」「1年間」について延長ができる時間または労働させることができる休日です。④については、行政通達により限度時間が決められています。労働者の同意があっても、限度時間を超えて働かせることはできません。

限度時間について、1日の限度時間は法律では定められていませんが、1年単位の変形労働時間制を取っている場合を除き、1週間で15時間、1か月で45時間、1年間で360時間などと定められています。特別条項がない限り、これらの限度時間を超えて残業をさせてはいけないことになります。なお、1年単位の変形労働時間制では1週間で14時間、1か月で42時間、1年間で320時間となります。

また、三六協定は協定内容について有効期間の定めをしなければなりませんが、その長さについては労使の自主的な判断にまかせられています（ただし労働協約による場合を除き無期限の協定は不可）。しかし、前述の④にあるように、三六協定は必ず「1年間」について定めなければなりません。したがって、事業が1年以内に完了するような例外を除き、有効期間は最低1年間となります。また定期的に見直しをする必要がありますので、1年毎に協定を結び、有効期間が始まる前までに届出をするのがよいでしょう。

労使協定の中には、労使間で「締結」をすれば労働基準監督署へ「届出」をしなくても免罰的効果が生じるものもありますが、三六協定については「締結」だけでなく「届出」をしてはじめて免罰的効果が発生するため、必ず届け出ることが必要です。

●特別条項付き三六協定とは

労働者に時間外労働をさせる場合には、三六協定を締結することが必要です。労働者の時間外労働については、労働基準法に関する行政通達である「時間外の限度に関する基準」により、働かせることができる上限が決められています。たとえば1か月の時間外労働の限度時間は45時間です。

しかし、実際の事業活動の中で、どうしても限度時間を超過してしまうこともあります。決算業務など臨時的な特別な事情があるときは、「特別条項付き時間外・休日労働に関する協定」

を締結し、限度時間を超えて時間外労働時間の上限時間を設定することができます。特別な事情は臨時的なものを前提としていますので、一時的または突発的な事情であることが必要です。

また、限度時間を超える時間外労働を実施しようとしている期間が、全体として1年の半分を超えないことが見込まれるようなものでなければなりません。つまり1年の半分、6か月が対象月の上限になります。具体的には、①予算、決算業務、②ボーナス商戦に伴う業務の繁忙、③納期のひっ迫、④大規模なクレームへの対応、④機械のトラブルへの対応が挙げられます。

一方、「業務上必要なとき」「使用者が必要と認めるとき」などといった抽象的で事由が特定されていないものは、臨時的なものとして認められません。

特別条項がある場合には、限度時間

は定められていませんが、近年急増している長時間残業に起因するメンタル不調の予防の観点から、あまり長時間になりすぎないように、また連続して何か月も長時間残業が続かないような配慮も必要です。

さらに法律で定められている残業代の割増率は、通常は25%増ですが、限度時間（1か月では45時間）を超えて残業させる場合には、通常の割増率を超えるように努めることが求められます。なお、1か月の残業時間が60時間を超える場合は、その超える部分について通常の25%増に加え、さらに25%上乗せした50%以上の割増率による割増賃金が必要になります。ただし、一定の規模以下の中小企業は当分の間、適用を猶予されています（114ページ参照）。

特別条項付き三六協定

原 則 三六協定に基づく時間外労働の限度時間は、1か月に45時間

6か月を限度に、限度時間を超えて、時間外労働時間を設定できる

特別条項付き三六協定

【特別な事情（一時的・突発的な事情）】が必要
- ① 予算・決算業務
- ② ボーナス商戦に伴う業務の繁忙
- ③ 納期がひっ迫している場合
- ④ 大規模なクレームへの対応が必要な場合

※限度時間が60時間を超える場合の超える部分の割増賃金

通常の2割5分増＋2割5分
⇒5割以上の割増賃金の支払いが必要

8 残業不払い問題

残業代を支払わないと民事上だけでなく刑事上の責任を問われることもある

● サービス残業とは

労働者が勤務時間外に働いている場合で、会社が労働基準法で定められている時間外労働手当を支払わない場合をサービス残業といいます。サービス残業は賃金不払い残業とも呼ばれます。

一般的に、サービス残業となる場合は、会社の経営者や上司などが自身の強い立場を背景として労働者に時間外労働を強制するケースが多く、社会問題となっています。多くの会社は、人件費を抑えるために正社員を非正規社員に変更するといった対応をしてきましたが、そのツケが「正社員のサービス残業増加」という形で現れています。

サービス残業が常態化した会社では、長時間労働が蔓延していることが多いため、労働者の疲労がたまり、過労死や過労自殺といった労災事故が生じる原因にもなります。過労死までいかなくても、労働者がうつ病などの精神疾患になる事態も増加しています。

残業代不払いの問題点は、そのままにしておくと、労働者側から請求を受けたり労働基準監督署に申告された場合に、一度に多額の不払いの残業代相当額を支払わなければならなくなる恐れがあります。特に弁護士に依頼した労働者から、過去2年分に遡って不払

い分を請求される場合があります。さらに、裁判では2年分の不払い分の金額と同額の付加金の支払請求を受けることも考えられます。つまり、本来支払う必要がある金額の倍額を請求される恐れがあり、続けて他の労働者が同様の請求を行うかもしれません。

過去2年分に遡って請求されることとの関係では、退職労働者による請求に注意すべきです。つまり退職する段階になって、それまで未払いである残業代の支払いをまとめて（過去2年分）請求を受けることがあり得ます。

● 都合よく解釈してはいけない

残業代の不払い問題で問題となりがちなのは、営業職や管理職に対する手当の支給についてです。営業職に対して営業手当を支給する際に、歩合制をとる会社は多いでしょう。それでも残業代を別途支払っている場合には特に問題とはなりませんが、「営業手当に残業代を含める」としている会社の場合には要注意です。この営業手当が月々の営業の成果によって変動する場合には、残業代と認められません。

また、営業手当に残業手当が含まれる場合には、そのことを労働者に認識させておく必要があります。雇用契約

122

書や就業規則、賃金規程などにもその旨を記載しておく必要があります。その上で、営業手当や諸手当を除いた基本給が最低賃金法で定められている最低賃金を下回らないように注意しなければなりません。

一方、管理職については、他の従業員を監督・管理する地位にない役職者に対して役職手当を支払っていたとしても、残業代を支払わなければ違法になります。

○ずさんな管理がトラブルにつながる

トラブルになりやすいのは、会社側が労働者の労働時間管理をしていない場合です。タイムカードがない会社は、特に注意が必要です。

また、週40時間の労働時間が守られていないケースも問題になります。就業規則や労使協定などを作成していな

い場合や届け出ていない場合も考えられます。さらに、割増賃金の計算式の数値が間違っている場合も要注意です。

○刑事事件になる場合もある

割増賃金（残業代）の不払いに対しては、裁判では不払いの額と同額の付加金の支払が求められることもあります。割増賃金の不払いについては、遅延損害金も請求される場合があります。遅延損害金は年利14.6％まで認められるため、大きな負担がのしかかります。

また、労働基準法によると、割増賃金の不払いをした者には、6か月以下の懲役または30万円以下の罰金という刑事罰が科されます。会社側が残業代の不払いを行っていることを十分認識しているのに、あえてサービス残業をさせている場合など、悪質なケースでは刑事事件まで発展します。

サービス残業の問題点

サービス残業の問題点	具体的なケース
・労働時間を管理していない	→ タイムカード制廃止など
・必要な文書を作成していない	→ 就業規則・労使協定の不作成
・必要文書の届出をしていない	→ 就業規則・労使協定の未届出
・労働時間が週40時間におさまっていない	→ 週40時間を超えて働くのが常態化している場合など
・割増賃金の計算が間違っている	→ 計算式の分子・分母に当てはめるべき数値が間違っている
・年次有給休暇の管理を行っていない	→ 職場全体の年次有給休暇の取得率が低い場合など
・管理監督者でない者を管理職として扱っている	→ 実態の伴わない管理職に就かせて残業代を支給しない場合

残業不払い訴訟
ひとたび訴訟を起こされると敗訴する可能性が高い

●請求金額は残業代だけではない

訴訟を起こされた場合、まず、不払いの期間を遡って合計した金額分を請求されます。期間は最大で2年分まで遡ることができます。

また、2年分の不払い額と同じ金額の付加金を支払わなければならない場合もあります（労働基準法114条）。

そして、遅延損害金も上乗せされます。平成29年12月現在、遅延損害金の利息は、退職者が行う場合には、民事法定利率（年利5％）と比べるとはるかに高い年利14.6％まで認められています（賃金の支払の確保等に関する法律6条1項）。一方、在職中の労働者が請求した場合には、遅延損害金は商事法定利率の年利6％です（商法514条）。遅延損害金の計算は、本来の支払日の翌日から遅延している期間の利息（6％または14.6％の利率による利息）を含めます。このように、訴訟になると未払いの残業代だけ支払えば済むわけではないことを覚えておくべきでしょう。なお、改正民法が施行（2020年4月1日施行予定）されると、法定利率は民事・商事の区別なく年利3％に統一されるので注意が必要です。

「どうせ請求されることはない」とサービス残業をさせていて、後ほど高額な請求を受けた、ということが実際に起きているのです。

●慰謝料請求をされることもある

残業代不払いで労働者側が訴訟を起こすと、前述のとおり残業代以外にも付加金や遅延損害金が請求額に含まれます。しかし、これらの請求額だけで済まない場合があります。残業代を請求する状況にある労働者は長時間労働になっていた可能性が高く、残業というものが、通常の勤務時間に加えた業務を行う性質を持つため、長時間労働と切り離しにくいのです。また、場合によってはサービス残業を強いるような職場の場合には、上司のパワハラという問題も絡んでいる可能性があります。このような労働者の場合には、残業代の不払い請求をする際に、慰謝料も請求してくることが多いようです。

●事前予防が何よりも大切

労働者が会社に対して、残業代の不払いについて何らかの法的な請求をしてくる可能性があるといっても、多くの経営者は、「うちの会社ではそういうことはあり得ない」と考えるのが通常でしょう。ただ、労働者から過去に残業代不払いの請求を受けたことがな

いらといって、慢心していてよいわけではありません。労働者は生活のための給料を得る必要があるため、仮にサービス残業を強いられて不満に思っていたとしても、生活の糧を失うわけにはいかないので、黙って我慢しているだけという可能性もあるからです。つまり、現在のところ、労働者から法的な請求があるわけではないが、労働者の不満や怒りが徐々に蓄積しているという状態です。当初は黙認していたとしても、限界点を超えれば、法的手段を用いてくることは十分あり得ます。

特に、在職中は、不利益な取扱いを受けることを恐れて不払いを黙認していた労働者が、退職後に会社に対して法的な請求をしてくることは十分考えられます。退職すれば「残業代を請求して辞めさせられたらどうしよう」と不安に思うことがなくなるからです。

賃金請求権については、賃金の支払日から2年間は請求できますから、多くの労働者に数か月分残業代を支払っていないとなると、莫大な金額を請求される可能性も生じます。

また、実際に請求をされてしまった後になって、対応しようとしても、タイムカードや出退勤の記録、給与明細などの証拠は、すでに請求した労働者側は揃えていることがほとんどです。特に弁護士などの専門家に依頼している場合には、労働者側の主張が通ると見て間違いないでしょう。

このように、残業代不払いを請求されてしまうと、為す術がない場合がほとんどですから、事前に残業代不払いと言われないように、就業規則やタイムカードの管理体制などを整備しておくことが必要です。

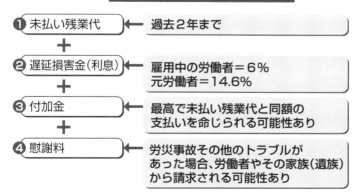

10 訴訟を起こされた場合の対応
残業代を支払わなければならない状況にあるかどうかを吟味する

● どのように対抗したらよいのか

　まず会社は、労働者が主張する残業時間が、本当に労働基準法上の労働時間に該当するかどうかを検討する必要があります。該当しないと判断できる場合で、それを裏付ける証拠がある場合にはそれを準備して、労働時間にあたらないことを主張します。

　一方、労働時間に該当する場合には、それが割増賃金を支払わなければならない労働時間にあたるのかどうかを検討することになります。つまり、残業代の対象となる労働時間ではないことを証明することになります。たとえば裁量労働制や事業場外のみなし労働時間制、あるいは管理監督者であるといった事項が該当します。割増賃金をきちんと支給している場合には、そのことを主張することになります。ただ、いずれも個々に有効な主張となるかどうかを吟味する必要があります。特に年俸制に関しては、年俸制を導入しているから残業代を支払わなくてもよいわけではありません。

● どんな証拠が出されるのか

　雇用契約が成立していることの証拠として雇用契約書や給与明細書、業務報告書などの書面が提出されます。そ

して、時間外労働への手当に関する取り決めを裏付ける証拠としては、就業規則や賃金規程、雇用条件が記載された書面があります。また実際に時間外労働を行った事の証明のために、タイムカードや業務日報等が提出されます。

● 会社は何を立証するのか

　タイムカードや就業規則、雇用契約書、労使協定の書面に記載した内容が、労働者が主張する残業時間にはあたらないと証明できる場合には、それらが会社の主張の証拠になります。

　また、労働者が主張する残業時間が労働時間にはあたるとしても、割増賃金の対象となる労働時間に該当しないことを証明するためには、裁量労働制をとっていれば、裁量労働制をとっていることを裏付ける証拠を提出します。また、事業場外のみなし労働時間制をとっていれば、その証拠を提出します。

　訴訟を起こした労働者が管理職の地位にある場合は、その労働者が監督または管理の権限を有する管理監督者であることを裏付ける証拠を用意します。

　退職者が請求してきた場合や、在職中の者でも長期間の不払い分を請求してきた場合には、対象となる残業時間に対応する残業代の請求権に関する

消滅時効（賃金は2年、退職金は5年、労働基準法115条）の成否を確認し、成立していれば時効を援用します。なお、改正民法による短期消滅時効の廃止に併せて、賃金の時効の見直しが検討されています。

残業時間があったことを証明する資料としては、タイムカードや業務日報、報告書などが提出されることが多いですが、ない場合には、労働者の日々の日記やメモ、あるいはメールの記録などが証拠になります。個人的な日記や手帳などは、その日記や手帳などを会社側が作成させていた場合や、上司などが内容を確認していた場合には、証拠としての信用性が高くなります。

たとえば、タイムカードなどの証拠を労働者側が揃えているような場合に、会社側に反証できるものがない場合だけでなく、労働者側も残業時間を立証

できる証拠がない場合です。このような場合、本来会社側に労働時間管理の記録義務があるため、記録がないことは会社に不利な状況になるのです。

●管理監督者であることの立証

訴訟を起こした労働者が管理職の地位にある者であった場合には、通常は残業代を支払う義務はありません。残業代を支払わなくてもよいのは、①その者に与えられた職務内容、権限、責任が管理監督者にふさわしいもので、経営者と一体の立場にあること、②勤務態様や労働時間管理の状況が会社に管理されていないこと、③管理監督者としての待遇を受けていること、という条件を満たす場合に限られます。条件を満たさず、名称だけが管理職のようになっている者は、労働基準法上の管理監督者ではありません。

第5章　賃金をめぐるルール

不払いの残業代の訴訟で主張する事項

労働者・元労働者 → 不払いの残業代の請求 → 会社
会社 → 抗弁 → 労働者・元労働者

労働者・元労働者の主張（請求）
残業したのに支払ってくれない

会社の主張（抗弁）
残業の事実がない
法律上の労働時間に該当しない
裁量労働制である
割増賃金を支給している
事業場外のみなし労働時間に該当する
原告は管理監督者である
請求された分は消滅時効が成立している

労働時間の管理とタイムカード
労働時間は使用者側で適切に管理しなければならない

●残業の多い人間に注意する

　会社は、労働者の労働時間を適正に把握し、また管理しなければなりません。労働者の労働時間の管理方法としては、次の2つが考えられます。
① 使用者（労働者を指揮命令する立場にある上司のこと）が自分の目で確認して記録する方法
② 労働者の労働時間を客観的に記録できるもの（タイムカード、ICカードなど）で確認・記録する方法

　①または②の方法により労働者の労働時間を記録するだけでなく、その記録から残業時間が多い労働者を把握し、長時間の残業をしないように注意する必要があります。労働時間の管理は、適切な時間配分で業務の効率化を図るために、会社側も努力が必要です。

　仕事量が多くないのに残業が多い場合には、各業務内容について必要な時間やスキルを数値化して、目安を示す必要があるでしょう。その上で、本人の努力を促して、早めに仕事を終えさせるようにする必要があります。

●タイムカードは使いよう

　労働者の出退勤管理に広く使われているのが「タイムカード」です。以前は紙ベースが中心でしたが、最近はICカードを使用する会社も多くなってきました。これらの方法は、個々の労働時間をデータで把握することができるため、勤怠や賃金計算の際に重宝されています。タイムカードは通常、労働者が自分で打刻します。打刻のタイミングは経営者側で管理せず、すべて労働者に任せているという企業も多いのではないでしょうか。

　結果的に、タイムカードの打刻は単なる出退勤状況を把握する程度の機能しか果たしていない場合が多く見受けられます。しかし、タイムカードに記録されている時刻は、「労働した時間」の記録として認められるものです。

　たとえば出勤してすぐに打刻し、その後着がえや化粧などの準備に長い時間を使ったとしても、その準備時間は労働時間として扱われてしまいます。また、正規の就業時間が終わった後だらだらとムダ話をしていて、退勤するときに打刻したという場合、終業時間から退勤時間までの間に、残業代が発生することにもなりかねません。

　法的に考えた場合、労働時間とは労働者が使用者の指揮命令下に置かれている時間のことを指し、始業前の準備時間や就業時間後行われる雑談等は労働時間とはいえません。

裁判例でも、タイムカードの取扱いについて「従業員の出社・退社時刻を明らかにするものにすぎない」「会社側は従業員の遅刻・欠勤を把握する趣旨で設置」「労働時間はタイムカードに記録された時刻で確定はできない」といった見解が示されています。

労働時間を算定しようとする場合、本来であればタイムカードだけではなく、その他の資料等（業務日報や業務週報など）をあわせて行うべきです。労働基準法は、使用者側に労働者の労働時間を管理する義務を課しているといえます。少なくとも出勤・退勤の時間ではなく始業・終業の時間に打刻するよう、管理することは必要です。

○タイムカードがない場合

会社側が労働時間の管理義務を怠っていた場合で、タイムカードによる打刻がしっかりと行われた場合であれば、打刻された出退勤の時間に納得がいかないとしても、原則としてタイムカードの打刻時間に基づいて残業代を支払う必要があります。

では、タイムカード等がない場合はどのように考える必要があるのでしょうか。客観的な証拠がない場合、どうしても従業員側の自己申告を受け入れるか否かが問題になります。

基本的には、会社側が従業員の労働時間把握を適正に行えていないと考えられますので、従業員の立証があれば、反証できない限り残業代は従業員の言い分通りに支払う必要があります。従業員の立証とは、たとえば従業員が毎日つけていた日記、日報などです。これは当日や翌日など、記憶が鮮明な間に作成されたメモ書きなどであっても立証できる証拠とされます。

ただし、月末などに従業員が過去の記憶を振り返ってまとめてメモを作成した場合などは、必ずしも証拠とはされません。メモ書き等以外では、パソコンのログ記録により導く方法があります。デスクワークを中心とする従業員の場合、パソコンの起動や終了の記録は、従業員が社内で仕事を行っていた事案と推認されると示した裁判例があります。

第5章　賃金をめぐるルール

タイムカードによる労働時間の管理

タイムカード　〔目的〕従業員の労働時間の管理

単なる出・退勤状況の把握に過ぎなくなっている

出勤後に打刻⇒始業前の準備時間が労働時間に含まれてしまう

退勤時に打刻⇒終業後の雑談等まで労働時間に含まれてしまう

経営者が打刻の管理をするか、始業時・終業時に打刻するように改める必要がある

129

12 残業時間と限度時間

医学的な見地から算出された限度時間がある

●45時間を超える場合には要注意

労働時間が長くなると、疲労が蓄積します。長時間労働が長い期間にわたって続くと、蓄積した疲労が原因となって健康状態が悪化します。

会社としては、労働者の労働時間を適切な時間にとどめるように管理して、労働者が健康障害を起こさないように注意しなければなりません。よく言われる基準となる数字として「1か月に45時間までの残業時間」があります。

45時間という数字は、一般の人が1日7～8時間の睡眠をとった場合に、残業時間にあてられる時間の1か月分の合計です（1日2～2.5時間×20日間）。つまり、1日7～8時間睡眠をとることができれば、健康的な生活を維持することができる、とする医学的な見地から算出された数字です。したがって、1か月の残業時間が45時間を超える場合には、労働者の健康状態に注意する必要がある、ということです。

また、1か月の残業時間が80時間を超えているかどうかも1つの目安となります。この数字は、1日6時間の睡眠をとった場合に残業時間にあてられる時間（1日4時間の残業時間）を基準として、1か月あたり20日間働くものとして算出された数字です。医学的

には、1日6時間の睡眠時間を得られていれば過労死につながる健康障害が生じるリスクは増加しない、とされています。したがって、1か月に80時間という数字も1つの目安になります。

なお、1か月の残業時間が100時間を超えている場合には、かなり健康上のリスクは高まっているといえます。100時間の残業ということは、1日5時間の残業を1か月あたり20日間行った場合と同等です。1日5時間の残業をする場合、1日5時間程度の睡眠時間しか確保できていないことになります。医学的には、睡眠時間が1日5時間を切ると、虚血性心疾患・脳血管障害が増加するリスクが高まる、とされています。したがって、残業時間が1か月あたり100時間を超える労働者がいる場合には、過労死のリスクが高くなりますから、会社としても労災事故を起こすリスクが高くなるといえるのです。

●明示的な指示がない場合

労働者が残業をしたとしても、上司が残業を命じた場合でなければ、会社としては残業と認めない、という姿勢の会社は結構多いようです。このような会社でも、会社側が業務上必要であると判断して、労働者に対して残業を

命じた場合には特に問題は生じません。もしこの場合に残業代を支払わなければ、明らかな法律違反になります。

一方、上司が労働者に残業するように命じていないにも関わらず、勝手に労働者が残業した場合、会社としては残業代を支払う義務はないと考える経営者は多いようです。

しかし、労働者がしていた仕事によっては、その労働者が会社に残って仕事をしていた分について残業代を支払わなければならないケースもあります。

たとえば、残業しないと間に合わないほどの業務を上司が労働者に命じた場合です。この場合、たとえ上司が残業を命じなかったとしても、黙示的に残業を命令したものとして扱われる場合があります。また、労働者が残業しているところを見ていながら、何も言わずにいたような場合、黙示的に残業を命令したと判断されるときがあります。

逆に、上司から残業をしないように命じられていたにも関わらず、これに反して労働者が残業した場合は、主に2つの点が問題になります。

まずは、当該会社にとって「時間外労働が適法に行えるか否か」です。従業員の時間外労働や休日労働をすべて禁止している会社の場合、時間外労働等を適正に管理するための三六協定が未締結である場合があります。この場合、残業手当の対象となる時間外労働そのものが違法と考えられる場合があります。次に、会社側が時間外労働と休日労働の禁止について周知徹底していたかどうかです。たとえば、時間外労働の禁止と残業の必要が生じたときは役職者が引き継ぐべきという指示や命令を社内通知、朝礼、上司を通じて繰り返し知らされていたかどうかです。

これらの2点について、命令に反した従業員が知り得る状態にあったと判断されるときは、残業代を支払う義務はないと考えられます。

第5章　賃金をめぐるルール

三六協定の締結事項と限度時間

締結事項

①時間外・休日労働を必要とする具体的事由
②業務の種類
③労働者の数
④延長時間、労働させる休日
⑤有効期間

期　間	1週間	2週間	4週間	1か月	2か月	3か月	1 年
限度時間 (h：時間)	15h	27h	43h	45h	81h	120h	360h

131

13 残業削減と対策
まずは経営者の意識改革が必要である

● どんな対策を講ずるべきか

　仕事上必要な残業は事前申請制にすることです。残業を行う場合はあらかじめ上司に提出し、承認を得なければならないとしておくとよいでしょう。

　就業規則上「不要な残業をすること、させることの禁止」「仕事外目的での終業後の正当な理由のない在社禁止」などを定め、懲戒事由とすることも大切です。事実上のサービス残業を強いることも許されません。

　また、会社は労働者の労働時間を管理しなければ、労働基準監督署による指導の対象となる場合があります。労働時間を把握する方法として、まず経営者や上司など労働者を管理する者が直接労働者の労働時間について見て確認（現認）するという方法があります。経営者や上司による現認が難しい場合には、タイムカードやICカードなどによる客観的な記録方法によって労働時間を把握するとよいでしょう。

　ただ、この方法での管理が難しい場合には、自己申告制を導入しているかもしれません。自己申告制の場合、労働者が申告した内容が本当に実態にあっているのかを確認できるしくみが必要です。たとえば、労働者が残業せざるを得ない状況であることを承知し

ながら、自己申告制と残業時間の上限枠を導入し、労働者が残業時間の上限枠を超えている残業時間分について申告しにくい環境を作り上げるようなことは避けなければなりません。また、自己申告制を適正に実施するための基準が厚生労働省より示されており、会社側は申告により把握される労働時間と実際の労働時間が合致しているか、その実態を調査する義務があります。

● 残業を勝手にさせない

　本来、残業は労働者が勝手に行うものではなく、必要性が生じた場合に会社側が労働者に命じるものです。労働者が会社側からの指示に従って行った残業については残業代を支払う必要がありますが、そうではない場合には、残業代を支払う義務はありません。そのため、残業を行う場合には、事前に上司の許可を得なければならない、というルールを定めることが必要です。

　労働者の残業を会社側の指示がなければ行うことができないとするには、管理者が自身の部下の状況を適切に把握していることが前提になります。残業については「残業申請書」といった書類を残業する労働者から管理者に提出させるしくみを作るとよいでしょう。

「残業申請書」には、残業しなければならない理由や残業の目的、作業に必要となる時間を記載するようにします。そして、管理者が許可したことを示す署名やサイン欄を設けておくとよいでしょう。また、チェック欄を作り、他の方法で対応できないかどうか、残業申請時あるいは許可時に確認できるようにしておくとよいでしょう。

実際に行われた残業について賃金を支払わないということはできません。もちろん、業務上必要な残業をしているのであれば、経営者側も残業代を支払うことにそれほど違和感はないでしょう。しかし、中には残業代を稼ぐために昼間はのんびりと仕事をし、残業時間になってから熱を入れて働き出すという労働者がいることも事実です。そこで必要なのが、「無用な残業をさせないよう対策をする」ということです。具体的には、①「月20時間まで」

「週6時間まで」などのように、残業の上限時間を設定する、②退社時間を決めて守らせる、③残業は事前に上司の許可を得た上で行わせる、④不要な残業をする労働者には就業規則などに従って懲戒処分を行う、といったこと等が考えられます。

なお、ここでは主に残業管理を取り上げていますが、残業以外についての時間の管理をすることも重要です。

つまり、休憩時間も含めて労働者が拘束されている時間（拘束時間）を管理することも結果的に残業の削減に結びつきます。具体的には、不自然な出勤や休憩時間が発見された場合に、総務部や人事部より実労働時間と休憩時間の調査を行い、場合によって該当者に指導したり、社内通知で警告することです。最近、ICカードの記録やパソコンの記録などを活用し、休憩時間の適正な管理を行う会社もあります。

労働時間の把握方法

始業・終業時刻の確認・記録	● 労働日ごとに始業・終業時刻を使用者が確認し、これを記録する必要がある
確認・記録方法	● 使用者自らが確認・記録する方法（管理方式） ● タイムカード、ICカード、残業命令書、報告書などの客観的な記録で確認・記録する方法（タイムカード方式） ● 労働者自身に申告させ、確認・記録する方法（自己申告制）
自己申告制の場合の措置	● 使用者は、自己申告制の具体的内容を説明し、労働時間の把握について実態調査をしなければならず、申告を阻害するような措置をしてはならない
書類などの保存	● 使用者は、労働時間の記録に関する書類について、3年間保存しなければならない

14 固定残業手当

人件費の予算管理を効率化できる

固定残業手当とは何か

労働基準法では、時間外労働をした場合、給与計算期間ごとに集計して割増賃金を支払うよう定めています。

一方、残業手当をあらかじめ固定給に含め、毎月定額を支給している会社も少なくありません。このように残業手当を固定給に含めて支給する、固定残業手当を適法に行うためには、①基本給と割増賃金部分を明確に区分する、②割増賃金部分には何時間分の残業時間が含まれているのかを明確にする、③上記②を超過した場合には、別途割増賃金を支給する、という３つの要件を満たす必要があります。法律要件の他にも、固定残業手当を導入するためには就業規則（賃金規程）を変更しなければなりません。就業規則や賃金規程、労働契約について、従業員への明確な説明が必要で、固定残業手当の導入は、支給の経緯、実態から見て「定額手当＝残業代」と判断できなければなりません。

特に基本給と割増賃金部分の区分は、従業員が本来支給されるはずの残業代が、給与に含まれているのかを確認する手段として重要です。要件を満たして、残業代の代わりに固定残業手当とすることができても、固定残業手当が実際の残業時間で計算した残業代を明確に下回ると判断された場合には、その差額の支払いを請求されるトラブルも予想されるので、注意が必要です。

なぜこのような手当を設けるのか

固定残業手当の導入による一般的なメリットとしては、不公平感の解消です。同じ仕事を残業なしでこなす従業員と残業を10時間してこなす従業員間では、通常の残業手当の考え方だと不公平に感じられますが、固定残業手当では公平感があります。また固定残業時間以内であれば、実残業が発生しても追加の人件費が発生せず、年間の人件費の把握が可能なことや残業の時間単価を抑えることができます。

企業側にとっては、固定残業手当を導入することで、給与計算の手間が大幅に削減されます。また、毎月の人件費が固定化されると、予算管理がしやすくなります。また従業員の立場からすると、残業してもしなくても同じ給与なのですから、効率的に仕事をすることにより残業が削減されます。

職種によってはなじまない

固定残業手当はすべての業種・職種に適用してうまくいくとも限りません。

たとえば小売店や飲食店では、営業時間がほぼ一定で、開店準備や閉店業務にかかる時間も大きな変動はありません。毎日ある程度一定の労働時間となります。このような業務では、固定残業手当を導入しやすいといえます。営業職の場合も、日中のクライアント訪問、帰社後残業による提案書の作成等のように、一定の労働時間が見込まれるならば固定残業手当が導入可能です。

一方、生産ラインが確立されている製造業や、一般的な事務作業の場合、業務量の増減は各従業員の裁量ではできません。固定残業手当を導入するより、実際に残業した時間に対しその都度計算された残業手当を支給した方が、従業員のモチベーションにつながります。

○どのくらいが目安なのか

労働基準法では、時間外労働を行わせるためには三六協定を締結することを義務付けています。この三六協定で設定できる時間外労働の限度時間が、1か月45時間、1年では360時間です。

そうなると必然的に1年間の限度時間360時間の12分の1、30時間が固定残業手当を考える上での上限となります。もちろん、実際にそれほど残業していない場合はもっと少なくなります。

固定残業手当は「これさえ支払っていれば、もう時間外労働手当がいらなくなる」という便利手当ではありません。想定する時間外労働時間を超えた場合は別途時間外労働手当を支払わなければなりません。逆に残業がなかったからといって、余り分を「おつり」として回収することはできません。ムダな残業手当を払わないという意味でも、固定残業手当は、今までの平均残業時間をベースに検討するのが得策です。

ただし、固定残業手当で想定した残業時間を超過した場合は、その分について別途残業手当を払わないといけませんが、実務上この給与計算が煩雑で対応しきれない会社もあります。その場合は、30時間を上限として若干多めに設定して、想定した残業時間に収まるようにした方がよいでしょう。

残業手当込みの賃金の支払い

基本給 | 固定残業手当

各月に支給する残業代込みの賃金

ただし、固定分で想定している残業時間を超えて時間外労働させた場合には別途割増賃金の支払いが必要

15 年俸制

年俸制でも時間外労働の割増賃金は支払われる

● どんな制度なのか

　年俸制とは、まず1年間の給与もしくは賞与の総額を決定し、その12分の1、あるいは16分の1（仮に賞与分を4か月分と設定する場合）を毎月支給するという賃金体系です。近時、最近では年俸制を導入する会社が増えてきていますが、労働基準法上の制約もあるため、重要なポイントは把握しておく必要があります。

① **賃金の支払方法について**

　1年単位で賃金総額が決まるとはいっても、労働基準法24条で毎月1回以上、一定期日の賃金支払いが要求されているため、最低でも月1回、特定の日に賃金を支払わなければなりません。ただし、賞与支払月に多く支払うことはできます。

② **時間外労働の割増賃金について**

　年俸制では、時間外労働の割増賃金を払う必要がなくなる、と勘違いしている使用者が少なくありません。これは誤りです。

　年俸制では、毎月支給される金額が1か月分の基本給となり、時間外労働をした場合には、この1か月分の基本給をベースに割増賃金を支給しなければなりません。「年俸制だから残業代を含んでいる」という論理は通用しな

いわけです。

　一般労働者に年俸制を採用する場合、時間外・休日・深夜労働に対して割増賃金は必要です。ただし、管理監督者に該当して労働時間の規制が適用除外とされる場合（41条2号）、裁量労働制や事業場外労働の「みなし労働時間制」の適用を受ける場合（38条の2～38条の4）のように、一定の要件の下では、（深夜労働に対する割増賃金を除いて）割増賃金は不要になります。

　使用者が、新たに年俸制を導入する場合、年俸額の内訳は、基本給与だけなのか、ある一定時間分の時間外手当を含んでいるのかを明確にする必要があります。もちろん、実際の時間外労働があらかじめ定めた時間よりも多くなった場合は別途支払いが必要です。

　もっとも、実際の毎月の給与支給額が、残業手当により増減があると、年俸制にした意味合いがなくなってしまいます。そこで用いられるのが、固定残業手当の制度です（134ページ）。年俸制の金額を設定するときに、純然たる基本給の部分と、想定される残業時間から計算された割増賃金の部分を明確に分離して従業員に明示します。もちろん、想定する残業時間を超過した場合には、別途残業手当が必要になり

136

ますが、それによる増減はあまり多くならないと思います。このようにすることで、年俸制の特徴を活かした賃金体系になります。

なお、残業手当の算定方法については注意が必要です。労働基準法では、従業員が法定労働時間（1日8時間、1週40時間）を超える労働を行った場合、通常の労働時間・労働日の賃金の25％を増した賃金の支払いが必要です。このような割増賃金基礎額（1時間当たりの賃金）の算定には、役職手当、資格手当、業務手当、皆勤手当などが含まれますが、年俸制において12等分にされて毎月支払われる賞与も同様に含まれます（116ページ）。よって、通常の労働時間・労働日の1時間あたりの賃金を導く場合には、賞与を除外しないようにしなければなりません。

○どのように取り扱うべきなのか

労働基準法では、給与計算期間つまり給与の締め日ごとに残業時間を集計して、残業手当を支払うよう求めています。固定残業手当は例外的な処理です。ただし、固定残業手当が想定している残業時間を超えて残業を行わせたときは、別途残業手当の支給が必要になりますので、決して残業代を直接的に節約できる制度ではありません。また、業種・職種によっては不適当なケースもありますので、会社の実態、従業員の就業実態を考慮して導入を検討していく必要があります。

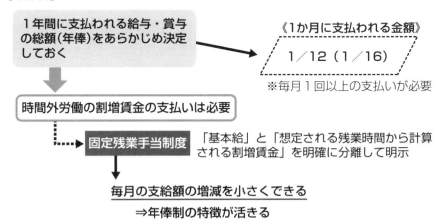

年俸制のしくみ

16 出来高払いの賃金

労働時間に応じて一定額の賃金を保障しなければならない

●出来高払制の保障給とは

月給制、日給制、時給制のように、一定の期間、日、時間を単位として決まる賃金の支払形態と異なり、出来高払制その他の請負制は、仕事量の変動によって賃金額が大きく変動します。出来高払制は非常に不安定な賃金の支払形態といえるでしょう。

労働基準法では、最低限の生活ラインを維持するための規定を設けています。つまり、労務を提供した以上、その仕事量が少ない場合であっても、労働時間に応じて一定額の賃金（保障給）の支払いを保障することを義務付けています（労働基準法27条）。ここでの保障給とは、労働時間1時間につきいくらと定める時間給であることを原則としています。労働者の実労働時間の長短と関係なく一定額を保障するものは保障給にあたりません。

また、全額請負制だけでなく一部の請負制についても、請負給に対して一定額の賃金を保障する必要があります。ただ、賃金構成で固定給の部分が賃金総額の6割程度以上を占める場合には、請負制に該当しないとされています。

●保障給の支払いが必要な場合

労働基準法27条の保護は労働者が就労した場合が対象です。単なる欠勤のように使用者の責めによらずに労働者が労務を提供しなかった場合は、保障給を支払う必要はありません。

労働基準法の規定では、具体的に最低額の定めがあるわけではありません。制度の趣旨からすると、労働者の生活保障のために、通常の実質収入とあまり差のない程度の賃金が保障されるように定めることが望ましいでしょう。休業手当が平均賃金の100分の60以上の支払いを義務付けていることを考慮すると、労働者が実際に就労している賃金の場合も平均賃金の100分の60程度は保障すべきとするのが行政の見解です。この保障給は「労働時間に応じ」とされていますから、前述したように「1時間についていくら」と金額を決めなければなりません。また、時間外労働を行った場合は割増賃金の支払義務も生じます。

なお、最低賃金法の適用がある労働者の場合には、最低賃金額以上の支払いが義務付けられています。出来高払制における保障給は、労働時間に応じることになっていますから、最低賃金の時間額が適用されます。

17 欠勤・遅刻・早退の場合の取扱い
給与は労働者が提供した労働力に対して支払われる

◉ノーワーク・ノーペイの原則とは

　使用者には労働者の労働力の提供に対して給与を支払います。逆に言えば、体調不良などの理由により、労働者がまる1日仕事を休んだ場合には、使用者はその分の給与を支払う必要はありません。これをノーワーク・ノーペイの原則といいます。欠勤した場合だけでなく、朝仕事に遅れた場合（遅刻）や、早めに帰った場合（早退）業務の自発的中断（途中離業）についても、労働力が提供されていない分については、給与を支払う必要はありません。

　ノーワーク・ノーペイの原則に基づく控除額について、労働基準法では特に定めを置いていません。そのため、会社などの事業所で独自にルールを定めることになります。実務上は就業規則や賃金規程に規定を置いてそれに従って控除額を算出しています。

　一般的な控除額の算出方法としては、「月給額÷1年間の月平均所定労働日数×欠勤日数」で算出するという方法をとっている事業所が多いようです。遅刻や早退などで1時間あたりの控除額を算出する場合は「月給額÷1年間の月平均所定労働日数÷1日の所定労働時間」で控除額を求めます。

　また、「月給額÷該当月の所定労働日数×欠勤日数」で算出することにしている事業所もあります。ただ、この方法で計算する場合は、毎月控除額が変わることになりますから、給与計算処理が面倒になるというデメリットがあります。なお、控除額を計算する際、給与を構成するどの手当を対象として控除額を計算するのかという点についても、法的には特に決まりはありませんが、それぞれの手当の趣旨を考えて、賃金規程などで定めるようにします。

◉制裁として減給することもできる

　通常、就業規則により職場の規律に違反した労働者には一定の制裁を科すことになっています。制裁にはいくつかの方法がありますが、給与を減額するという減給もそのひとつです。ただ、給与は労働者の生活を維持するための重要なものですから、際限なく減給の制裁が認められているのではなく、①制裁1回の金額が平均賃金の1日分の半額を超えてはならない、②一賃金支払期（月1回の給与のときは1か月）における制裁の総額はその一賃金支払期の賃金の総額の10分の1を超えてはならない、という法的な制限があります（労働基準法91条）。

Column

給与支払いの5つのルール

　労働基準法では、労働者保護の観点から、労働者が提供した労務について確実に給与を受けとることができるようにするための一定のルールを定めています。ルールは5つありますが、まとめて賃金支払いの5原則と呼ばれています。

① 通貨払いの原則

　給与は日本円の通貨で支払わなければなりません。日本円以外のドルなどの外国の通貨で支払うことはできません。ただし、労働者の同意に基づき銀行振込などが認められます。

② 直接払いの原則

　給与は原則として従業員本人に対して支払わなければなりません。したがって、親や子などの家族の者であっても、本人の代理人として給与を受けとることは許されません。

③ 全額払いの原則

　給与は定められた額の全額を支払わなければなりません。ただし、ⓐ社会保険料、所得税、住民税などを法令に基づいて控除する場合や、ⓑ労使協定で定めたもの（親睦会費、労働組合費、購買代金など）を控除する場合など、一定の例外は認められます。

④ 毎月1回以上払いの原則

　給与は、従業員に毎月1回以上、支払わなければなりません。年俸制を採用している事業所であっても、年俸額を分割して毎月1回以上給与を支給する必要があります。

⑤ 一定期日払いの原則

　給与は毎月決められた一定の期日に支払わなければなりません。なお、退職金、結婚祝金、災害見舞金などの臨時に支払われる給与や賞与は、④の毎月1回払いと、⑤の一定期日払いの例外となります。

第6章

休日・休暇・休業を
めぐるルール

休日と休暇
労働基準法は最低限必要な休日を定めている

●「週1日の休日」が原則

毎週決まった日にとるのが休日だと考えている人も多いと思いますが、労働基準法の定める休日はちょっと違います。労働基準法は「使用者は、労働者に対して、毎週少なくとも1回の休日を与えなければならない」と定めているだけで、特に曜日の指定はないのです。

しかし、毎週日曜日というように曜日を決めて休日とするのが望ましいことは言うまでもありません。多くの会社では、就業規則の中で「何曜日（たいていは日曜日）を休日にする」と決めています。就業規則で休日の曜日を決めていれば、それが労働契約の内容となりますから、使用者は勝手に休日の曜日を変更することはできなくなります。

最近では週休2日制もかなり一般的になってきました。労働基準法は週休2日制にしなければならないとは規定していません（週休1日制が労働基準法上の原則です）。ただ、1日8時間労働であれば5日で40時間です。1週40時間制の労働基準法は週休2日制をめざしていこうという考え方に基づいています。

●変形週休制とは

会社は労働者に毎週1日の休日を与えるのではなく、4週を通じて4日以上の休日を与えるとする制度をとることもできます。これを変形週休制といいます。

変形週休制では休日のない週があってもよく、また、どの週のどの日を休日にするということを具体的に就業規則で決めておく必要もありません。結果として労働者に4週で4日の休日が与えられていればよいというものです。たとえば第1週1日、第2週ゼロ、第3週2日、第4週1日というような変形週休制を採用することができます。

●法定休日の労働は禁止されている

労働基準法は休日労働を原則として禁止しています。週1日の休日または4週4日の休日（変形週休制が採用されている場合）は、労働者が人間らしい生活をするために最低限必要なものだといえるからです。

一方、週休2日制を採用している場合、2日の休みのうち1日は労働基準法上の休日である「法定休日」ではありませんから、どちらかの日に仕事をさせても、原則禁止されている休日労働にはなりません。使用者は「法定休

142

日」の労働には割増賃金を支払わなければなりませんが（労働基準法37条）、たとえば、週休２日制の場合の土曜日のように就業規則で休日としているが法定休日ではない日の労働については、休日労働としての割増賃金を支払う義務はありません。

○休暇とは

休日以外の休みのことを休暇といいます。慶弔休暇、夏期休暇、年末年始休暇などのことです。

これらの休暇は、就業規則で定めることになっています。労働基準法で規定しているのは、年次有給休暇（年休、有休）です（146ページ）。

また、近年大企業を中心に導入が検討されている休暇に裁判員休暇があります。裁判員休暇とは、平成21年５月に開始された裁判員制度に伴い、企業が裁判員裁判の裁判員として参加する従業員に対して、何らかの形で休暇を与える制度です。

裁判員は、公判などに出席するため、３〜５日程度裁判所に行かなければなりません。裁判は通常、平日昼間に行われますから、会社員などの場合は会社を休む必要があるわけです。

裁判員休暇は、労働者が気兼ねなく、裁判員としての職務に取り組むことができるようにすることを目的とした休暇だといえます。

裁判員の職務を行うために休暇を取得した期間中、賃金を支給する義務は使用者にはありませんが、国側では有給休暇制度を設けるよう、各経済団体や企業などに働きかけをしています。すでに大企業などでは有給の特別休暇を与えるよう、就業規則上に規定を設けるところもあります。

第６章　休日・休暇・休業をめぐるルール

休日についてのルール

休日の定め

①最低週１回の休日（法定休日）を与えなければならない → 例外として、４週を通じて４日以上の休日を与えることもできる（変形週休制）

②法定休日の労働を命じることはできない → 例外として、災害などの避けられない事情によって臨時の必要がある場合や、労使協定（三六協定）を結んだ場合は、休日労働が許される

↓

ただし、**割増賃金を支払わなければならない**

143

2 振替休日と代休
代金には割増賃金の支払義務がある

● 休日労働が許される場合もある

　使用者が、労働者に休日労働を命じることができるのは、災害などの避けられない理由によって臨時の必要がある場合、または三六協定（118ページ）を結んだ場合です。この場合、使用者は35％以上の割増率を加えた割増賃金を支払わなければなりません。公務員については、「公務のため臨時の必要がある場合」にも休日労働・時間外労働をさせることができます（労働基準法33条3項）。この場合は三六協定も割増賃金の支払いも不要です。

● 代休と振替休日の違い

　たとえば、使用者が「日曜に出勤してほしい。その代わり翌月曜日は休んでよい」という命令を出すとしましょう。この場合、月曜日が振替休日なのであれば割増賃金の支払義務が生じないのに対して、代休であれば義務が生じます。振替休日とは、就業規則などで休日があらかじめ決まっている場合に、事前に休日を他の労働日と入れ替え、休日と定められていた日に労働し、代わりに他の労働日を休日とすることです。元々の休日は労働日となるので、休日労働にはならないのです。

　一方、代休は、法定休日に労働させ

たことが前提になり、もともとの休日に出勤させ、使用者がその代償として事後に与える休日です。したがって、割増賃金の支払義務が生じるわけです。その代わり、使用者は代休を与える義務は法的にはありません（代休を与えたとしたらそれは恩恵的なものです）。

　振替休日にするか、代休にするかによって、具体的にどのような差が生じるのかを見ていきましょう。

　現在、多くの会社では、土曜日と日曜日を休日と定めて（週休2日制）、日曜日を法定休日としている場合が多いようです。たとえば、あらかじめ日曜日を出勤日にする代わりに、木曜日を休日にするという事前交換を、使用者と労働者との間で取り決めておいたとします。この場合、休日になる木曜日は、振替休日ということになります。振替休日においては、出勤日になる日曜日は、通常の労働日と変わりがありませんので、通常の賃金が支払われます。たとえば、1時間あたり1000円の労働者が、8時間労働した場合、1000円×8時間＝8000円の賃金が支払われることになります。そして、休日になった木曜日は、本来の休日であった日曜日との交換に過ぎませんので、賃金は発生しません。したがって、振替

144

休日において、賃金の上で特別考慮することはありません。

これに対して、事前の交換なく日曜日に出勤をして、代わりに木曜日が休日になった場合は、日曜日の労働は休日労働として、割増賃金（35％増）が支払われます。そのため、1000円×8時間×0.35＝10800円が支払われることになります。一方、本来の労働日である代休日の木曜日は、賃金が支払われませんので、−8000円ということになります。結果として、10800円−8000円＝2800円の差額が生じます。振替休日とするか代休にするかにより、労働者が手にする賃金において2800円の差が生じます。

振替休日にするには、次の要件が必要です。①就業規則などに、「業務上必要が生じたときには、休日を他の日に振り替えることがある」旨の規定を設けること、②あらかじめ、休日を振り替える日を特定しておくこと、③遅くとも、前日の勤務時間終了までには、当該労働者に通知しておくこと、です。事前に休日の振替をしなかった場合は、休日に労働させた事実は消えません。使用者が振替命令を出すには、労働協約や就業規則に規定しているか、または労働者が事前に同意しているかのいずれかが必要です。さらに1週1日または4週4日の休日が確保されることも必要です。代休となる場合は、恩恵的な休日ですから、無給でもかまいませんが、就業規則で明確にしておくべきです。なお、休日勤務は割増賃金の支払をめぐりトラブルになることがあるので、休日勤務届出書、代休請求願、振替休日通知書などの書面を利用して、労働日数の管理を徹底させるのがよいでしょう。

振替休日と代休の違い

	振替休日	代休
意味	予め休日と労働日を交換すること	・休日に労働させ、事後に代わりの休日を与えること ・使用者には代休を与える義務はない
賃金	休日労働にはならないので通常の賃金の支払いでよい	休日労働になるので割増賃金の支払いが必要
要件	・就業規則等に振替休日の規定をする ・振替日を事前に特定 ・振替日は原則として4週の範囲内 ・遅くとも前日の勤務時間終了までに通知	・特になし。ただし、制度として行う場合には就業規則などに具体的に記載が必要

3 年次有給休暇①

全労働日の８割以上出勤すると有給休暇がとれる

● 年次有給休暇とは

労働基準法は年次有給休暇を積極的に活用することを推進しています。年次有給休暇とは、１週１日（あるいは４週で４日）の法定休日以外の休みのうち、給料（賃金）が支払われる休暇です。「年休」「有給休暇」などと略して呼ばれることの方が多いといえます。

有給休暇の目的は、労働者が心身ともにリフレッシュし、新たな気持ちで仕事に向かっていけるようにすることにあります。有給休暇をとるのは労働者の権利ですから、会社（使用者）は、労働者が安心して有給休暇をとれるような職場環境を作らなければなりません。そして、使用者は、労働者が有給休暇をとったことを理由にして、賃金や査定で労働者にとって不利な取扱いをしてはなりません。

有給休暇の権利（年休権）を得るには、いくつかの条件があります。①入社時から付与日まで（最初の有給休暇は入社時から６か月以上）継続して勤務していること、②付与日の直近１年（最初の有給休暇は入社時から６か月）の全労働日の８割以上出勤したことです。この２つの条件を満たせば、定められた日数の有給休暇が自動的に与えられます。

● 有給休暇日数の決定方法

年次有給休暇は、労働者の勤続年数に応じて優遇されていく（日数が増えていく）システムになっています（労働基準法39条１項〜３項）。

有給休暇は、前述した①②の要件を満たすと、最初の６か月を経過した段階で10日間の年次有給休暇が与えられ、１年６か月を経過すると11日、２年６か月で12日となり、１日ずつ増えていきます。そして３年６か月経過した段階から２日ずつ加算され、最大20日間与えられます。６年６か月を経過した時点で上限の20日に到達します。

取得した有給休暇は、翌年に繰り越すことができますが、２年で時効消滅することに注意が必要です（労働基準法115条）。

なお、「全労働日の８割」を計算するにあたって、以下の場合は出勤したものとみなされます（労働基準法39条８項）。

① 業務上の負傷または疾病による療養のために休業した期間

② 産前産後の休業期間

③ 育児・介護休業法による育児休業・介護休業の期間

④ 有給休暇をとった日

半日、時間単位の有給休暇

年次有給休暇が単位としている「労働日」とは、原則として午前0時から午後12時までの暦日を意味します。使用者が有給休暇を与える場合は、時間単位あるいは半日単位に細切れにして与えるのではなく、1日単位で与えるのが原則です。労働者が休息し、あるいは自由に何かをするためには、少なくとも1日単位の時間が必要だと考えられるからです。ただ、労働者から半日単位の休暇を請求した場合、使用者が認めることはできます。労使双方の合意があれば、このような請求を認めても不都合はないからです。

また、労使協定を結ぶことを要件として、5日以内に限り時間単位で有給休暇を付与する制度が創設されています（150ページ）。

使用者は休暇申請を拒否できない

労働者が有給休暇をとる際は「いつからいつまで有給休暇をとります」と具体的に休む時期を使用者に申し出るだけで十分です。原則として、労働者が使用者に申し出た日が、そのまま有給休暇の取得日になります。これを労働者の権利として時季指定権といいます（労働基準法39条5項）。有給休暇は、労働者が使用者の許可を得て休ませてもらうというものではなく、労働者が休暇をとる権利をもとにして、実際に休む日を決める手続きといえます。

第6章 休日・休暇・休業をめぐるルール

有給休暇取得日数

労働日数 \ 継続勤務年数	0.5	1.5	2.5	3.5	4.5	5.5	6.5以上
①通常の労働者、週の所定労働時間が30時間以上の短時間労働者	10	11	12	14	16	18	20
②週の所定労働時間が30時間未満の労働者							
週の所定労働日数が4日または1年の所定労働日数が169日〜216日までの者	7	8	9	10	12	13	15
週の所定労働日数が3日または1年の所定労働日数が121日〜168日までの者	5	6	6	8	9	10	11
週の所定労働日数が2日または1年の所定労働日数が73日〜120日までの者	3	4	4	5	6	6	7
週の所定労働日数が1日または1年の所定労働日数が48日〜72日までの者	1	2	2	2	3	3	3

年次有給休暇②
時季変更権や計画年休によって使用者の都合を反映できる

●基準日の設定と分割付与

年次有給休暇は、入社後6か月経過した時に10日付与し、その後1年を経過するごとに一定日数を付与するしくみです（146ページ）。しかし、入社日は労働者ごとに異なることも多く、個々の労働者に応じて休暇の付与を行うと、付与日数や消化日数の管理が複雑になります。そのため、年休を付与する基準日を設定し、管理上の負担を軽減するという「斉一的取扱い」を取ることが認められています。実務上は毎年4月1日、または10月1日を基準日として、全労働者に一斉に年休を付与するケースが多いようです。

また、新入社員など初年度の労働者については、法定の年次有給休暇の付与日数を一括して与えずに、その日数の一部を法定の基準日以前に付与することもできます（分割付与）。

ただし、斉一的取扱いや分割付与が認められるには、①年次有給休暇の付与要件である8割出勤の算定において、短縮された期間は全期間出勤したとみなすこと、②次年度以降の年次有給休暇の付与日についても、初年度の付与日を法定基準日から繰り上げた期間と同じまたはそれ以上の期間を法定基準日より繰り上げること、の要件を満たすことが必要です。

また、前倒しで年休を付与する分、会社の管理の負担が増えるので、斉一的取扱いや分割付与の導入は慎重に検討することが必要です。年次有給休暇の管理については、年次有給休暇記録・管理簿を作成し、付与日数、消化日数、残日数を記録しましょう。

●使用者は時季変更権を行使できる

会社からすれば、忙しい時に労働者に一斉に年休をとられたのでは困る場合があります。そこで労働基準法は、両者の調整を図り、労働者が請求した時季に休暇を与えると事業の正常な運営に支障をきたす場合、使用者は他の時季に振替えて与えることができると規定しています（時季変更権）。

事業の正常な運営に支障をきたす場合とは、労働者の所属する事業場を基準にして、事業の規模・内容、当該労働者の担当する作業の内容・性質、作業の繁忙、代行者の配置の難易、他の年休請求者の存在など、様々な状況を総合的に考慮して判断します。

判例の中には、会社の命令（時季変更命令）を無視して1か月の連続休暇を取得した社員を解雇した事件で、会社の処分を認め、解雇無効の訴えを退

けたものがあります。ただし、単に人手不足である、業務が忙しいという理由だけで、会社が時季変更権を行使することは許されません。

●計画年休を導入する際の注意点

年休（年次有給休暇）は、労働者が自分の都合にあわせて休暇日を自由に指定できますが、例外的に年休のうち5日を超える分（たとえば、年休を13日取得する権利のある労働者は8日間）について、使用者が労働者個人の意思に関わらず、労使協定で有給休暇の日を定めることができます（年休の計画的付与・計画年休）。

計画年休の付与の方法として、①事業場全体の休業による一斉付与方式、②グループ別の付与方式、③年休付与計画表による個人別付与方式、の3つがあります。たとえば、①の一斉付与方式を利用すれば、ゴールデンウィークに一斉に有給休暇をとって会社全体で連続の休みにすることができます。

計画年休を活用すると、使用者側は年休の日程を計画的に決めることができるというメリットがあります。また、労働者側にも忙しい場合や、年休を取得しにくい職場の雰囲気の中でも年休がとりやすくなり、年休の取得率が向上し、労働時間の短縮につながるというメリットがある一方、自分の都合のよい日を自由に有給休暇に指定することができなくなるというデメリットもあります。なお、労使協定により年休の計画的付与を決めた場合には、労働者・使用者ともに取得時季を変更することはできなくなります。

計画年休を導入するには、書面による労使協定（過半数組合がある場合にはその労働組合、過半数組合がない場合には労働者の過半数代表者との書面による協定）の締結が必要です。この労使協定の届出は不要です。

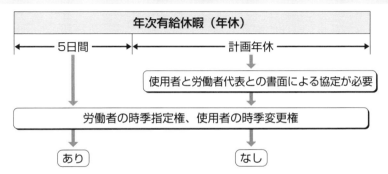

計画年休制度

5 年次有給休暇③
労働者は時間単位で有給休暇を取得できる場合がある

●年休は買い上げることができる

年休は労働基準法に基づいて労働者に与えられた権利です。よって、使用者が年休を労働者から買い上げて、つまり金銭を支払うことで年休を与えたものとし、その分、その労働者の年休の日数を減らしたり、労働者から請求された日数の休暇を与えないことは、年休の制度の趣旨に反しますから、労働基準法違反になります。休暇をとることで労働者が休養をとり、心身の疲労を回復させるという年次有給休暇の目的を妨げることになるためです。

ただし、以下の3つのケースについては、使用者が年休を買い上げたとしても、労働者にとって不利益が生じないので、例外的に許されます。

① 取得後2年が経過しても未消化の日数分
② 退職する労働者が退職する時点で使い切っていない日数分
③ 法定外に付与した日数分

●退職の直前に有給休暇を請求された場合

労働者が有給休暇を請求してきた場合、その時季については、使用者の承諾を要せずに有給休暇を取得できるのが原則ですが、使用者が時季変更権を行使した場合には、取得時季を他の時季に変更してもらうことになります。

しかし、退職を予定する者が、有給休暇の残日数を取得することを見込んで退職日を決め、一括して請求した場合はどうでしょうか。当然のことながら、他に変更できる日はありません。つまり、時季変更権を行使できないわけです。この場合は、本人の請求する時季に有給休暇を与えなければなりません。なお、退職時に未消化の有給休暇を買い上げることも可能ですが、買い上げることを理由に有給休暇の請求を拒否することはできません。

●時間単位の有給休暇とは

時間単位の有給休暇とは、労働者が時間単位で年休を取得する制度のことです。有給休暇を時間単位で取得できるようにする条件として、①労使協定を締結すること、②日数は年に5日以内とすること、③時間単位で取得することを労働者が希望していること、が必要です。

時間単位の有給休暇を与える手続きについては、当該事業場に過半数組合があるときはその労働組合、それがないときは過半数代表者と使用者との書面による協定によって、以下の①～④

の内容を定めなければなりません（労働基準法39条4項）。

① 時間を単位として有給休暇を与えることができるとされる労働者の範囲を定めること
② 時間を単位として与えることができるとされる有給休暇の日数（5日以内に限る）
③ 時間単位年休1日の時間数（所定労働時間数を基に定め、時間に満たない端数は時間単位に切上げて計算する）
④ その他厚生労働省令で定める事項（1時間以外の時間を単位とする場合の時間数など）

◯支払われる金額について

時間単位の有給休暇を取得する場合の具体的に支払われる金額は、以下の①～③の金額をその日の所定労働時間数で割って決定されることになります（労働基準法39条7項）。①～③のいずれを基準とするかは、就業規則に定めることが必要です。なお、③の標準報酬日額とは、標準報酬月額（毎月の給料など報酬の月額を区切りのよい幅で区分した金額）の30分の1に相当する金額のことです。

① 平均賃金
② 所定労働時間労働した場合に支払われる通常の賃金
③ 当該事業場に過半数組合があるときはその労働組合、それがないときは過半数代表者との書面による協定によって定めることで、健康保険法の標準報酬日額に相当する金額

◯時間単位の考え方

時間単位の設定については、必ずしも1時間単位でなくてもよく、2時間単位、3時間単位などと労使協定で定めておく必要があります。ただし、1.5時間といった1時間に満たない端数が生じる単位（分単位など）で取得することや、1日の所定労働時間を上回る時間数（たとえば10時間単位など）を取得単位とすることはできません。

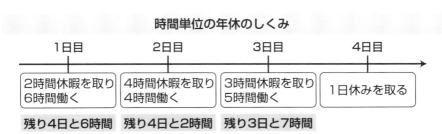

※時間単位の年次有給休暇制度を導入すれば、上記のような働き方が可能になる
　時間単位で取得できる年次有給休暇の日数は最大で5日間

休業手当

使用者の責任で従業員が就業できなかったときに支払われる

●休業手当とは

　使用者の責任による休業の場合、使用者は休業期間中、その平均賃金（原則として過去3か月に支給された賃金の総額を同じ期間の総日数で割った金額のこと）の60％以上の手当を支払わなければなりません（労働基準法26条）。これを休業手当といいます。

　休業とは、労働契約上労働義務のある時間について労働ができなくなることをいいます。一斉休業の場合も含まれます。丸1日だけでなく1日の所定労働時間の一部だけの休業も含まれます。

　なお、民法では使用者の責任による休業の場合、労働者に「賃金全額」の請求権があると規定しているため、休業手当は労働者の権利を狭めているように見えます。しかし、休業手当の不払いには罰則が科されるため、最低60％を労働者に確保している点で重要な意味をもちます。また「使用者の責任」となる事由も、労働基準法は民法より広く認めています。つまり、民法上は使用者の責任に含まれなくても、労働基準法上は使用者の責任に含まれる場合があります。休業手当支払義務が発生する休業理由として、①工場の焼失、②機械の故障・検査、③原材料不足、④流通機構の停滞による資材入手難、⑤監督官庁の勧告による操業停止、⑥経営難による休業、⑦違法な解雇による休業などが挙げられます。

　また、休業手当支払義務は強行法規（当事者間でその規定と異なる特約をしてもそのような特約の効力が認められない規定のこと）ですから、労働者に対する平均賃金の60％以上の支払いが保障されており、保障の程度について60％を下回る特約を定めても、その特約の効力は否定されます。

　「60％」というのは、あくまで労働基準法に規定された最低額ですので、就業規則などによって60％を超える休業手当を支払う旨を規定している場合は、その規定に従います。

　休業手当の支払いに際しては雇用調整助成金の利用を検討するのがよいでしょう。雇用調整助成金とは、経済上の理由による企業収益の悪化で、事業活動の縮小を迫られた事業主が、従業員を一時的に休業、教育訓練または出向をさせた場合に、必要な手当や賃金等の一部を助成する制度のことです。

　なお、休業手当支払義務は、使用者の行った合理的な理由のない違法な解雇（上記の⑦）についても適用されるため、解雇が無効となった場合、労働者に解雇期間中の平均賃金60％以上の

休業手当を保障しなければなりません。労働者が解雇期間中に他の職業に就き、給料など利益を得ていたとしても、使用者が控除できるのは、平均賃金の40％が上限になります。

前述のとおり、休業手当が支払われるには「使用者の責めに帰すべき事由」が必要です。天災事変などの不可抗力に該当し、休業の帰責事由が労使どちらにもないときは就業規則、労働協約などの定めに従うことになります。

●派遣労働者の場合の休業手当

派遣中の労働者については、派遣元と派遣先の複数の使用者が存在します。休業手当についてどちらで判断することになるのでしょうか。

派遣労働者の場合、派遣先ではなく、派遣元の使用者について帰責事由が判断されます。具体的には、派遣元の使用者が派遣労働者を他の事業場に派遣する可能性などを含めて判断します。

●1日の一部だけ休業した場合

1労働日が全休となった場合の他、1労働日の所定労働時間の一部が休業となった場合も休業手当を支払います。休業手当は、1労働日について全く就労しなくても平均賃金の60％以上を保障するわけですから、一部就労で労働した時間の割合で賃金が支払われていても、実際に支払われた賃金が平均賃金の60％未満の場合は、60％との差額を支払う必要があります。

なお、休業手当も賃金ですから、賃金支払いの5原則（140ページコラム参照）が適用されます。

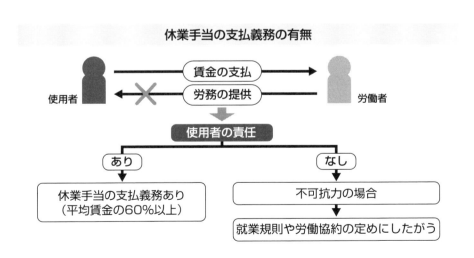

休業手当の支払義務の有無

一時帰休とワークシェアリング
一時的に事業を停止し、社員を一定期間休業させる制度

●一時帰休とは

　一時帰休とは、不況などによる業績悪化で操業の短縮を余儀なくされた会社が、一時的にすべての事業または一部の事業を停止し、社員を就業時間中に一定期間継続・断続して休業させることです。労働協約や就業規則により、会社の業績上の必要に合わせて一時帰休を行うことができます。解雇とは違い、一時帰休中は労働者としての地位を失うことはありません。具体的な一時帰休導入の流れは、以下の通りです。

① 　休業内容の決定

　休業の対象になる従業員の決定、休業日数や形態（連休・飛び休など）の決定、休業手当の金額の決定（平均賃金の60％以上）などを行います。

② 　従業員や労働組合との協議・通知

　一時帰休について、就業規則や労働協約の内容を確認します。たとえば労働協約には一時帰休導入に際して「労働組合の同意が必要」「労働組合との協議が必要」「労働組合への事前通知が必要」というような定めを規定している場合がほとんどです。

●一時帰休期間中の労務管理

　一時帰休期間中の労働者の生活については念頭におかなければなりません。一時帰休の間は通常の業務が免除されるので、競合他社での就業など会社に損害を与えるおそれがない場合には労働者のアルバイトも許容されます。また、一時帰休の責任は使用者にあり、会社は一時帰休させた日について、1日あたり平均賃金の60％以上の額の休業手当を支払わなければなりません（労働基準法26条）。

　なお、一時帰休期間が終了した場合、会社は社員を帰休前と同一の労働条件で復帰させなければなりません。

●ワークシェアリングの実施

　ワークシェアリングとは、1人あたりの労働時間を短縮して、または労働者が互いに職務を分け合い、雇用機会を拡大し、失業者の発生を抑える考え方のことです。ワークシェアリング導入の目的は以下の通りです。

① 　会社の業績低迷を背景として一時的に従業員一人あたりの労働時間を短縮し、社内の多くの雇用を維持する目的です（緊急避難型）。

② 　会社に中高年齢層の割合が増加することを背景に、1人あたりの労働時間を短縮し、中高年齢層の雇用を維持する目的です（中高年対策型）。

③ 　失業率の高まりを受け、失業者に

新たな雇用機会を提供することを目的とします（雇用創出型）。国や企業単位で労働時間を短縮し、多くの労働者が雇用されるよう機会を付与する目的です。

④ 育児を行う女性や介護を行っている者、その他余暇を重視する者等が働きやすい環境作りを目的とします（多様就業対応型）。会社にとって有能な人材を確保する目的があります。

ワークシェアリングは、本来「労働時間を分割することで雇用を守る」という考え方で、人件費を削減する手段ではありませんが、会社の総額人件費を抑制する手段としてワークシェアリングを活用することもあります。たとえば、月給30万円の従業員を10人雇用している会社でワークシェアリングを実施し、1人あたりの月給を3万円減額し、月給20万円でパート従業員を1人雇うとします。人件費の総額は300万円（30万円×10人）から、290万円（27万円×10人＋20万円×1人）に抑制することができます。いわば、雇用の確保とともに、賃金カットの目的でワークシェアリングを実施するのです。

企業の経営状況が、一時帰休を実施する必要はないものの経費を削減したい場合に、ワークシェアリングの導入を検討してみてもよいでしょう。

○ワークシェアリングの導入手続き

ワークシェアリングの実施により、総人件費を抑制することも可能ですが、制度の導入にあたり、法の定めに反しないように注意しなければなりません。ワークシェアリングを導入すれば、労働時間や勤務日に変更が出てくるのが通常ですので、労働基準法・労働契約法の定める手続に従い労働条件・就業規則を変更し、所轄の労働基準監督署に届け出なければなりません。具体的には、三六協定の維持または新たな締結、休業手当の支給、年次有給休暇の取得、社会保険・雇用保険との関係での調整が必要になります。

ワークシェアリングのメリット・デメリット

●メリット
・臨時的雇用対策として有効
・柔軟な働き方が可能になる
・新規雇用が促され、雇用不安の解消につながる
・企業の社会的責任を果たすことができる

●デメリット
・社員1人あたりの賃金の低下
・生産性の低下の懸念
・社員のモチベーションの低下の懸念

8 育児休業
労働者が子を養育するためにする休業制度

● どんな制度なのか

少子化が進む中、育児をしながら働く人が生活と仕事を両立できるように整備されたしくみのひとつが、育児・介護休業法が規定する育児休業制度です。労働者が育児休業をとると、労働者は労務提供義務が一定期間免除され、事業主（使用者）はその期間の賃金支払義務が原則免除されます。なお、育児休業期間中は、雇用保険の「育児休業給付金」により、育児休業開始時賃金月額の50％（休業開始180日間は67％）が支給されます。

● どんな人が対象なのか

原則として労働者であれば、1歳未満の子を養育している場合、男女を問わず、事業主に申し出ることにより育児休業をすることができます。事業主は、育児休業の申し出を拒むことができません。育児・介護休業法に定める要件を満たす労働者は、雇用関係を維持しながら育児休業を取得できるのです。

なお、平成29年1月施行の改正育児・介護休業法により、法律上の親子関係がある子（実子・養子）だけでなく、特別養子縁組の監護期間中の子や、養子縁組里親に委託されている子などを養育するためにも、育児休業をする

ことができるようになりました。

● 育児休業を与えなくてもよい場合

事業主は、日雇い労働者（日々雇い用れられる者）に対しては、育児休業を与える義務がありません。また、期間雇用者（期間を定めて雇用される者）については、平成29年1月施行の改正育児・介護休業法により、以下の①②の双方の要件を満たす場合に、事業者は、申し出により育児休業を与える義務が生じることになりました。

① 申し出時点で過去1年以上継続して雇用されていること

② 子が1歳6か月に達するまでの間に雇用契約がなくなることが明らかでないこと

つまり、期間労働者は①②の要件をともに満たせば、申し出により育児休業をすることができます。

また、事業主と労働者の間で取り交わす労使協定に基づき、以下に該当する労働者を育児休業の対象から除外することができます。

① 継続雇用期間が1年未満の者

② 育児休業申し出の日から1年以内（1歳6か月までおよび2歳までの育児休業の延長申出をする場合は6か月以内）に雇用関係が終了するこ

とが明らかな者
③ 週所定労働日数が2日以下の者

上記の労働者は、育児休業の対象外とする労使協定がある場合、育児休業の申し出をしても、事業主から拒否されることがあります。

●原則は1年

育児・介護休業法に基づく育児休業の期間は、原則として、出生から「子どもが1歳に達する日（民法の規定により1歳の誕生日の前日）まで」の1年間です。男性の場合は、上記の原則が適用され、出生した日から1年間となります。一方、女性の場合は、労働基準法に基づき、出産後8週間の「産後休業」の取得が認められていますので、産後休業の終了後（の翌日）から育児休業をすることが可能です。

●保育所に空きがない場合

育児・介護休業法においては、子が1歳に達する時点で、保育所に入所できない等の特別な事情がある場合、事業主に申し出ることで、子が1歳6か月に達するまでを限度に育児休業の延長が可能です。なお、育児休業の延長が認められるには、子の1歳の誕生日の前日に、父母のどちらかが育児休業中であることが必要です。

さらに、平成29年10月施行の改正育児・介護休業法により、子が1歳6か月に達する時点でも特別の事情がある場合、子が2歳に達するまでを限度に育児休業の再延長が可能となりました。

●父母ともに育児休業をしたい場合

男性による育児休業の取得を促すための制度が「パパ・ママ育休プラス制度」です。子の父母が1歳到達日以前のいずれかの日において、ともに育児休業をとるなどの要件を満たす場合に、特例として育児休業の対象となる子の年齢を「1歳まで」から「1歳2か月まで」に延長する制度です。ただし、父母がそれぞれ取得できる育児休業期間の上限は、原則として1年間です。

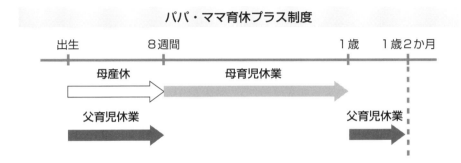

パパ・ママ育休プラス制度

育児休業の取得手続き
事業主の負担が過度にならないように配慮されている

●いつまでに申し出るのか

子が1歳までの育児休業の場合、原則として1か月前までに申し出なければなりません。ただし、以下の①～⑥の育児休業をすぐ取得すべき「特別の事情」が生じた場合には、1週間前に申し出ることにより取得可能です。

① 出産予定日前に子が生まれたとき
② 配偶者が亡くなったとき
③ 配偶者が病気、ケガにより養育が困難になったとき
④ 配偶者が子と同居しなくなったとき
⑤ 子が負傷、心身の障害により2週間以上の世話を必要とするとき
⑥ 保育所に入所申請をしたが当面入所できないとき

育児休業を取得するときは、申し出の年月日、労働者の氏名、子の氏名と生年月日、労働者との続柄（子がまだ生まれていないときは、その子の出産者の氏名、出産予定日と労働者との続柄）、休業開始の予定日、休業終了の予定日、を必須事項として事業主に申し出なければなりません。

また、特定の場合に申し出が必要な事項には、次のものがあります。

・申し出た子以外に1歳未満の子があるときには、その子の氏名、生年月日、労働者との続柄
・子が養子であるときは、養子縁組の効力発生日
・一度休業した後に再び申し出を行う場合、休業開始予定日までの期間が短い申し出の場合、および一度撤回した後に再び休業の申し出を行う場合にはその申し出が許される事情

●申し出が遅れた場合

「特別の事情」がなくても労働者側の事情により、突然休業を余儀なくされ、直前になって休業の申し出を行う場合もあります。1か月前よりも遅れて申し出が行われた場合にも、育児休業が取得できるしくみが用意されています。ただし、この場合は事業主が職場における代替要員の確保など様々な対応を行わなければなりません。そのための準備期間を考慮して、事業主が労働者の休業開始日を指定できることになっています。たとえば、労働者が10月1日に、10月10日からの育児休業の取得を突然申し出たとしても、事業主は、申し出の翌日から起算して1か月を経過する日（11月1日）までの間で休業開始日を指定することができます。

なお、事業主は、原則として申し出があった日から3日後までに、労働者

に対して開始日を指定した書面を交付しなければなりません。

また、子が保育所に入所できない場合や、配偶者が死亡・ケガ・病気・離婚などの事情により子を養育するのが難しくなった場合などは、育児休業を子が1歳6か月に達するまで延長できます（平成29年10月施行の改正育児・介護休業法により、2歳に達するまでの再延長もできます、157ページ）。この場合は、労働者が自ら希望する休業開始予定日から休業するためには、2週間前に申し出を行う必要があります。

●開始予定日や終了予定日の変更

育児休業期間が確定した後でも、次の事情がある場合には、育児休業の開始予定日の繰上げ変更が可能です。
① 出産予定日前に子が生まれたとき
② 配偶者が亡くなったとき
③ 配偶者が病気、ケガにより養育が困難になったとき
④ 配偶者が子と同居しなくなったとき
⑤ 子が負傷、心身の障害により2週間以上の世話を必要とするとき
⑥ 保育所に入所申請をしたが当面入所できないとき

ただし、開始予定日の繰上げ変更は、1週間前までに申し出なければなりません（開始予定日の繰下げ変更は認められていません）。

また、1か月前までに申し出ることにより、育児休業の終了予定日の繰下げ変更は特別な理由を必要とせず、無条件で認められます（終了予定日の繰上げ変更も認められていません）。なお、開始予定日の繰上げ変更と終了予定日の繰上げ変更は、ともに1回に限り取得できるものです。

申し出の遅延と育児休業開始日の指定

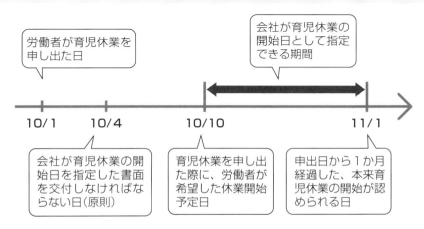

10 介護休業

要介護者を介護するための休業・休暇を取得できる

● 介護休業とは

介護休業は、労働者が要介護状態にある家族を介護することが必要な場合に、事業主に申し出ることによって休業を取得することができる制度です。

要介護状態とは、負傷、疾病、身体上もしくは精神上の障害により、2週間以上の期間にわたり常時介護を必要とする状態を指します。そして「常時介護を必要とする状態」とは、介護保険制度の要介護状態区分において要介護2以上であることなど、行政通達で詳細な判断基準が示されています。

また、介護対象となる「家族」は、配偶者（事実婚を含む）、父母、子（実子・養子に限る）、配偶者の父母、祖父母、兄弟姉妹、孫となっています。

● 対象となる労働者の範囲

日雇い労働者を除き、要介護状態のある家族を介護する労働者は、事業主に申し出ることで介護休業をすることができます。事業主は、介護休業の申し出を拒むことができません。

ただし、期間雇用者（有期契約労働者）が介護休業をするには、申し出の時点において、以下の双方の要件を満たすことが必要です。

① 過去1年以上継続して雇用されて
いること

② 介護休業開始予定日から起算して93日を経過する日から6か月経過する日までに雇用期間が満了し、更新されないことが明らかでないこと

また、以下のいずれかに該当する労働者については、介護休業の取得が認められない労働者について定める労使協定を締結することで、介護休業の対象から除外することができます。

① 継続雇用期間が1年未満の者

② 介護休業の申し出があった日から93日以内に雇用期間が終了することが明らかな者

③ 週所定労働日数が2日以下の者

● 要介護状態につき3回の申し出

介護休業を取得するには、労働者が原則として休業開始予定日の2週間前の日までに書面などで申請します。申し出は、対象家族1人につき、要介護状態に至るごとに、通算93日まで最大3回に分けて行うことができます。

● どんな場合に終了するのか

介護休業は、終了予定日の到来以外にも、対象家族の死亡・離婚・離縁などの事情による対象家族と労働者の親族関係の消滅といった事情で、対象家

族の介護が不要になった、もしくは介護ができなくなった場合に消滅します。また、介護休業している労働者自身が産前産後休業、育児休業を取得した場合や、別の対象家族を介護するために新たに介護休業を取得した場合にも終了します。これらの事情で介護休業を終了する場合、労働者は、事業主に対して通知しなければなりません。

●介護休業給付を受給できる

以下の要件を満たす介護休業の取得者は、雇用保険法で定められた「介護休業給付」を受給可能です。
① 雇用保険の一般被保険者であること
② 介護休業開始日前の2年間に、賃金を受けて雇用保険に加入していた日が11日以上ある月が12か月以上あ

ること
③ 事業主に対して介護休業の開始日と終了日を申し出ていること

ただし、介護休業を開始する時点で介護休業終了後に離職することが決まっている場合は受給の対象になりませんので、注意が必要です。

介護休業給付金の支給期間は、1人の家族につき介護休業開始日から最長3か月（93日）間です。原則として支給額は休業開始時賃金日額（介護休業を始める前の6か月間の賃金を180で割った金額）の67％です。平成28年8月1日以降に開始する介護休業から、支給率が40％から67％に引き上げられました。なお、介護休業給付の支給期間中に事業主から賃金が支払われている場合は、支給額が調整されます。

第6章 休日・休暇・休業をめぐるルール

介護休業のしくみ

内容	労働者が、要介護状態にある家族の介護が必要な場合に、事業主に申し出ることによって休業期間を得ることができる制度
取得対象者	2週間以上にわたって常時介護を必要とする「要介護状態」にある対象家族を介護する労働者
取得できない労働者	・日雇労働者は取得できない ・継続して雇用された期間が1年未満の者、介護休業の申し出後93日以内に雇用関係が終了することが明らかな者、1週間の所定労働日数が2日以下の者は労使協定で対象外にできる
取得手続き	原則として、休業開始予定日の2週間前の日までに申し出る
取得回数	原則として対象家族1人につき、要介護状態に至るごとに最大3回に分けて取得ができる

161

介護休暇
短期間の介護が必要な際に活用できる

●介護休暇とは

介護休暇とは、要介護状態にある対象家族の介護その他の世話をする労働者が、1年度（事業主が特段の定めをしていなければ4月1日から翌3月31日まで）に5日（対象家族が2人以上の場合は10日）の休暇を取得することができる制度です。平成29年1月施行の改正育児・介護休業法により、所定労働時間が4時間超の労働者は、半日（所定労働時間の2分の1）単位での介護休暇の取得が可能となりました。

介護休業は、1人の対象家族の1つの要介護状態につき最大3回に制限されているため、ある程度長期間にわたって介護が必要なときにしか利用できません。しかし、介護休暇を利用すると、ヘルパーさんが急な都合で来られなくなった場合など、短期間の介護が必要になったときにも、1日または半日単位で休暇を取得できます。

介護休暇を取得できるのは、要介護状態にある対象家族の介護その他の世話をする、日雇い労働者を除いた労働者です。ここでの「世話」には、通院の付き添いや、対象家族が介護サービスの提供を受けるために必要な手続の代行などが含まれます。介護休暇を取得するためには、事業主に対して、対象家族が要介護状態にある事実や介護休暇を取得する年月日を明らかにして、申し出をすることが必要です。

なお、ⓐ継続雇用期間が6か月未満の労働者、ⓑ週所定労働日数が2日以下の労働者については、労使協定を締結することによって、介護休暇の対象から除外することができます。

介護休暇のしくみ

取得対象者	要介護状態にある対象家族を介護その他の世話をする労働者
取得できない労働者	・日雇い労働者は取得できない ・継続して雇用された期間が6か月未満の者、1週間の所定労働日数が2日以下の者は、労使協定で対象外にできる
取得手続き	対象家族との続柄など、一定の事項を明らかにして申し出る
取得日数	1年度あたり、要介護状態にある対象家族が1人であれば5日間、2人以上であれば10日間

第7章

退職・解雇をめぐる
ルール

解雇
客観的で合理的な理由がなく、社会通念上の相当性がない解雇は無効

●解雇も辞職も退職の一形態

　使用者と労働者の間の労働契約が解消される事由には、主に辞職・退職・解雇があります。辞職とは、労働者が一方的に労働契約を解除することです。民法上、労働者は2週間前に申し出れば辞職が可能です（民法627条1項）。退職とは、一方的な申し出による場合以外の労働契約の終了のことで、以下の事情がある場合に退職の手続きをとる会社が多いようです。

① 労働者が退職を申し入れ、会社がこれを承諾した（自己都合退職）
② 定年に達した（定年退職）
③ 休職期間が終了しても休職理由が消滅しない（休職期間満了後の退職）
④ 労働者本人が死亡した
⑤ 長期にわたる無断欠勤
⑥ 契約期間の満了（雇止め）

　退職に関する事項は、労働基準法により就業規則に必ず記載すべき事項と規定されていますが、その内容については、ある程度各会社の事情に合わせて決めることができます。

●解雇の種類

　解雇とは、会社が一方的に労働者との労働契約を解除することです。解雇は、その原因により普通解雇、整理解雇、懲戒解雇などに分けられます。

　整理解雇とは、経営不振による合理化など経営上の理由に伴う人員整理のことで、リストラともいいます。懲戒解雇とは、たとえば従業員が会社の製品を盗んだ場合のように、会社の秩序に違反した者に対する懲戒処分としての解雇です。それ以外の解雇を普通解雇といいます。

　解雇により一度退職をしてしまうと、再就職先が見つかるという保証はどこにもありません。仮に再就職先を見つけることができたとしても、労働条件（特に賃金の面）でかつての就職先よりも、はるかに条件の悪い再就職先で妥協せざるを得ないという場合も考えられます。

　そこで、法律で解雇に対する様々な制限が規定されています。解雇の制限の例としては、たとえば、いくら不況だからといっても、それだけの理由では解雇ができません。客観的で合理的な理由がなく、社会通念上の相当性がない解雇は、解雇権の濫用として無効とされています（労働契約法16条）。

　解雇権の濫用を防ぐ趣旨は、会社の経営者側が気に入らない社員を、自由に解雇できないようにすることにもあります。たとえば、遅刻や欠席が多い

社員や、勤務成績が他の社員と比べて劣る社員がいる場合、経営者としては、解雇を望むかもしれません。しかし、前述のような会社にとって不利益をもたらすような社員に対しても、会社としては、まず適切な指導を行うことによって改善をめざす必要があります。たとえば会社側が、何度も遅刻を注意し、本人にも反省文を書かせること等が、改善に向けた努力として挙げられます。会社が指導を行うことで改善できるような、社員の軽微な落ち度を理由に解雇することを防いでいます。

●解雇に対する様々な制限

解雇については法律上、様々な制限があります。具体的には、以下に挙げる内容を理由として労働者を解雇することは、法律上禁止されています。

① 国籍・信条・社会的身分・性別
② 結婚・妊娠・出産したこと、育児・介護休業の申し出や取得

③ 公益通報（公益のための事業者の法令違反行為の通報）をしたこと
④ 労働基準監督署に申告したこと
⑤ 労働組合を結成したこと、労働組合の活動を行ったこと
⑥ 労使協定の過半数代表者となったこと（なろうとした場合も）

なお、上記の理由に該当せず、解雇可能なケースであっても、解雇に関する規定が就業規則や雇用契約書にない場合、会社は解雇に関する規定を新たに置かない限り解雇できません。通常の会社では考えにくいですが、自社の就業規則などに解雇に関する規定がない場合、まずは解雇に関する規定を置くことから始めなければなりません。

さらに、解雇可能なケースで、会社が労働者を実際に解雇する場合、原則として、労働者に対して解雇予定日の30日以上前に解雇予告をするか、30日分以上の解雇予告手当を支払う必要があります（次ページ）。

第7章 退職・解雇をめぐるルール

解雇の種類

種　類	意　味
整理解雇	いわゆるリストラのこと。経営上の理由により人員削減が必要な場合に行われる解雇
懲戒解雇	労働者に非違行為があるために懲戒処分として行われる解雇
諭旨解雇	懲戒解雇に相当する事由があるが、労働者の反省を考慮し、退職金等で不利にならないよう依頼退職の形式をとるもの
普通解雇	懲戒解雇のように労働者に非違行為があるわけではないが、就業規則に定めのある解雇事由に相当する事由があるために行われる解雇

165

2 解雇予告と解雇予告手当

解雇予告や解雇予告手当の支払は原則として必要

● 解雇予告とは

社員を解雇する場合、事前に解雇する理由を明確にしてそれが就業規則や雇用契約書に書かれている理由に該当するかどうかを確認し、さらに法律上解雇が禁止されているケースに該当しないかを確認します。

こうした確認を経て、はじめてその社員を解雇することになります。社員の解雇を決めたとしても、原則としてすぐにクビにはできません。会社は少なくとも30日前までに解雇予告をするか、30日分以上の解雇予告手当の支払をするという原則があるからです。解雇の通知は、後のトラブルを避けるために書面で行った方がよいでしょう。

● 解雇予告などが不要な場合もある

会社は原則として解雇予告をしなければならないとされていますが、次に挙げる社員については、解雇予告または解雇予告手当の支払をすることなく解雇ができます。

① 雇い入れてから14日以内の試用期間中の社員
② 日雇労働者
③ 雇用期間を2か月以内に限る契約で雇用している社員
④ 季節的業務を行うために雇用期間

を4か月以内に限る契約で雇用している社員

①の社員については、すでに15日以上雇用している場合には、解雇予告や解雇予告手当が必要になります。

● 除外認定を受けた場合

以下の①②のいずれかに該当することを理由に、社員を解雇する場合は、解雇予告あるいは解雇予告手当の支払は不要とされています（これを解雇予告の除外認定といいます）。

① 天災事変その他やむを得ない事由があって事業の継続ができなくなった場合
② 社員に責任があって雇用契約を継続できない場合

①のケースとしては、具体的には地震などの災害によって、事業を継続することができなくなったような場合です。一方、②には、懲戒解雇事由にあたる問題社員を解雇する場合などが該当します。

①②に該当すると判断した場合であっても、労働基準監督署長の除外認定を受けていない場合には、通常の場合と同じように解雇予告あるいは解雇予告手当の支払が必要になります。したがって、社員を解雇する際に、①②

に該当する場合には、解雇予告除外認定申請書を管轄の労働基準監督署に提出した上で認定を受ける必要があります。労働基準監督署長の除外認定も受けずに社員を即日解雇した場合、労働基準法違反となり、処罰の対象になりますから、注意しましょう。

なお、除外認定を受けたからと言って退職金を支払わなくてもよいということにはなりません。つまり、退職金を支払うか、減額するかといった問題は、除外認定とは別の話になるということです。

● 懲戒解雇の場合の解雇予告の有無

前述した①②のいずれかに該当する場合、解雇予告または解雇予告手当の支払いが不要となります（労働基準法20条1項ただし書）。したがって、解雇する社員に懲戒解雇事由がある場合には、労働基準監督署長の除外認定を受ければ解雇予告は必要ありません。

②の「社員に責任があって」というのは、法律上は「労働者の責に帰すべき事由に基づいて」と規定されているものです。この「労働者の責に帰すべき事由」とは、即日解雇されたとしてもやむを得ないと判断されるほどに重大な服務規律違反あるいは背信行為をした場合である、と解釈されています。「重大な服務規律違反・背信行為」とは、たとえば、犯罪行為を行った場合や、正当な理由もないのに無断欠勤し、かつ出勤の督促にも応じないような場合などが該当します。

ここで注意しなければならないのは、解雇予告または解雇予告手当の支払いをせずに問題社員を懲戒解雇処分とするためには、前述した除外認定を受ける必要があるということです。この認定を受ける手続きは、通常申請してから2週間から1か月程度の期間がかかります。その間に、その社員に懲戒解雇事由があるかどうか、事実認定が行われます。そのために事業所を管轄する労働基準監督署に除外認定を申請する場合には、あらかじめ十分な証拠をそろえておくようにしましょう。

解雇予告日と解雇予告手当

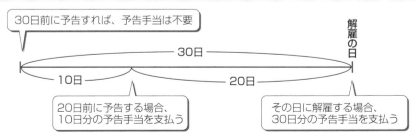

167

3 整理解雇①
整理解雇は希望退職と退職勧奨を行った後に行う

●整理解雇を検討する場合とは

　経営不振による合理化など、経営上の理由に伴う余剰労働者の人員整理のことを整理解雇といいます。

　経営者としては、現状のままでは事業を継続することが困難な場合に整理解雇を検討することになります。整理解雇を行うためには一定の要件を満たす必要があり、「現在の経営状況は悪くはないが将来予想される経営の不安に備えて今から人員削減をしておきたい」といった理由では認められません。以下の①～④の要件を満たして初めて有効なものとして認められます。

① 人員削減の必要性

　会社の存続のためにやむを得ず人員削減せざるを得ないという事情が必要です。具体的には、会社の実態から判断して、会社の存続のために人員整理を決定するに至った事情にムリもない事情があると認められれば、整理解雇の必要性を認めるのが判例の傾向です。したがって、会社の経営がこのままでは倒産に至ってしまうという、切迫した事態に至る前であっても、不採算部門の廃止など、再建のための方法として必要であると認められれば、人員削減の必要性が肯定されることになります。

② 解雇回避努力義務

　整理解雇を避けるための経営努力なしに解雇はできません。回避するための主な方法としては、次のようなものが挙げられます。

> 経費削減、昇給停止、賃金引下げ、一時金支給中止、残業削減および労働時間短縮、一時帰休およびワークシェアリング、配置転換および関連会社への出向、新規採用の中止、希望退職者の募集、役員報酬の削減、資産の売却など

　労働者を整理解雇する場合は、真にやむを得ない理由がなければならないとされていますから、会社としては解雇回避のために最大限努力を尽くしたかどうかが問われることになります。

③ 解雇対象者を選ぶ方法の合理性

　整理解雇の対象者を選ぶ際には、客観的で合理的な整理解雇基準を設定し、これを公正に適用する必要があります。たとえば、女性や高齢者、特定の思想をもつ者のみを対象とした整理解雇は認められません。一方、欠勤日数、遅刻回数などの勤務成績や勤続年数などの会社貢献度を基準とするのは合理的な方法といえるでしょう。

④ 解雇の手続きの妥当性

整理解雇にあたって、労働者への説明・協議、納得を得るための手順を踏んでいない整理解雇は無効になります。

◉整理解雇を知らせるタイミング

退職勧奨と希望退職を行っている場合には、それが一段落ついてから整理解雇を実施します。一方、工場の閉鎖など、会社の一部門を丸ごと閉鎖するような場合には、他の部署に異動させたり、関連会社や他社に出向や転籍させない限り、その部門に所属している社員を対象に整理解雇をせざるを得ない状況になります。

この場合、部門を閉鎖する日が決定した段階で、早めに整理解雇を実施した方が、その対象となる社員のためです。早い段階で整理解雇を行うことを伝えれば、対象者も早めに再就職に向けて活動ができるからです。ただ、あまりに早いタイミングで知らせてしまうと、解雇予定日までの間にモチベーションの低下によって生産性の低下を招く恐れもあります。製造業などの場合には、重大な事故となりかねないので、あまりに早く伝えるのもリスクを抱える期間が長くなりすぎて危険です。結局は、社員の再就職準備期間として必要な3か月ほどの猶予を見て、知らせるのがよいでしょう。

また、退職勧奨、希望退職、整理解雇の実施によって1か月以内に30人以上の退職者が出る見通しが立っている場合、実際に社員が退職し始めるまでに再就職援助計画を作成して、ハローワーク（公共職業安定所）に提出する必要があります。再就職援助計画が認定されてから退職予定者に対して再就職を支援した場合、労働移動支援助成金を申請することができるので、可能な限り活用するようにしましょう。

労働移動支援助成金（再就職支援奨励金）は、従業員に対して再就職のための休暇を与えた事業者や、職業紹介会社を用いて従業員の再就職を実現した事業者に支給されます。いずれの場合も、助成金の支給を受けるためには、公共職業安定所長の認定を受けることが必要です。

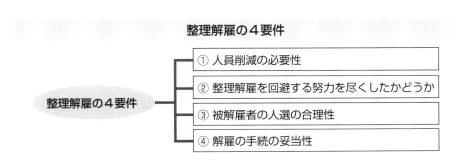

整理解雇の4要件
- ① 人員削減の必要性
- ② 整理解雇を回避する努力を尽くしたかどうか
- ③ 被解雇者の人選の合理性
- ④ 解雇の手続の妥当性

4 整理解雇②
整理解雇の対象になる社員一人ひとりの理解を得る努力が必要

●証拠をそろえておく

整理解雇を実施する場合には、まずは会社の厳しい状況を社員に説明し、整理解雇をせざるを得ない状況であることを理解してもらうようにしなければなりません。このためには、社員が十分に状況を理解できるように何度も説明会を開く必要があります。

説明会はただ漫然と開くのではなく、参加者のリストを作成した上で、参加者全員にサインしてもらうようにします。説明会で話した内容の詳細、社員からの質問とそれに対する回答を漏らさず記載した議事録も作成するようにします。このように説明した内容や参加者を書面で残しておくと、後に社員との間で訴訟などのトラブルに発展したとしても、会社側が整理解雇を行う上で、社員に対して十分な説明を行ったことを証明しやすくなります。

また、整理解雇が合理的であることを客観的に示すためには、会社としては、整理解雇が必要である経営状況を説明するために、貸借対照表や損益計算書をそろえておく必要があります。これにより会社の業績が悪化して、客観的に整理解雇が必要な状態であると示すことができます。さらに、会社の収支の割合の中で、人件費が占める割合を示して、人件費の負担が会社の経営を圧迫していることを明らかにすることができます。

その他にも、会社がそろえておくべき証拠として、整理解雇を防ぐために講じてきたその他の措置に関する資料が挙げられます。たとえば、役員報酬を減額させたのであれば、役員報酬の明細書や、人事異動や整理解雇を防ぐための、社員の賃金カットを示す書類などを用意しておく必要があります。

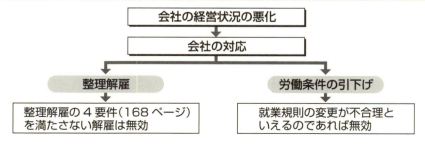

整理解雇や労働条件の引下げが無効となる場合

5 希望退職

整理解雇の前段階として希望退職を募集した方がよい

●希望退職を募るのはなぜなのか

希望退職とは、社員の意思によって自発的に退職を申し込むように会社が誘引することです。希望退職制度は、特に法律上定められてはいません。

ただ、たいていの会社は、経営状態が芳しくない時に、整理解雇の前段階として、希望退職の募集を行っています。これは、整理解雇が認められるためには、「解雇回避措置がとられたこと」（解雇回避努力義務）という要件を満たす必要があるからです。

その要件の中心となるのが、希望退職募集だといえます。過去の裁判例では、整理解雇の要件として希望退職制度の実施は必ずしも必要ないと判断したものもあります。しかし、これまでの多くの裁判例において、希望退職の募集を行っていないことを理由に、解雇回避努力義務が尽くされているとはいえない、と判断が示されています。したがって、実務的には、整理解雇に先立って希望退職募集を行うことを検討する必要があるといえます。

一般的には、希望退職募集においては、退職金の増額など、通常の退職の場合よりも有利となる退職条件を提示して、希望退職へ応募する気持ちを強めるようにします。また、希望退職の募集期間については、あまりに短い募集期間は避ける必要があります。

●希望退職者をめぐる優遇措置

希望退職者に対し、通常は、①会社都合退職による退職金支払い、②割増退職金の支払い、③退職日前の就業不要（有給）期間付与、④未消化有給休暇買上げ、⑤再就職支援、などの優遇措置が行われます。優遇措置については、それぞれの会社の経営状況や企業規模に影響されるため、裁判所は、その具体的な内容にまで入り込んで判断はしていません。

ただし、募集の要件を「45歳以上の営業職で希望退職に応じる者」などとした場合、会社としては辞めてもらっては困る人材が、応募してくるケースがあり得ます。その場合、会社としては慰留に努めることになります。そうなると、会社自身が設けた基準に反する行為を行っているとして、解雇回避努力義務を尽くしていないと裁判所が判断することが予想されます。それを避けるためには、募集する対象者の基準を「会社が承諾した者」などとすべきでしょう。また「会社の承諾」を得ずに退職した場合は、割増退職金などの優遇措置は不要になります。

6 退職勧奨

社員に辞めてもらうように依頼するもの

● 解雇と退職勧奨の違い

　実際に会社が社員を辞めさせる場合、解雇によって辞めさせる方法以外にも、退職勧奨と呼ばれる方法があります。

　解雇とは、使用者が一方的に労働者との雇用契約を解除してしまうことです。ただ、経営者がいつでもどんな理由でも簡単に社員を解雇できる、となると、社員としては安心して働くことができないため、解雇には様々な制約が設けられています（165ページ）。

　一方、退職勧奨とは、使用者である会社側が労働者である社員に対して、会社を辞めてもらうように頼むことです。辞めるように頼まれた社員はそれに応じて辞めることもできますが、断ることもできます。

　このように、退職勧奨の場合には解雇のような強力な効果がないので、法律上の禁止事項もありません。

　したがって、退職勧奨に関する規定が就業規則や雇用契約書にない場合でも、経営者は自由に退職勧奨を行うことができます。また、対象者の退職予定日の30日前までに予告する、または解雇予告手当を支払うなどの義務も一切ありません。ただ、円満に辞めてもらうために、退職金を上積みすることを提示してよりスムーズに辞めても

らうように工夫する企業が多いようです。このように、解雇と比べると自由度の高い退職勧奨ですが、退職勧奨の仕方があまりに強引でしつこい場合には、退職強要ととられ、違法となる場合もあります。

● 合理的な理由があれば大丈夫

　退職勧奨は、会社から労働者に強制を伴わずに退職の働きかけを行うことですから、常識の範囲内で穏当に行われれば、特に問題はない行為だといえます。実際に、退職勧奨を行ったことが労働基準法違反であるとして、労働基準監督署から行政指導を受けるケースはまれだと言われています。労働者に対して不当な圧力をかけるなどの行為が行われなければ、違法な勧奨ではないということができます。

　もっとも、本人が「退職の勧めには応じない」との明確な意思表示をしているにも関わらず、何度も繰り返し退職の勧奨を続けることは、民法上の不法行為として、会社が責任を問われる可能性があります。社員が退職勧奨には応じない旨の回答をしてきた場合には、違法性を回避するために退職勧奨は諦めた方がよいでしょう。

　その場合には、そのまま雇用を継続

するのか、配置転換を行うかなど、本人の労働条件を再検討することになります。また、会社として整理解雇に踏み込むなど、新たなリストラ策を検討する必要がでてくるでしょう。

●違法となる退職勧奨とは

過去の裁判例に、大幅な赤字を抱えた外国の航空会社の日本支社が、勤務成績の悪い社員に対して退職勧奨を行ったケースがあります。会社からの退職勧奨に応じなかった社員に、上司がさらに強く退職を勧め、嫌がらせや暴力行為を行い、その後、その社員を別室に移して実質的な業務を行わせませんでした。裁判所は、嫌がらせや暴力行為は不法行為であり、仕事を実質的に取り上げてしまうことも違法であるとして、会社と上司は損害賠償責任を負うとの判断を下しました。その他の裁判例でも、3か月間に11回、場合によっては複数の退職勧奨担当者から最長2時間15分に及ぶ勧奨を繰り返されるなど、社会通念上許される範囲を超える態様で行われた退職勧奨について、会社の損害賠償責任が認められました。

つまり、会社や上司に不法行為にあたる言動がある場合には、会社や上司の責任が問われるといえます。逆に言うと、その点に十分に配慮した退職勧奨であれば違法性を問われる可能性はかなり低いといってよいでしょう。

●心理的負荷が強い場合

労災認定においても、退職勧奨によるうつ病などの精神障害の発生が問題となっています。退職の意思がないことを表明しているにも関わらず、執拗に退職を勧められた場合などは、その心理的負担が、厚生労働省「心理的負荷による精神障害の認定基準について」の「業務による心理的負荷評価表」により「強」と評価され、労災認定されるケースが増えています。会社側としては、労災問題における今後の大きな課題となりつつあります。

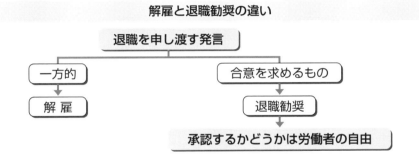

解雇と退職勧奨の違い

7 賃金カット
一律カットするのか、個別に行うのかを考えて実施する

●合法的にカットする方法はあるのか

　会社の経営が厳しい場合、経営者が検討すべきは、不要な社員の解雇と社員の賞与削減、賃金のカットです。特に中小企業は少人数で事業を展開しているため、解雇が難しい場合もあります。賞与の削減は、賃金規程等で業績に応じて支給額が決定されるため、経営難であれば大きな問題は生じません。しかし、賃金をどのようにカットするかは、本格的な検討課題になります。

　賃金には、基本給、残業手当、住宅手当、家族手当、精勤手当、役職手当、通勤手当など様々な種類があります。これらの手当をカット・廃止する際には、一律カットするのか、従業員ごとに異なった対応をするのか、という観点から見極める必要があります。

　そして、どの方法も従業員に不利益な状況になるため、実施前に会社は状況を説明して、どのように変更するのかを周知する必要があります。就業規則や賃金規程を一方的に変更すればよいのではありません。

　労働契約法10条は、就業規則の不利益変更について、従業員に生じる不利益の程度や、変更内容の相当性、労働組合との交渉状況等を総合考慮し、合理的な理由が必要であると規定しています。会社の経営状態が悪い場合、社員の賃金カットに至るまでに、会社は様々な対策をとる必要がありますが、賃金カットを行うには、経営状況や見通しなど客観的に納得できる説明資料を用意する必要があるでしょう。

●社員の同意を得るのが原則

　原則として賃金カットを一方的に行うことはできません。賃金カットを宣言し、その場で社員の反論がないことで、社員の同意が得られたものと判断することは許されません。

　賃金カットの手順としては、まず賃金カットの理由や金額などを、社員に対して十分説明した後に、個別の同意を得るようにします（労働契約法9条）。その後、賃金カットを就業規則（賃金規程が別個にある場合は賃金規程）に反映させ、変更後の就業規則や賃金規程を労働基準監督署に届け出ます。

　一方、社員への説明が不十分な場合や、経営者の主観に基づく変更に合理的な理由がない場合は、就業規則の変更が認められません（労働契約法10条）。特に基本給の大幅カットや退職金の半減など、社員への不利益の度合いが高ければ高いほど、合理的な理由も高度になることに注意が必要です。

8 倒産時の賃金の取扱い
未払いの賃金の立替払をしてもらえる

●未払賃金の立替払事業

会社は経営不振に陥った場合に備えて、労働者に対して賃金を支払えるように、あらかじめ準備しておかなければなりません。しかし、どうしても支払いをすることができなくなった場合には、独立行政法人労働者健康安全機構（044-431-8663）が事業主に代わって労働者に賃金を支払います。立替払いの対象となるのは、未払い賃金総額の80％相当額です。ただし、下図のような上限も設けられています。

●立替払いの事由

立替払いを受けることができる事由はあらかじめ定められていて以下の要件にあてはまる場合です。
① 破産手続開始決定を受けたこと
② 特別清算開始命令を受けたこと
③ 民事再生開始の決定があったこと
④ 会社更生手続開始の決定があったこと
⑤ 中小企業事業主が賃金を支払うことができなくなった場合において、退職労働者の申請に基づいて労働基準監督署長の認定があった場合（事実上の倒産）

●立替払いの対象者

労災保険の適用事業で1年以上にわたって事業活動を行ってきた企業（法人、個人を問いません）に、労働者として雇用されていた者で、立替払いの事由があった日の6か月前の日から2年の間に当該企業を退職した者が対象になります。ただし、未払賃金の総額が2万円未満の場合は、立替払いを受けられません。

未払賃金の立替払い制度

未払い賃金の総額の100分の80の額です。ただし、総額には上限が設けられています。上限額は表のとおりで、退職の時期および年齢により異なります。

退職労働者の退職日における年齢	未払賃金の上限額	立替払いの上限額
45歳以上	370万円	296万円
30歳以上45歳未満	220万円	176万円
30歳未満	110万円	88万円

問題社員の対処法①
会社として毅然とした態度をとることも大事である

●権利主張ばかりする従業員は要注意

近年は、「ブラック企業」という言葉が流行しているように、労働者の待遇などについて問題のある会社がクローズアップされています。その一方で、使用者にとって問題のある労働者がいることも事実です。

労働者の問題行為としては、「本来の仕事以外の応援作業などを一切しようとしない」「服装や言動などについて、法律や就業規則に明確に違反しなければ何をしてもいいと思っている」といった点が挙げられます。

労働者の権利主張は、それ自体は不当なものではなく、道理にかなっていることが多いといえます。しかし、会社で働くときには、法律や就業規則だけでは図れない常識や規律があること、使用者だけでなく労働者にも「その会社の一員」として果たすべき義務があることを理解してもらう必要があります。仮に法律や就業規則に違反するとは言えなくても、ビジネスマナーや周囲の人に対する配慮を余りに欠く言動は、会社組織に悪影響を与えます。

「モンスター社員」と呼ばれる会社にとって大きなマイナスとなるような従業員の存在が問題となっているのも事実です。問題があればそれで直ちに「モンスター社員」とまではいえませんが、会社として問題社員の取扱いには留意しなければなりません。「モンスター社員」の例として、他の社員の都合等を一切考えず、少しでも会社の待遇に不満があれば、配偶者や両親等を連れて会社に押しかけて来る社員などが挙げられます。

●改善されない場合の対処法

自分の権利ばかりを主張する労働者は法的な理論武装をしており、使用者側がこれに対抗するのは難しい面があります。たとえば、「就業時間前の掃除に参加しない」ことについても、特に遅刻をしていなければ、それを理由に解雇や減給といった懲戒処分をすることはできません。また、服装や髪型についても、明確な規則違反をしていないのに「だらしない」などとして懲戒処分をしてしまうと、後から訴訟になった際に、会社側が負ける可能性が高くなります。

それでも会社側が問題社員によって迷惑を被っているのは事実ですから、対処は必要です。まずは口頭で「なぜその行為に問題があるのか」ということを十分に説明し、改善を求めるべきでしょう。逃げ腰になっていては、い

つまでたっても解決しません。それでも改善されない場合は、さらに強硬な対処をする必要があります。その方法としては、次のようなものが挙げられます。

① **昇給をしない**

雇用契約で決まっている賃金を使用者側が一方的に減給することはできませんが、「会社や他の社員に迷惑をかけている」という理由で評価をせず、昇給を見送ることは可能です。

② **賞与を減額する**

毎月支払う賃金とは異なり、賞与については、支給額が明確に規定されている場合を除き、支給額を会社側が決めることができます。

③ **配置転換を命ずる**

たとえば「職場の和を乱す」として他の部署や事務所に配置転換することは、合理的な理由があるとして認められる可能性が高いでしょう。遠隔地に配置転換することは違法となり得ます。

●勤務態度の悪い社員について

どこの会社にも勤務態度の悪い問題社はいるものですが、その問題社員に対して適切な対応をとれている会社はそれほど多くないと思われます。遅刻や欠勤を繰り返す社員を相手に頭を悩ませている経営者もいれば、勤務態度の悪い社員をいきなり解雇して、労働組合や弁護士などに駆け込まれた挙げ句、解雇が無効であると裁判所に判断されて、よけいな金銭の支払いを余儀なくされた経営者もいます。勤務態度の悪い社員がいる場合、一番いけないのは、その社員を放置することです。放置したままにしておくと、きちんと働いている周囲の社員にも悪影響を与えるだけでなく、取引先などにも悪い印象を与えかねませんから、何らかの対策を打たなければなりません。

第7章 退職・解雇をめぐるルール

問題社員を放置すると会社の被害は広がる

問題行動

- 掃除に参加しない
- 始業時刻以降に制服に着替える
- 服装がだらしない
- 制服を着崩して作業に悪影響が出ている
- 接客業で髪を金髪に染めている
- 就業時間中に仕事の後片付けを行って終業時刻とともに退社する

放置すると…

- チームワークの低下
- 会社の印象の低下
- 仕事の効率の低下
- 人間関係の悪化
- 周囲の社員の無気力化
- チーム全体の能率低下

10 問題社員の対処法②

手順をふんで対応することが大切

●いきなりクビにはできない

　問題社員にどのような対処をすべきかを検討するときに、まず押さえておかなければならないポイントは、主観的な評価だけでは解雇はできないということです。最終的には解雇に至るとしても、問題社員に対しては、段階を追った対応が必要です。一般的には、「①勤務態度の悪さを全社的な共通認識にする→②改善点の指摘、改善を促す指導を行う→③解雇までは行かない軽い懲戒処分を行う→④退職勧奨を行う→⑤解雇を検討する」というステップを踏む必要があります。

　ここでは、通常よく見かけられる例を通して、問題を考えていくことにしましょう。勤務態度の悪い社員がいる場合には、まず「その社員の勤務態度が悪い」という事実を全社員が共通して認識できるようにした上で、その社員に対して、勤務態度を改善すべきであることを指摘することが大切です。

　たとえば、遅刻癖のある社員や欠勤の多い社員がいる場合には、その社員がよく遅刻や欠勤をする事実を全社員が共有できるようにするために、朝礼を行うようにします。その際には、全社員が挨拶や前日の報告、その日の目標やスケジュールなどを話す機会を設けることで、出席者と欠席者がわかるようにします。朝礼の進行役を全社員が順番に行い、その進行役が社員の出欠状況を書類に残すようにしておけば、より確実に出席状況がわかるようになります。朝礼に遅刻した社員や欠勤した社員については、翌日の朝礼で遅刻・欠勤理由を報告させるようにすれば、書類として残すことができます。

●本人から書面を取り証拠を残す

　誰がどの程度勤務態度が悪いのか、ということは、たとえば朝礼を行うことで全社員が把握できるようになりますが、その事実を記録するだけでは、効果としては高くないかもしれません。このような問題社員は、遅刻や欠勤をしても、ただ単に理由を報告すればよいと開き直ってしまう可能性もありますし、何の注意もしなければ、他の社員にも示しがつきません。そこで、朝礼とは別に、遅刻や欠勤などの問題行動があるたびに、上司や経営者が本人にその場で注意するようにします。口頭の注意だけでは記録として残りにくいので、会社の正式な注意として書面によって警告を行い、遅刻や欠勤があるたびに、本人の反省を促し、警告書を渡して遅刻や欠勤の理由を記

載させるようにします。さらに、会社がその社員に改善指導を行ったことを面談記録（日時も記載）として残します。具体的には、社員の改善指導シート、改善指導票といった書類にその社員の問題行動とそれに対する会社側の対応、その後の社員の行動などを1つにまとめておくとよいでしょう。こうした書類に、問題社員の1つひとつの問題点を積み上げるようにして、会社側が行った改善指導の履歴もわかるように書面化しておくと、最終的に解雇を行わざるを得ない状況となったときに、不当解雇（解雇権の濫用）と判断されにくくなるでしょう。

● 懲戒処分や退職勧奨を試みる

改善を促す指導を続けても、本人の勤務態度に変化が見られず、反抗的な態度を示すようなときには、「譴責」「戒告」「減給」「出勤停止」などの「解雇」までには至らない軽い懲戒処分を行います。それでも効果がない場合は退職勧奨を行う、というようにステップを重ねて対応していきます。

懲戒処分を行う際には、処分が合理的な理由に基づくものであることと、処分の程度が社会通念上相当なものであることが求められますので注意が必要です。このように、問題社員については、面倒がらずに問題行動があるたびに注意し、改善指導を行う、そしてそれを記録するという地道な対応を積み重ねることが重要です。こうしておけば、いざ本人を解雇するときにも、本人が、解雇されても仕方がないと思わざるを得ない状況を作り出し、納得せざるを得ない客観的な資料をそろえておくことができます。

なお、十分な証拠がそろったとしても、いきなり解雇せずに、懲戒処分や退職勧奨を試み、それでも退職しようとしない場合に限って、解雇を選択する方が、大局的には会社のためになるといえるでしょう。

社員の上手な辞めさせ方

◆ ヘタな対応

無能な社員を辞めさせたい
　↓
ロクな証拠も残さぬまま、感情的になってクビを通告する
　↓
後で裁判沙汰になったときに、証明できず困る

◆ 上手な対応

無能な社員を辞めさせたい
　↓
社員の問題行為についての証拠をそろえ、文書で辞表を書いてもらう
　↓
仮にトラブルになったとしても、対応できる

第7章 退職・解雇をめぐるルール

179

11 問題社員の解雇

就業規則などに解雇に関する規定がなければ社員を解雇できない

通常は普通解雇で対処する

経営者側にとって、問題社員（モンスター社員）と呼ばれる労働者の扱いは頭の痛い問題です。考えられる問題社員のケースとしては、次のようなものがあります。

① 無断欠勤や遅刻が多いなど、出勤態度に問題がある場合

② 勤務態度や勤務成績が悪い場合

③ 業務に必要な能力が不足している場合

以上のケースにあてはまる社員を解雇する場合、よほどの事情がない限りは、懲戒解雇ではなく普通解雇を行うことになるでしょう。

ときには懲戒解雇で対処することも

社員の中には懲戒解雇をしたくなるような悪質な行動を起こす社員もいないわけではありません。社員を懲戒解雇する場合の流れとして、まずは懲戒や解雇に関する規定があることを就業規則や雇用契約書で確認します。規定があるときは、その規定の内容が合理的なものであるかを確認します。合理的な内容であると判断できた場合には、問題社員の状況が懲戒解雇事由に該当するかどうかを判断します。該当すると判断できてはじめて、問題社員を懲

戒解雇とすることができます。

やむを得ない事情がある場合

会社側が社員の雇用を維持することができないなど、やむを得ない事情がある場合に行われる解雇を整理解雇と呼びます。いわゆるリストラです。整理解雇の対象者に問題社員を含めて解雇するという流れになりますが、整理解雇を行う場合は、厳しい要件をクリアしなければなりません（168ページ）。

口頭で辞めるといっただけでは弱い

たとえば、問題社員が「会社を辞める」と発言した場合、その発言を後の証拠として使える形にできるかどうかが大きなポイントとなります。後の証拠として使える形にするには、口頭での意思表示だけでは足りません。

一番よいのは、後述するように「辞表」（退職届）を提出してもらうことです。辞表を提出してもらえば、その社員が会社を辞めた場合に、自己都合による退職であることを証明しやすくなります。

退職届を書いてもらう

問題社員が「こんな会社、辞めてやる！」などと発言をした場合に、売り

180

言葉に買い言葉で、会社側から解雇を言い渡すのは得策ではありません。

自分から辞めると言った社員が結果的に会社を辞めたとします。ところが後になって、元社員に「不当解雇された」などと主張されるケースも少なくありません。この場合、自分から辞めると言い出した社員に対して、会社側から解雇通知の文書などを出していたとすると、どうなるでしょうか。

裁判官の目には、元社員が辞めると言ったことを裏付ける資料はなく、会社側が出した解雇通知書だけが証拠として映ることになるのです。

社員が会社を辞めるかどうか、という時には、後々自己都合による退職か、不当解雇かをめぐって裁判となるかもしれないことを頭に入れておきましょう。そして、裁判となっても対応できるように、社員が自分から辞めると申し出た場合には、口頭で終わらせずに「辞表」（退職届）を書いてもらうようにしましょう。

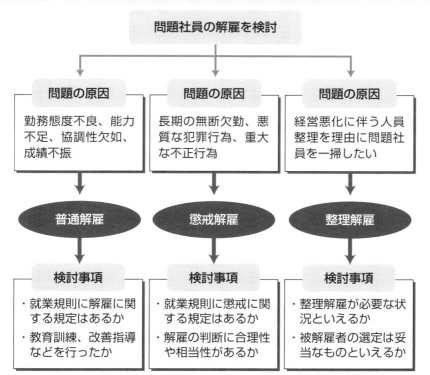

問題社員の解雇を検討する際の手段と検討事項

12 懲戒処分の種類と制約
使用者が自由に懲戒処分できるわけではない

●会社の秩序を保つためのペナルティ

　会社では多数の労働者を使用していますから、服務規律や職場の秩序など働く上での会社のルールをしっかり定めて、会社の目的に沿った会社活動を行うことが必要になります。労働者が会社のルールを破って職場の秩序を乱した場合、使用者は会社の秩序を維持するために、労働者にペナルティ（制裁）を科すことになります。これを懲戒処分といいます。

●懲戒処分の内容について

　労働者に懲戒処分を科すには、就業規則の中でどのようなことが処分の対象になるのかということと、懲戒処分の種類が具体的に定められていることが必要です。懲戒処分には、次のようなものがあります。

① **戒告・譴責**

　将来を戒め、始末書は提出させないのが戒告で、始末書を提出させるのが譴責（けん責）です。戒告と譴責は、懲戒処分の中ではもっとも軽い処分ですが、昇給、昇格、賞与などの一時金の査定上不利に扱われることがあります。

② **減給**

　懲戒としての減給は、会社の秩序を乱したことに対するペナルティ（制裁）です。このペナルティの額が不当に高くならないように、労働基準法91条は減給額に制限を設けています。具体的には、制裁1回の金額が平均賃金の1日分の半額を超えるような減給は禁止されています。また、一賃金支払期（月1回の給与のときは1か月）における制裁の総額が、その一賃金支払期の賃金の総額の10分の1を超えるような減給も認められません。

　また、会社に実際に損害が発生した場合、会社は減給とは別に受けた損害の賠償を労働者に請求することができます（民法415条）。たとえば火気厳禁の場所でたばこの火の不始末から会社の重要な機材を焼失させてしまった場合に、減給処分と一緒に機材の弁償を請求するような場合です。

③ **停職（自宅謹慎、懲戒休職）**

　懲戒処分として一定期間出勤させないという処分です。停職の間は給料が支払われませんから、結果として減収になります。出勤停止は2週間以内程度とするのが一般的です。出勤停止による減収には、減給の場合の労働基準法91条の制限はありません。

④ **諭旨解雇**

　本人の自発的退職という形で解雇することです。処分理由が懲戒解雇の場

合よりも少しだけ軽い場合で、本人が会社に功績を残している場合などに行われます。また、諭旨解雇に応じなければ懲戒解雇にするというケースも多いようです。

⑤ 懲戒解雇

もっとも重い懲戒処分です。会社の都合でする普通解雇や整理解雇と違い、本人の責めに帰すべき事由に基づいて解雇するものです。解雇予告や解雇予告手当の支払をせずに即時解雇ができますが、その場合は、懲戒解雇が正当であることについて労働基準監督署長の解雇予告除外認定が必要です（労働基準法20条3項）。他の解雇と比べて、本人に大きな不利益を与える処分であり、事実上再就職が困難になるという面もあるため、懲戒解雇を有効に行うには、他の解雇以上に厳しい条件が課せられています。本人に一切の弁明の機会も与えず、いきなり懲戒解雇にするのは相当といえません。

懲戒解雇事由としては、職場や会社の秩序を乱す行為や服務規定違反を繰り返している場合、窃盗や傷害、詐欺などの犯罪を行うなど会社の名誉を著しく汚し、信用を失墜させた場合、私生活上の非行などが考えられます。懲戒解雇された労働者は、退職金の全部または一部が支払われないのが通常です。

●懲戒処分の有効性の判断

裁判所も、懲戒解雇の有効性をより厳しく判断する傾向にあるようです。裁判で懲戒解雇の有効性が争われた場合、規律違反による会社の損害や個人の勤務態度などの諸事情を考えて、懲戒解雇にするしかないという場合に限り、懲戒解雇を認めています。

一般的に、就業規則に懲戒解雇事由が列挙されているだけでは、懲戒解雇にするには不十分で、同様の行為で懲戒解雇にした先例があるかどうかなどの諸事情を考慮します。また、適正な手続きに基づいてなされたかどうかなどを検討します。

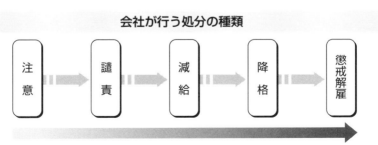

会社が行う処分の種類

注意 → 譴責 → 減給 → 降格 → 懲戒解雇

右に行くほど厳しい処分となる

※この他に、謹慎処分（出勤停止）などの制裁がある

13 解雇や退職の手続き

理由を明記した証明書を交付する

解雇の通知は書面で行うようにする

口頭での解雇も法的には有効ですが、後の争いを避けるため、書面でも解雇を通知した方がよいでしょう。解雇の通知を伝える書面には、「解雇予告通知書」（解雇を予告する場合）という表題をつけ、解雇する相手、解雇予定日、会社名と代表者名を記載した上で、解雇の理由を記載します。即時解雇の場合には、表題を「解雇通知書」などとします。解雇（予告）通知書に詳細を記載しておくと、仮に解雇された元社員が解雇を不当なものであるとして訴訟を起こした場合でも、解雇理由を明確に説明しやすくなります。

解雇理由証明書とは

「解雇理由証明書」は会社から解雇した社員に対して交付する書面です。解雇した元社員から求められた場合、解雇通知書を渡していたとしても、交付しなければなりません。また、解雇予告を行った社員から交付を求められた場合は、解雇予告期間中であっても交付しなければなりません。

「解雇理由証明書」には、解雇した相手（解雇予告期間中に交付する場合には解雇予告をした相手）、解雇日時（解雇予定日）、解雇理由を明記します。

「書面を交付する」ということは、解雇された（解雇予定の）社員に対して、会社がその社員の解雇理由を明示することを意味します。仮に書面に記載した解雇理由が不当な内容であった場合には、後に訴訟などを起こされた際に不利な状況になります。解雇に正当な理由があることを証明できるような裏付けとして具体的な事実や理由を記載しておくことが大切です。

退職証明書の記載内容の注意点

会社を退職した社員は、いつ、どのような経緯で退職するに至ったのかを証明する書類（退職証明書）が必要となった場合、会社に証明書の交付を請求することがあります。請求を受けた会社は、遅滞なく交付しなければなりません。ただし、記載事項は、退職者が記載を求めた事項に限られます。

特に退職事由が解雇の場合には注意が必要です。会社が解雇の理由を記載しようと思っても、その社員が解雇理由の記載を求めなかった場合には、解雇理由を記載することはできません。退職した社員から「退職証明書」の交付を請求された会社側は、請求されている記載事項が何かを確認することが必要となります。

第8章

職場の安全衛生を
めぐるルール

安全衛生管理①
業種や労働者数に応じて設置すべき機関が異なる

●一般の会社の安全衛生管理体制

労働安全衛生法では、事業場の業種や規模によって安全・衛生の管理責任者を選任することを義務付けています。

安全衛生管理体制には、一般の会社に要求される体制と、請負の関係で働く場合の体制の2つがあります。

一般の会社の安全衛生管理体制では、一定の業種、規模（労働者数）の事業場について管理責任者の選任と委員会の組織化を求めています。

・総括安全衛生管理者の役割

総括安全衛生管理者とは、安全管理者、衛生管理者を指揮し、安全衛生についての業務を統括管理する最高責任者です。原則として1000人以上の労働者を常時使用する事業場で選任義務が生じますが、業種により100人以上の労働者を常時使用する事業場で選任義務が生じる場合もあります。総括安全衛生管理者は、工場長など事業場において、事業の実施を実質的に統括管理する権限と責任をもつ者が該当します。

・安全管理者・衛生管理者の役割

安全管理者は、事業場の安全に関する事項を実際に管理する専門家です。安全管理者になるには実務経験が必要です。一定の業種（製造業・林業・建設業などの）で常時使用する労働者の数が50人以上の事業場においては、安全管理者を選任しなければなりません。

また、業種を問わず常時使用する労働者の数が50人以上の事業場においては、衛生管理者の選任が義務付けられています。衛生管理者は、事業場の衛生についての事項を実際に管理する専門家で、衛生管理者となるためには資格が必要です。衛生管理者は、事業場の規模に応じて複数人選任することもあります。

・安全衛生推進者・衛生推進者

小規模事業場（10人以上50人未満）において、安全管理者や衛生管理者に代わるものとして選任が義務付けられています。林業・鉱業・建設業などの安全管理者の選任が義務付けられている業種の小規模事業場については、安全衛生推進者を選任します。

一方、衛生管理者のみの選任が要求されている業種の小規模事業場については、衛生推進者を選任することになります。

・安全委員会・衛生委員会と役割

安全委員会は、一定人数以上（ⓐ林業・鉱業・建設業・製造業などでは50人以上、ⓑ燃料小売業・旅館業・ゴルフ場業などでは100人以上）の労働者を常時使用している業種の事業場では

設置が義務付けられています。安全委員会の役割は、安全に関する事項について調査・審議を行った上で、事業主に対して意見を述べることです。

一方、衛生委員会は、衛生に関する事項について調査・審議を行い、事業主に意見を述べます。常時使用している労働者が50人以上の事業場においては、業種に関わりなく衛生委員会を必ず設置しなければなりません。

労働安全衛生法で要求されている安全管理体制

業　種	規模・選任すべき者等
製造業（物の加工を含む）、電気業、ガス業、熱供給業、水道業、通信業、自動車整備および機械修理業、各種商品卸売業、家具・建具・じゅう器等小売業、燃料小売業、旅館業、ゴルフ場業	①10人以上50人未満 　安全衛生推進者 ②50人以上300人未満 　安全管理者、衛生管理者、産業医 ③300人以上 　総括安全衛生管理者、安全管理者、衛生管理者、産業医
林業、鉱業、建設業、運送業および清掃業（建設業の内、ずい道（トンネル）工事、圧気工事、橋梁工事で、労働者数が常時20人以上30人未満の場合、もしくは鉄骨造または鉄骨鉄筋コンクリート造の建設工事で労働者数が常時20人以上50人未満の場合は別に、店社安全衛生管理者が必要）	①10人以上50人未満 　安全衛生推進者 ②50人以上100人未満 　安全管理者、衛生管理者、産業医 ③100人以上 　総括安全衛生管理者、安全管理者、衛生管理者、産業医
上記以外の業種	①10人以上50人未満 　衛生推進者 ②50人以上1000人未満 　衛生管理者、産業医 ③1000人以上 　総括安全衛生管理者、衛生管理者、産業医
建設業および造船業であって下請が混在して作業が行われる場合	①現場の全労働者数が50人以上の場合（ずい道、圧気工事、橋梁工事については、30人以上） 　統括安全衛生責任者、元方安全衛生管理者（建設業のみ） ②統括安全衛生責任者を選任すべき事業者以外の請負人は安全衛生責任者

第8章　職場の安全衛生をめぐるルール

2 安全衛生管理②

関係法令等に目を通し、社員の安全を管理する体制を整える必要がある

● 請負の関係で労働させる場合

たとえば建設工事では、施主から工事を請け負った元請企業が、仕事の一部を下請に出し、さらに、そこから孫請けに出すという「重層構造」の請負形態が混在することが多く、責任の所在が不明瞭になりがちです。

そこで、労働安全衛生法では、建設業等の事業者に対し、前述した一般の安全衛生管理体制（186ページ）に加えて、特別の安全衛生管理体制を構築することを求めています。

・統括安全衛生責任者

元請負人と下請負人の連携をとりながら、労働者の安全衛生を確保するための責任者のことです。請負にかかる建設業や造船業で、労働者数が常時50人以上（ずい道などの建設、橋梁の建設、圧気工法による作業では常時30人以上）の場合、統括安全衛生責任者を選任することが義務付けられています。

・元方安全衛生管理者

統括安全衛生責任者の下で技術的な事項を管理する実質的な担当者を元方安全衛生管理者といいます。建設業でのみ選任します。

・店社安全衛生管理者

小規模な一定の建設現場において、労働者の安全を確保するために、元請負人と下請負人の連携をとりながら事業場の安全衛生の管理をする人を店社安全衛生管理者といいます。

・安全衛生責任者

大規模な建設業の現場等で労働災害の防止のために、下請負人である事業主が選任する職場の安全衛生を担う者をいいます。

● 現場監督の責任

労働安全衛生法は、労働者の安全と健康を守るために、事業者に対して様々な規定を設けています。現場監督はこれらの事業主に課せられている義務について、実際に仕事が行われる作業場に有効に反映させる責務を担っています。

労働安全衛生法が、事業主に対して求めている労働者の健康障害防止のための具体的な措置には、①機械設備・爆発物等による危険防止措置（20条）、②掘削等・墜落等による危険防止措置（21条）、③健康障害防止措置（22条）、④作業環境の保全措置（23条）などがあります。

また、労働安全衛生法26条においては、事業者が講じた措置に対する労働者側の遵守義務が定められています。

188

3 産業医

事業者と契約して労働者の健康管理等を行う医師

●産業医の選任と業務

産業医は、医師として労働者の健康管理を行います。産業医には、月に1度以上作業場を巡回することが義務付けられています。常時50人以上の労働者を使用するすべての業種の事業場の事業者には、産業医の選任が義務付けられています。

産業医は、健康診断の実施、健康障害の調査、再発防止のための対策の樹立などを行います。産業医は事業場に常駐している必要はありませんが、原則として毎月1回以上の職場巡視などの職務を行います。その際、作業方法または衛生状態に有害のおそれがあると判断すれば、直ちに、労働者の健康障害を防止するために必要な措置を講じなければなりません。

また、産業医は、労働者の健康を確保するため必要があると認めるときは、事業者に対し、労働者の健康管理等について必要な勧告をすることができます。勧告を受けた事業者は、その内容を尊重しなければなりません。

●産業医の法的責任

産業医にミスがあった場合に、どのような法的責任を負うのでしょうか。

まず労働安全衛生法は、事業者に対して法的責任を課すものであり、産業医に対しては直接的な法的責任を課してはいません。一方、民法上は、産業医と会社との間に準委任契約（または雇用契約関係）があるといえますが、労働者とは契約関係がありません。したがって、通常、労働者との間では産業医の債務不履行責任は発生しません。ただし、注意義務違反が認められる産業医は、不法行為による法的責任が生じるとされ、過去の裁判例でも、そうした判断が下されています。

注意義務の程度については、定期健康診断の際にレントゲン診断で見落としがあったため肺がんで死亡したとして、産業医が訴えられたケースでは、裁判所は、産業医に課せられる注意義務の程度にはおのずと限界があるとして、遺族の訴えを退けました。これに対し、自律神経失調症で休職中の労働者に対して、「病気ではなく甘えだ」と発言し、症状を悪化させたとされた産業医は、損害賠償責任があるとした裁判例があります。

これらのケースをふまえると、労働者の症状を明らかに増悪させるような行為があった場合に、産業医自身が損害賠償の責めを負うことになるといえそうです。

189

4 メンタルヘルス悪化の要因と管理監督者の注意点
部下を受容する姿勢で接する

●メンタルヘルス悪化の要因は何か

近年職場でメンタルヘルス（精神面の健康）が悪化している要因としては、次のようなものが考えられます。

① 仕事量が多く、拘束時間が長い

正社員採用の抑制の結果、労働者の人数が減少すると、残った社員が担う業務の量や責任が増大し、肉体的・精神的に過度の負担がかかります。

② 雇用形態の複雑化

人員削減の一方、不足する労働力を補う目的で拡大した雇用形態の多様化は、メンタルヘルスの面でも問題視されています。

たとえば非正規雇用の労働者は、給料の低い単純な仕事しか与えられず、常にいつ解雇されるかわからない不安があるなど、精神的なストレスを抱えることも多くなります。

③ 人間関係の希薄化

雇用形態の複雑化は、人間関係の希薄化という問題も生み出します。雇用形態が違うと仲間意識が生まれにくく、従業員同士でコミュニケーションをとる機会も減ります。

また、パソコンやモバイルといった各種IT機器の導入は業務の効率という点では効果的ですが、一方で直接顔を合わせることなくメールで事務的な連絡を取り合うだけになるなど、部下が悩みを抱えていても上司は気づくこともできませんし、部下の方も相談を持ちかけることができません。

仕事の場においてメンタルヘルス疾患の原因となる事象としては、「過重労働になっている」「仕事を任せてもらえない」「過度な期待をかけられる」「パワハラ・セクハラを受けている」「職場の人間関係が悪い」などが挙げられます。徐々にストレスが蓄積していき、だんだんと業務に支障をきたすことも増えていきます。

●本人の変化に気づくことが大切

労働者がメンタルヘルスを損なうようになると、業務上でも様々な変化が見られるようになります。

メンタルヘルス疾患の兆候かもしれないということを念頭に置いて部下を見ることが必要になります。特に次のような変化に気をつけましょう。

① 遅刻・早退・欠勤が増える

メンタルヘルスに変調をきたすと、不眠が続いて朝起きられなくなったり、強い倦怠感を感じることが多くなります。このような労働者は、遅刻・早退・欠勤が増える傾向にあります。

② 感情の起伏が激しい

感情のコントロールができなくなるのも、メンタルヘルス疾患の特徴のひとつです。

③ 業務上のミスが増える

メンタルヘルスの変調により集中力が低下し、必要な判断ができなくなることがあります。それにより「書類の記載ミスをしたり、電話やメールなどの連絡がきちんとできない」「打ち合わせ時間を間違える」「会議中に居眠りをしたりぼうっとして話を聞いていない」「業務をスケジュール通りに進行できない」など、業務に支障が出るようなミスを犯すことが多くなります。

◯どのように接したらよいのか

勤務態度の悪化や業務上のミスに対して、強く非難したり、制裁を与えるなどの方法で接してしまいがちですが、メンタルヘルスの問題を抱えている人の場合、それがかえってストレスになり、状態が悪化してしまうこともあります。

そこで必要なことは、まずメンタルヘルスに変調をきたしている相手(労働者)の話を聞くということです。

「何だ、そんなことか」と思われるかもしれませんが、ただ「大丈夫か」と声をかけたり、「何か悩みがあるなら話せ」と促すだけでは、相手は本音を話してくれません。途中で話をさえぎって説教を始めたり、自分の昔の武勇伝を話し出すようでは、相手に不満が残るだけです。また、聞きはするものの一緒に「それはつらかっただろう」「困ったな」などと言うだけで何の対応策も示さないのも効果がありません。

たとえば「相手の立場になって話をすることで本音を聞き出す」「客観的に問題点を把握する」など、どのような形でサポートできるかを具体的に考え、必要な対応策を示すといった技術を身につけることが、メンタルヘルスが悪化した労働者への対応として必要になります。

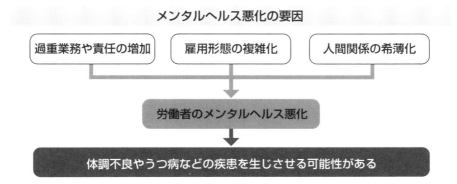

メンタルヘルス悪化の要因

5 ストレス対策
企業は原則として従業員のストレスチェックが義務付けられる

●ストレス対策の重要性

　仕事上のストレスによって脳・心臓疾患や、うつ病などの精神障害が発症したり、悪化したりすることが大きな社会問題になっています。また、業務による心理的負荷を原因とする精神障害により正常な判断能力が失われ、自殺に至る労働者も少なくありません。

　平成15年にはこのようないわゆる過労自殺が労働災害として位置付けられ、現在では会社の安全配慮義務違反を問う民事訴訟が数多く起こされています。脳・心臓疾患に係る労災支給決定件数は減少傾向にありますが、依然として高い水準を維持しています（24年度：338件→28年度：260件）。精神障害の労災支給決定件数は増加傾向となっています（24年度：475件→28年度：498件）。

　労災事案以外にも、精神障害や脳・心臓疾患に関する民事訴訟が数多く行われており、会社は、これまでにないほど、労働者の業務上のストレスを軽減する対策を立てることが求められているといえます。

●ストレスチェックの義務化

　近年、仕事や職場に対する強い不安・悩み・ストレスを感じている労働者の割合が高くなっている中、仕事による心理的な負担によって精神障害を発症し、あるいは自殺したとして労災認定が行われる事案が増えています。

　こうした状況を受けて、平成26年6月に改正労働安全衛生法が成立し、平成27年12月に施行されました。この改正によって、以前から課題となっていた、職場におけるストレスチェック（労働者の業務上の心理的負担の程度を把握するための検査）の義務化（当面のところは、従業員が常時50名未満の事業場は努力義務）が実現しました。

　職場におけるストレスチェックの主な内容は、次の通りです。

① 　会社は、常時使用する労働者に対し、1年以内ごとに1回、定期に、医師、保健師その他の厚生労働省令で定める者（以下「医師等」という）による心理的負担の程度を把握するための検査（ストレスチェック）を行わなければなりません。

② 　会社はストレスチェックを受けた労働者に対して、医師等からのストレスチェックの結果を通知します。一般の健康診断とは異なり、従業員の極めて個人的な事項ですので、プライバシーを保護する必要性が高いといえます。そのため、結果は医師や保健師等から直接、労働者に対し

て通知されます。医師や保健師等は、労働者の同意なしでストレスチェックの結果を会社に提供してはいけません。

③　ストレスチェックを受けて医師等の面接指導を希望する労働者に対して、面接指導を行わなければなりません。この場合、会社は当該申し出を理由に労働者に不利益な取扱いをしてはいけません。

④　会社は、面接指導の結果を記録しておかなければなりません。

⑤　会社は、面接指導の結果に基づき労働者の健康を保持するために必要な措置について、医師等の意見を聴く必要があります。

⑥　医師等の意見を勘案（考慮）し、必要があると認める場合は、就業場所の変更・作業の転換・労働時間の短縮・深夜業の回数の減少などの措置を講ずる他、医師等の意見の衛生委員会等への報告その他の適切な措置を講じなければなりません。

⑦　ストレスチェック、面接指導の従事者は、その実施に関して知った労働者の秘密を漏らしてはいけません。

以上のストレスチェック義務化に伴い、会社としては、これまで以上に体系的な従業員のストレス状況への対応が求められることになります。

また、ストレスチェックに関する労働者の個人情報を保護するセキュリティ体制も整えておく必要があります。また、医師や保健師などの専門的な人材をいかに確保するのかという問題もあります。特に、ストレスチェックを受けて、労働者は、会社に対して医師等の面接希望を申し出るシステムになっていますが、労働者が申し出を躊躇することも考えられますので、この点の対策も不可欠です。会社は労働者のストレスチェックを行うことが義務付けられていますが、労働者にはストレスチェックの受診義務がないため、労働者に対してメリットなどを周知・教育する機会を確保することも重要です。

管理職にある者（管理監督者）が気を配ること

①部下の話を聞く
②客観的に問題点を把握する
③サポート方法を具体的に考え、必要な対応策を示す

メンタルヘルス
疾　患

上司　　　心の状態の把握　　　部下
管理監督・統括

193

6 休職制度と休職命令
体調不良の社員に休職命令ができるようにしておく

●休職とは

　一般に休職とは、労働者側の事由により、働くことができなくなった場合に、使用者が一定期間の労働義務を免除する処分をいいます。

　労働基準法に根拠があるわけではなく、各々の企業において労働協約や就業規則で定めるのが通常であり、認めているケースは様々です。業務外の負傷・疾病で長期間休業する場合は、私傷病休職という形をとるのが一般的です。その他、代表的な休職制度には図（次ページ）のような種類があります。

●どんな場合に休職命令を出すのか

　ほとんどの場合、労働者本人からの請求により休職させることになります。しかし、客観的に就業できない状況にも関わらず、本人に休職する意思がないときは、会社が命令で休職させることがあります。ただし、休職命令は不利益処分になりますので、十分な注意が必要です。

　会社が休職命令を出すのは、労働者の体調が悪いにも関わらず、責任感や焦燥感から会社を休むことができず、出勤してしまう場合です。身体的な傷病ではこのようなことはあまりなく、「うつ病」などメンタルヘルス不全による場合が多いようです。

　会社が休職命令を出して休職させるためには、まず就業規則に規定する必要があります。伝染性の病気（インフルエンザなど）であれば、労働安全衛生法68条などを根拠に休ませることができます。しかし、それ以外の場合、就業規則に休職に関する定めがないと会社に安全配慮義務や健康管理義務があるとはいえ、本人の意思に反して休ませることは難しくなります。

　休職の必要の有無については、本人が医師の診察を受けていたとしても、都合の悪い情報（この場合では「休養が必要」など）は会社に提出されない可能性があるため、会社が契約する産業医の面談を受けてもらい、産業医の意見を基にして休職の命令を出すようにしましょう。

　なお、産業医の面談を受けてもらうことも命令しなければならない場合もありますので、その旨も就業規則に明記する必要があります。

　休職期間中の賃金の支払いについては、会社が決めることができますが、社会保険の手当などを利用することもできます。

●休職命令を出すときの注意点

　休職命令を出す際には、まずは労働者の側に休職事由があることを確認することが必要です。休職期間の賃金を支払わないという形で休職制度を整備していた場合、休職期間中は労働者は賃金を受け取ることはできません。そのため、休職命令を出すかどうかは慎重に判断することが必要です。具体的には、病気やケガを原因として休職命令を出す場合には、労働者に医師の診断書を提出してもらいます。医師の診断書を見て、労働者が勤務可能かどうかを判断し、勤務が不可能な場合に労働者に対して休職命令を出します。

　なお、当然のことですが、休職制度そのものは合理的なものである必要があります。労働者が勤務できる状態であるにも関わらず、合理的な理由もなく休職させることができるような制度を置くことはできません。

●休職命令の取消はできるのか

　休職命令が発令されても、その後の状況によって休職命令を取り消すことは可能です。休職制度は任意的制度であるため、設けても設けなくてもかまいません。休職命令取消の定めがあればそれに従うことになりますし、なければ休職の種類、事情の変化などを総合的に評価して適切な判断をすることになります。

　ただ、休職の内容によっては、一定の事情が生じた場合には、会社は、発令した休職命令を取り消し、労働者を復職させなければなりません。たとえば、私傷病休職の場合、病気やケガが治った場合、当然に復職させる必要があります。出向による休職が終了した場合など、使用者が必要と認めた場合の休職については、使用者の都合によるわけですから、休職命令は取り消され、復職させることになります。

休業の種類

私傷病休職	業務外の負傷・疾病で長期間休業する場合
事故休職	私的な事故による場合
起訴休職	刑事事件で起訴された社員を一定期間休職させる場合
懲戒休職	従業員が不正行為を働いた場合
出向休職	他社への出向に伴い、自社を休職する場合
専従休職	労働組合の役員に専念する場合
自己都合休職	海外留学や議員など公職への就任に伴う場合
ボランティア休職	ボランティア活動で休職する場合

休職①
休職者には負担をかけずに連絡し合うこと

●休職期間を満了するとどうなる

　休職は労働基準法には特別な定めはなく、一般的に就業規則で定められます。休職事由やその期間も会社が任意に定めることができます。ほとんどの場合、休職事由に応じた休職期間が設定されますので、休職期間満了と同時に復職することになります。

　しかし、休職事由が私傷病（労災とならない病気や負傷）の場合は、その治療期間が病状によりまちまちで、治癒しないまま休職期間が満了することもあります。休職期間の満了時に休職事由が消滅していない場合の取扱いについては、就業規則で定めることになりますが、一般的な運用では自然退職または解雇ということになります。

　特に気をつけなければならないのは、解雇として扱うときです。労働基準法では、労働者を解雇しようとする際は、原則として、30日以上前に解雇予告をするか、30日分以上の解雇予告手当を支払わなければならないからです（166ページ）。休職期間が満了しても復帰できないときは、通常の解雇の手続きによることになるため、解雇予告または解雇予告手当が必要です。

　一方、自然退職の場合は、就業規則にきちんと規定しておけば、トラブルは避けられるでしょう。たとえば「休職期間満了時までに復職できないときは自然退職とする」といった規定を置きます。つまり、定年退職の場合と同じように、期日の到来により労働契約が終了します。

　もっとも、復職が困難であるか否かは慎重に判断する必要がありますので、基本的には医師の診断書や産業医などの意見を聴いた上で、判断が行われることになります。ただし、復職が困難かどうかの判断は、最終的には医師等ではなく会社が行うものである、ということを認識しておく必要があります。

　なお、休職の延長が認められることはあるのでしょうか。前述のように、自然退職の場合などにおいては、就業規則等で、休職期間が満了することによって自然退職の扱いになるため、休職期間の延長は想定されていないといえます。したがって、労働者が休職期間の延長を申し出た場合に、会社はこれに応じる義務はありません。

　ただし、会社が任意に、休職期間の延長に応じること自体は禁止されていません。特に、少々の期間にわたり、休職期間を延長することによって、労働者の回復が見込まれるような場合には、会社にとって休職期間の延長を認

めるメリットがある場合も考えられます。もっとも、労働者が休職期間を延長しようという意図を持って、休職期間の延長を申し出ているような場合には、会社は毅然として断ることができます。

休職は、労働者の健康管理から発生した制度であるため、会社にとって、また、労働者にとってどのようなしくみが最適なのかを検討することが重要といえるでしょう。

○ 休職中に有給休暇を取得できるか

労働者の中には、「休職期間中に給料を支払ってもらえないのであれば、この期間に年休を取得して、給料をもらいながら休職しよう」と考える者もいるかもしれません。この点は、行政通達で「年次有給休暇は労働義務のある日に取得する休暇であり、労働義務のない休職期間中に取得できるものではない」とされていることもあり、休職期間中の有給休暇取得申請を認める必要はないといえそうです。

○ 定期的に連絡をする

休職中は、出勤しないで療養に専念することになるので、休職者との連絡をしなくなってしまうこともあり得ます。しかし、病気静養中だからといって休職者との接触を敬遠するのではなく、十分な情報提供をして、精神的な孤独や復職できるかなどの不安を解消することや相談できる場を設けることが重要です。もっとも、休職者の報告義務とすると、休職者の負担が大きいので、報告の方法に注意が必要です。

休職者との連絡においては、電話よりもメールの活用がよいでしょう。電話だとタイミングによっては休職者にとって苦痛になることもありますが、メールであれば体調のよい時に対応できるので、負担が軽くてすみます。しかも文字として記録が残るという利点もあります。また、連絡の窓口は一本化することも大切です。複数の人との接触は休職者にとってストレスとなることもあります。日頃の仕事の直接の上司、部下、同僚ではない、労務担当者がよいでしょう。

休職中の賃金

| 休職中の賃金 | 明確な規定がある | 規定に沿って賃金を支払うかを決める |
| | 明確な規定がない | 類似の規定・過去の慣例から賃金を支払うかを決める |

8 休職②
傷病手当金や有給など給与等に関する理解も必要になる

● 原則無給だが例外もある

休職中の賃金の支払いについては、休職中は労務の提供はなく、休職事由も使用者に責任があるわけではないため、有給とするか無給とするか、休職期間を勤続年数に算入するかどうか、といった点については個々の休職のケースや企業ごとに定めることができます。一般的には「ノーワーク・ノーペイの原則」（139ページ）によって休職期間中の賃金を無給とするケースが多いようです。

なお、私傷病休職（195ページ）の場合、本人には休業4日目より健康保険から、原則として1日あたり「［支給開始日以前の継続した12か月間の各月の標準報酬月額を平均した額］÷30×3分の2」に相当する傷病手当金（業務外の事由により労務不能となった場合に支払われる健康保険の給付）が支払われます（傷病手当金の支給期間は最長1年6か月です）。

ただし、会社が賃金を支給する場合、調整が行われます。私傷病休職中に、会社が本人の標準報酬日額の3分の2に相当する金額以上の賃金を支給した場合は、傷病手当金は不支給になります。会社が支払った賃金が標準報酬日額の3分の2に満たない場合には、標準報酬日額の3分の2に相当する金額と賃金との差額が支給されることになります。たとえば、会社側が休職中の労働者に、1日あたり標準報酬日額の半分に相当する賃金を支給していた場合、3分の2との差額である標準報酬日額の6分の1（3分の2から2分の1を差し引いた分）に相当する金額が傷病手当金として支給されます。

結局、会社から支給される1日あたりの賃金が標準報酬日額の3分の2に相当する金額未満であれば、労働者の受け取る総額はほとんど変わらないということになるでしょう。

なお、休職中の給与をめぐり注意すべき点があります。休職期間中の給与が無給でも、病院等の医療機関を用いる場合がほとんどであり、会社の従業員として在籍しているため、社会保険料の納付義務が生じるということです。

無給の労働者自身が支払うのが困難であれば、労働者負担分を会社が立て替える必要があるかもしれません。

● 病状の確認と復職の判断

うつ病からの復職には時間がかかります。このタイミングを誤り、早く復職させてしまうと再発のリスクが高まります。順を追って職場復帰を考える

ようにしましょう。まず、「朝決まった時間に起きられる」「三度の食事がきちんととれるようになった」など、日常生活が送れるようになったかどうかについて確認します。その後、外出できるか集中力が回復しているかを確認します。

次に主治医との連絡が取れるようにします。これは休職者本人および主治医の許可が必要なので、協力が得られるようお願いします。休職中の情報収集は、職場復帰には不可欠なものとなります。「規則だから」「仕事だから」と休職者にプレッシャーをかけるようなことはせず、休職者が安心できる環境を醸成していくことが大切です。

うつ病を発症した場合、その完治には時間がかかります。一方で会社の規定する私傷病での休職期間は、うつ病を想定していないケースが多く、比較的短い期間が設定されています。そのため、休職期間満了後も復職できないこともあります。

責任感の強い休職者ほど完治していなくても復職しようとします。しかし無理して復職すると再発してしまいますので、主治医の意見を基に休職者、労務担当者、産業医でしっかりと話し合い、通常の勤務ができる状態であるかを確認することが必要です。

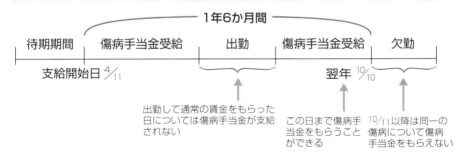

傷病手当金の支給期間

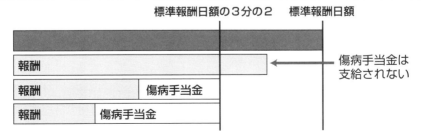

傷病手当金の支給金額

復職①
徐々に休職前の仕事ができるような体制を作る

●休職から復職までの流れをおさえる

　休職中の労働者をどのような流れで職場に復帰させるかが問題となります。特にメンタルヘルス疾患で休職した労働者の復職については、厚生労働省が発表している「心の健康問題により休業した労働者の職場復帰支援の手引き」が参考になります。この手引きでは、休職から復職に至るまでの流れを5つのステップに分けて説明しています（次ページ図）。

　疾患が原因で休職している労働者を復職させるかどうかは、原則として医者の診断書を見て決定します。専門家である医者の意見を尊重して、労働者の復帰時期を決定することは妥当な方法です。しかし、労働者を診断している医者は、会社の状況などを十分に把握しているわけではありません。労働者がどのような仕事をしているか、労働者の負担になる仕事が行われるのか、といったことは、会社関係者がよく理解しているでしょう。

　そのため、労働者の職場復帰を決定する際には、専門家である医者の意見を採り入れつつも、会社としての意見を医者に伝えることで、復帰時期を決定することが大切です。

●リハビリ勤務はどのように行う

　メンタルヘルス疾患にかかった労働者を復職させるために、段階的に労働者にかかる仕事上での負担を増やしていくことをリハビリ勤務といいます。

　メンタルヘルス疾患にかかった労働者が復職する際に、最初から以前と同じ仕事をこなすよう要求することは、ある程度の期間仕事から離れていた労働者にとっては大きな負担となってしまいます。そのため、復職した直後は負担の軽い仕事を行ってもらい、徐々に仕事の量を増やして、段階的に元の状態に戻していくことが必要です。

　具体的には、勤務時間を短縮した状態で復職してもらったり、仕事量を減らすことになります。勤務時間が長くなると、労働者にとっては負担になります。そのため、復職した最初の1週間は半日勤務とするなど、勤務時間の面で労働者に過度な負担がかからないように配慮します。また、勤務時間を減らしたとしても、仕事量が多ければ労働者にとっては負担になります。復職当初の仕事量は、通常の半分程度にするなどの配慮をすることが必要です。

　仕事の量だけではなく、仕事の内容の面でも復職した労働者への配慮が必要です。たとえば、裁量権の広い仕事

は労働者が自由に決定できる事項が多いのですが、その分だけ労働者の責任が重くなります。重い責任がかかることは労働者にとって負担になりますので、復職当初の労働者には裁量権の狭い仕事を与える配慮が必要です。

また、リハビリ出勤については、仕事の量が減り、仕事内容が簡素化していたとしても、労働の提供であることには変わりがありません。したがって、会社は、リハビリ出勤についても、賃金を支払う必要があります。リハビリ出勤に対しては、書面で労働者本人が同意していたとしても、会社があらかじめ賃金を支払わない、という取り決めは無効です。

なお、これらのことは、労働者の意向や医者の意見も採り入れながら決定します。たとえば、労働者に意欲がある場合は、復職当初から積極的に仕事を与えていくこともあり得ますが、ドクターストップがかかった際は、労働者に意欲があっても負担の大きい仕事を回さないように配慮します。

● 会社としてどのように対応するか

復帰する労働者に対しては、復職後の会社としての対応方針を示しておくことが必要です。職場から離れていた期間が短い場合には、労働者もすぐに職場に復帰できる可能性が高いので、会社としての方針を特別に決めておく必要性は低いといえます。しかし、長期間職場から離れていた労働者の場合、職場復帰のために段階的なステップを踏むことになるので、方針を決めておく必要があります。

特に会社側が、基本方針をきちんと定めておくべき事項として、労働者が当初の復職計画の通りに出勤できていないときに、会社としてどう対応するか、といったことが挙げられます。

復帰支援の流れと各段階で行われること

① **病気休業開始および休業中のケア**
 ↳ 労働者からの診断書の提出や管理監督者によるケアなど

② **主治医による職場復帰可能の判断**
 ↳ 産業医などによる精査や主治医への情報提供など

③ **職場復帰の可否の判断および職場復帰支援プランの作成**
 ↳ 情報の収集、職場復帰の可否についての判断、職場復帰支援プランの作成

④ **最終的な職場復帰の決定**
 ↳ 休職していた労働者の状態の最終確認など

⑤ **職場復帰後のフォローアップ**
 ↳ 職場復帰支援プランの実施状況の確認や治療状況の確認など

10 復職②

復職のためには家族も含めたサポート体制も重要

● 復職する際の方針を決めておく

メンタルヘルス疾患にかかった労働者は、会社に出勤することも難しい状態から復職してくるので、当初の復職計画通りに出勤できない可能性があります。そのような事態に備えるために、復職後に欠勤した場合にどうするか、労働者と会社との間で取り決めておくことが必要です。具体的には、どのような場合には有給休暇の扱いとするか、医師の診断書の提出を必要とするのはどのような場合か、といったことを詳しく決めておきます。

また、復職後の労働者に与える仕事の内容についても、あらかじめ会社で方針を定めておきましょう。たとえば、復職後の労働者に対する仕事の進捗状況の管理は誰が行うかといったことや、仕事が過度な負担となっていないかについての労働者と話し合う機会をどのくらいのペースで設けるかといったことを決めておくようにします。

● 家族や労務担当のサポートも大切

メンタルヘルス疾患にかかった労働者が職場に復帰する際には、人事労務担当者や労働者の家族のサポートも必要です。

人事労務担当者は、会社全体として復職した労働者をどのようにサポートするかを決定します。たとえば、復職した労働者が、当初の所属していた部署で働くことは難しいと判明した場合には、その労働者を他の部署に配置転換します。そして、労働者が仕事に慣れて当初の部署に戻っても問題ないようであれば、労働者を元の部署に戻します。会社内に医療スタッフがいる場合には、医療スタッフと労働者がよく話し合いをすることが必要です。

労働者の家族には、職場外で労働者をサポートしてもらいます。メンタルヘルス疾患は、職場内での出来事だけでなく、家庭内でのことも原因となって発症している可能性があります。そのため、家庭で労働者がストレスを感じることがないように家族に配慮してもらうことが必要です。たとえば、特に女性の労働者の場合は、家事や育児が大きな負担となっている可能性もあります。このような場合に、家族には家事や育児の負担が大きくならないように配慮してもらうことが重要です。また、私生活の乱れが原因で健康に悪影響が生じている可能性もあるため、家族には、労働者が規則正しい生活を送るようなサポートをしてもらうことも大切です。

11 セクハラとは
セクハラには対価型と環境型がある

◉どのような分類がなされているのか

　職場におけるセクハラ（セクシュアル・ハラスメント）とは、職場における性的な言動により、労働者の就業環境を害することをいいます。

　職場におけるセクハラは、①対価型（性的関係の要求を拒否した場合に労働者が不利益を被る場合）、②環境型（就業環境を不快にすることで、労働者の就業に重大な支障が生じる場合）に分類されることが多いといえます。

　たとえば、上司が部下に対して性的な関係を要求したものの、拒否されたことを理由に、その労働者を解雇する場合や降格させる場合、配置転換する場合などが対価型セクハラの例です。

　自分自身に対する性的な嫌がらせだけでなく、日常的に他の部下に性的な嫌がらせをする上司に対して、そのような行為をやめるよう抗議したことを

理由に、上司が抗議をした部下を解雇または降格とした場合なども、対価型セクハラに含まれます。

　これに対し、労働者の身体に対する接触行為や、事務所内でのヌードポスターの掲示といった行為により、労働者の就業に著しい不都合が生じる場合が環境型セクハラの例です。その他、上司が部下に抱きつき苦痛を感じさせることや、女性労働者の胸や腰を触るなどの直接的な身体接触を伴う行為も、環境型セクハラに分類されます。

　また、直接的な接触はなくても、従業員に対する性的な経験や外見、身体に関する事柄について発言する場合や、取引相手に対して他の従業員の性的な事項に関する噂を流すことで、その取引に支障を生じさせる場合なども、環境型セクハラにあたります。

第8章　職場の安全衛生をめぐるルール

セクハラにあたる行為

①言葉によるもの
　性的な冗談やからかい、食事・デートへの執拗な誘い、意図的に性的な噂を流す、性的な体験等を尋ねる

②視覚によるもの
　ヌードポスターを掲示する、わいせつ図画を配布する

③行動によるもの
　身体への不必要な接触、性的関係の強要

203

12 セクハラと企業の責任

社員のセクハラが認められれば、会社もセクハラに対して責任を追う場合がある

● 注意しなければならない点とは

ある言動がセクハラにあたるかどうかの判断については、男女の認識の仕方によってもセクハラと感じるかどうかは変わります。そのため、労働者の感じ方を重視しつつも、一定の客観性を保った上で、セクハラにあたるかどうかを判断することが必要です。

なお、セクハラの場合、男性（加害者）から女性（被害者）に対するセクハラが目立ちますが、女性から男性に対するセクハラや、同性から同性に対するセクハラも存在します。事業主は男性社員もセクハラ被害を受けないような体制を構築しなければなりません。

具体的には、事業主は、社内ホームページ・社内報・就業規則などに、職場におけるセクハラに対する方針や、セクハラにあたる言動を明示して従業員に広く知らせる必要があります。また、セクハラの相談窓口や相談マニュアルも用意しておくことが必要です。

● 会社にはセクハラ防止義務がある

会社内でセクハラが行われた場合、セクハラを行った本人が法的責任を負うことは当然です。しかし、セクハラを防止できなかったことを理由に、会社も法的責任を負うことがあります。

男女雇用機会均等法11条は、職場において行われる性的な言動に対する労働者の対応により労働者が不利益を受け、労働者の就業環境が害されることのないよう、事業主が必要な体制の整備その他の雇用管理上必要な措置を講じなければならないと定めています。

この規定により、会社（事業主）はセクハラを防止する措置を講じる義務を負います。また、厚生労働省が発表している「事業主が職場における性的な言動に起因する問題に関して雇用管理上講ずべき措置についての指針」では、事業主が講ずべきセクハラ対策について措置の内容が紹介されています。

● 会社側はどんな責任を負うのか

セクハラの加害者は、強制わいせつ罪（刑法176条）などの刑事上の責任を負う可能性があります。さらに、民事上の責任として、不法行為（民法709条）に基づき、加害者は被害者が受けた精神的損害などを賠償する責任を負います。この他、セクハラは就業規則の懲戒事由に該当しますので、加害者は勤務している会社から懲戒処分を受けることになります。

一方で、セクハラによる被害が明らかになった場合、会社も法的責任を負

204

います。まず、民事上の責任として、会社は使用者責任（民法715条）を負います。使用者責任とは、従業員が職務中の不法行為により他人に損害を与えた場合に、使用者である会社もその従業員とともに損害賠償責任を負うという法的責任です。

また、会社は、従業員との労働契約に基づく付随義務として、従業員が働きやすい労働環境を作る義務を負っています。しかし、セクハラが行われる職場は労働者にとって働きやすい環境とはいえないので、会社が労働契約に基づく付随義務に違反したとして、被害者に対して債務不履行責任（民法415条）を負う可能性があります。

さらに、行政上の責任として、会社は男女雇用機会均等法に基づく措置義務を負っています。会社内でセクハラがあり、厚生労働大臣の指導を受けたにも関わらず、それに従わなかった場合には、会社名が公表されます。

●セクハラが訴訟になったとき

会社側としては、セクハラが訴訟まで発展する可能性があることを知っておかなければなりません。会社側の対応に非があったケースで、加害者本人だけでなく、会社側の使用者責任を認めた判例もあります。裁判で争うとなると、高度な法律知識や訴訟対策が必要ですから、会社の顧問弁護士などに相談してみるとよいでしょう。

典型的な例であれば、誰でもセクハラであることはわかりますが、これが果たしてセクハラになるかどうかを判断しにくいという場合もあります。労働者側は、メモなどの記録を残す（日時、場所、話の内容、周囲の状況など）、友人や家族、信頼のおける上司に相談する、写真や音声を記録する、といった形で、セクハラの証拠を確保していることも多いですから、会社側も、加害者とされる人と入念に話し合いを行い、対策を立てなければなりません。

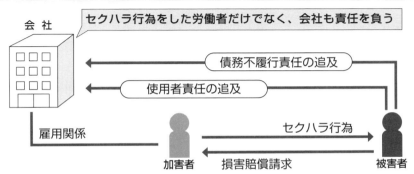

被害者の加害者・会社に対する責任の追及

13 セクハラの予防法とトラブル対処法①

まずは相談しやすい環境作りをする

● 相談を受けたら何をすべきか

実際にセクハラ被害などについて相談を受けた場合、まずは相談者からの訴えを十分に聞くことが重要です。他の人に話が聞こえない場所で、必要に応じて同席者を立てて話すようにするとよいでしょう。その際、途中で「勘違いではないのか」などと相談者の話を疑うような言葉を投げかけたり、「よくある話で大したことはない」と相談者の悩みを否定するようなことをせず、最後まで十分に話をしてもらうようにして下さい。相談者は1人で悩み、意を決して信頼できると思える相手を選んで相談を持ちかけているはずです。不用意な対応をすると、その信頼を裏切ることにもなりかねませんので、慎重に対応すべきでしょう。

次に、必要になるのが事実確認です。たとえ被害者からの訴えであったとしても、当事者の一方の話を聞くだけで対応を決めることはできません。直接加害者とされている人に話を聞く他、事情を知っていそうな同僚などからも情報を収集します。このとき、プライバシーなどの面を考慮して相談を受けた人が直接対応することも考えられますが、社内にセクハラ対策の窓口などがある場合は、できるだけその担当者に対応をしてもらう方がよいでしょう。相談を受けた人が1人で対応するには負担が大きいですし、どうしても偏った見方をしてしまい、かえって混乱を招くことも多いからです。

客観的な事実を確認した場合、必要に応じて迅速に対応するとともに、同じ問題が起きないよう、社内で防止策を講じるようにします。また、相談した被害者のプライバシーが侵害されたり、相談したことを理由に社内で不利益を被ることがないよう配慮しなければなりません。

● 経営者や管理者の注意すべき点とは

2007年の男女雇用機会均等法の改正により、職場におけるセクシュアルハラスメント対策は事業主の義務になりました。これを受けて厚生労働省では「事業主が雇用管理上講ずべき措置」として9つの項目を示し、会社の事情に応じた対策を実施するよう促しています。経営者や管理者はこの内容を知り、セクハラの防止に努めなければなりません。9項目の主な内容としては、以下のようなものがあります。

① **セクシュアルハラスメントに対する事業主の方針を明確にすること**

セクハラ対策を講じるにあたっては、

まず事業主がセクハラに対してどのような姿勢で臨むのかということを明確にすることが重要です。会社のトップである事業主の意思は、社内の意識を改革する力を持っています。事業主が「セクハラに対し、厳格な姿勢で臨む」と表明することで、セクハラ対策をより効果的なものにすることができます。

② 相談窓口を設置するなど、必要な体制を整備すること

セクハラの被害は、被害者と加害者の二者の間で行われることが多く、なかなか表面に見えてこないというのが実情です。そこで重要になるのが、被害者からの訴えです。ただ、被害者にも社内での立場がありますし、性的な問題は羞恥心などもあって声に出すにはかなりの勇気と覚悟が必要となります。このため、専門の相談窓口を設置するなど、被害者が相談しやすい環境を整えることが必要になります。

③ セクハラ問題が起きた場合に迅速かつ適切な対応をすること

相談窓口に相談が届いた場合、できるだけ迅速に事実関係を調査し、適切な対応をしなければなりません。被害者が相談をもちかけるときには、すでに事態が深刻化していることも多く、あまり時間をかけて対処しようとすると、ますますこじれることもあります。内容によってはどうしても解決まで長引くことがあるかもしれませんが、概ね３か月をめどに解決を図るようにするべきでしょう。

このとき、事業主をはじめとする管理者に対しては、事実を把握できるようなしくみを作り、今後同じような問題が起こらないように対策を講じる、当事者のプライバシーが漏えいしないように配慮する、当事者に必要以上の不利益が生じないよう、現場を監督する、といったことが求められます。

セクハラを防止するための対策

対策

- パンフレットの配布やポスターの掲示などによる意識付け
- 社員教育の一環としてのセクハラ防止研修会の開催
- 男女が同じ職場でともに働く者として、対等な意識を形成できるような対策プログラムの実施
- アンケート調査などによるセクハラの実態の把握
- 被害社員が相談できるような相談窓口・部署の設置

14 セクハラの予防法とトラブル対処法②

予防のために、研修などを利用して社員の理解を深める必要がある

● 事前予防するには

セクハラを防止するために必要なことは、①どんな行為がセクハラにあたるのか、②セクハラを誘発する発言や行動にはどんなものがあるか、③セクハラ問題が起こることによってどんな影響があるのか、ということを周知徹底することです。

セクハラの概念が定着しつつある昨今では、ボディタッチや性的関係の強要といった行為がセクハラにあたることは、常識として理解されているでしょう。しかし「きれいな脚だね」「女性の割には優秀だ」といった発言の場合、男性側は「むしろ褒めたつもりだった」「冗談の範囲内だろう」などと考えて深刻に受け止めていないこともあります。このような内容は、言われた女性側も相手や状況によって好意的に受け取ることもあり、一概には言い切れませんが、セクハラにあたると判断される可能性は十分にあります。

反対に、仕事上のミスや怠慢な態度などに対し、「だから女性は使えないんだ、結婚でもしてやめてしまえ」とどなるなどの行為は、セクハラ問題に発展するのは確実ですので、絶対に止めるべきです。また、女性側が極端に胸元のあいたトップスやミニスカート

など、職場にそぐわない服装をしていたために、性的な発言を誘発してしまうケースもあります。

さらに、過去に恋愛関係にあった男女の別れ話のもつれから、セクハラ問題に発展することも多いようです。普通の社員であっても、いつの間にかセクハラ加害者になったり、セクハラをしやすい状況を作ってしまう可能性もあります。そのような事態を予防するためには、企業が積極的に啓発活動をする必要があるといえるでしょう。

セクハラの内容を知ってもらうための方法としては、次のようなものがあります。

① パンフレットの配布やポスターの掲示

セクハラの具体的な事例を示したパンフレットを配布したり、セクハラを禁ずる旨のポスターなどを掲示することによって意識付けをします。これにより、会社がセクハラに対して厳しい態度で臨むという姿勢を示すこともできます。パンフレットやポスターには、セクハラが働きにくい職場環境を作る原因になってしまうこと、それにより職場のモラルが低下するおそれがあり、通常の業務の遂行に影響を与えかねない重要な問題であることを示す必要が

208

あります。

そして、会社がセクハラに対して毅然とした対応を採ることを端的に示し、実際にセクハラを行った社員に対しては、就業規則などに照らして、厳重な懲戒処分などが与えられることを示しておくとよいでしょう。

また、何気ない言動が、相手に対して不快感を与えて、セクハラ問題に発展するおそれがあることを、注意喚起することも必要です。あわせて、実際にセクハラ問題が生じた場合に、被害者が相談や苦情を申し立てることができる窓口を記入しておくことも重要です。

② 研修会の開催

社員教育の一環として、セクハラ防止の研修会を行います。社員のセクハラに対する認識度を図り、セクハラにあたる言動をしないよう注意喚起する他、セクハラの被害者となった場合の対処方法、セクハラ問題が起こることによって職場に与える影響などを指導します。これにより、社員全体にセクハラを予防しようという意識付けをすることができます。

③ アンケートを実施して社内の状況を把握する

セクハラの実態を知るためのアンケート調査を実施します。これにより、社員のセクハラに対する認識度を図り、セクハラの自覚のない加害者や、声を出せない被害者の存在を把握し、被害の拡大を防止する効果を期待することができます。

事業主が講ずべきセクハラ対策

① セクシュアル・ハラスメントの内容や、セクシュアル・ハラスメントがあってはならない旨の方針を明確化し、周知・啓発すること

② 行為者については、厳正に対処する旨の方針や、具体的な懲戒処分などの内容を就業規則等に規定し、周知・啓発すること

③ 相談窓口を予め定めること

④ 窓口担当者は、内容や状況に応じ適切に対応できるようにすること。また、広く相談に対応すること

⑤ 相談の申し出があった場合、事実関係を迅速かつ正確に確認すること

⑥ 事実確認ができた場合は、行為者および被害者に対する措置をそれぞれ適切に行うこと

⑦ 再発防止に向けた措置を講ずること

⑧ 相談者・行為者等のプライバシーを保護するために必要な措置を講じ、周知すること

⑨ 相談したこと、事実関係の確認に協力したこと等を理由として不利益取扱いを行ってはならない旨を定め、周知すること

15 パワハラとは
パワハラは早期に解決することが重要である

● パワハラの定義

パワハラ（パワー・ハラスメント）の定義について、厚生労働省は「同じ職場で働く者に対して、職務上の地位や人間関係などの職場内の優位性を背景に、業務の適正な範囲を超えて、精神的・身体的苦痛を与える又は職場環境を悪化させる行為」としています。日本では、厳しい社員教育が必要だという「時代遅れ」の感覚に基づき、激しい教育や叱咤激励が行われてきました。暴行・傷害などの身体的な攻撃はもちろん、脅迫・暴言・無視・仲間外しなどの精神的な攻撃や、人間関係からの隔離など、一口にパワハラといっても、幅広い行為を含んだ概念です。

厚生労働省の定義では、職場内の優位性を背景にして相手に苦痛を与える行為がパワハラになります。そのため、上司の部下に対する行為に限らず、同僚の間でも何らかの優位性を背景に相手に苦痛を与える行為をすればパワハラになります。また、部下の上司に対する行為がパワハラになることもあります。さらには、同じ職場の従業員同士の間でなくても、顧客や取引先などから、取引上の優劣を悪用して、従業員の人格や尊厳を傷つける言動が行われている場合も考えられます。

パワハラについての相談が社内の窓口に寄せられたり、パワハラに関する情報をつかんだときには、いかに些細な問題だと思われる場合でも、会社としては迅速に事実確認を行う必要があります。その結果、たとえば上司の部下に対する指導が業務の適正な範囲を超えたものであれば、上司に謝罪をさせ、二度と同じことを行わないことを約束させ、問題が拡大しない前に円満な解決に導くことが大切です。

なぜなら、パワハラを行った従業員は、その被害を受けた者に対して不法行為に基づく損害賠償責任を負うことになります。さらに、会社も使用者責任として、従業員が業務中にパワハラによって損害を与えた場合は、その従業員とともに、被害者に対して損害賠償責任を負うことになるからです。

特にパワハラを受けたと主張する社員が会社を辞める決意を固めている場合や、辞めてしまった場合には、問題解決は難しくなります。社内での穏便な解決が図れなくなり、争いが拡大し、労働局のあっせんや労働審判に発展したり、裁判を提起されたりするリスクが高まるからです。その意味でも、パワハラ問題は早期に小さな目のうちに摘む必要があるといえます。

16 パワハラに対する責任

パワハラに対する措置を講じないと社員のみでなく会社も責任を負うことになる

● 会社としてパワハラ対策は重要

日本の企業では、従業員に厳しい発言がされたとしても、それは従業員を育てるために必要な行為であると考えられていました。しかし、時代の変化により、従業員の教育方法などについての考え方も変化し、厳しい発言をすることなどが「パワハラ事案」として認識されるようになっています。

特にベテラン従業員の中には、過去には普通に行われてきた教育や叱咤激励の方法が、なぜ現在はパワハラとして非難されるのか、十分に飲み込めない人がいます。そのようなベテラン従業員の感覚と現代社会における価値観のズレが、パワハラ問題の解決を遅らせる原因になっています。

そのため、会社としてパワハラ対策を講じることが大切になります。どのような行為がパワハラになるかを従業員に明確に示し、ベテラン従業員の感覚と現代社会における考え方のズレを埋めていくことが必要です。また、会社内でパワハラが行われているのにも関わらず、何らの対策も講じないとすると、パワハラを放置している企業としてイメージダウンにつながることになります。加えて、パワハラによる人材の流出は企業の生産性を低下させる

ことになります。この観点からも、会社としてパワハラ対策を行うことは重要です。

● 被害者が何を主張する

パワハラの被害者は、加害者や会社に対して損害賠償請求が可能です。被害者側が内容証明郵便などの文書で、加害者や会社に対して損害賠償請求する旨を通知してくることもあります。

内容証明郵便を送付しても損害賠償金を支払わない場合には、被害者が労働審判の申立てや訴訟の提起を行うこともあります。訴訟になれば、被害者と加害者・会社の双方が裁判所に証拠を提出し、パワハラが行われたかどうかを裁判所が認定します。被害者がパワハラを受けていたと裁判所が認定した場合には、加害者や会社に対して損害賠償金の支払いが命じられます。

また、パワハラの被害者は、パワハラを受けたことを警察に告訴することも考えられます。たとえば、パワハラが行われた際に被害者が暴行を受けていた場合は、暴行罪や傷害罪として告訴が可能です。加害者は起訴されて刑罰が科せられる可能性もあります。

第8章　職場の安全衛生をめぐるルール

211

17 パワハラが起こりやすい職場と具体例

ストレスの多い職場で起こりやすくなる

● 問題が起こりやすい職場とは

労働政策研究・研修機構（JILPT）が公表している「職場のいじめ・嫌がらせ、パワー・ハラスメント対策に関する労使ヒアリング調査」によると、パワハラ発生の背景・原因として「過重労働とストレス」「職場のコミュニケーション不足」「人間関係の希薄化」「業界特有の徒弟制度関係」などが挙げられています。パワハラは、特に次の要素がある職場では、問題が大きくなりやすいといえます。

① 多忙な職場

リストラを敢行したり、新規採用を見合わせる企業では、在籍する社員が担う仕事量が大幅に増え、残業・休日出勤などが多くなる傾向にあります。

この状態が続くと、社員のストレスが増大し、強い者から弱い者へのパワハラが横行しやすくなります。

② 雇用形態が複雑な職場

正規・非正規・派遣・外注など様々な立場の労働者が混在している職場では、仕事の内容や賃金、労働時間などに大きな格差があるため、良好な人間関係を結べないことがあります。

正社員が加害者となるパワハラだけでなく、古参のパート社員が新任の若手正社員が管理者になることを快く思わず、集団で無視するなどの正社員が被害者となるパワハラもあります。

③ 閉鎖的な職場

外部との接触が少ないなどの要因から人間関係が固定化している閉鎖的な職場では、上司と部下などの上下関係も固定してしまい、パワハラが起きやすくなります。

● 具体的なパワハラの形態

パワハラには様々な形がありますので、その具体例を紹介します。

① 相手を侮辱する言葉を発する

仕事をする中で、相手に侮辱的な言葉をかけることはパワハラになります。「バカ野郎」などといった言葉の他に、「給料泥棒」「くそばばあ」などとの言葉を発した場合にもパワハラになります。

② 他人が見ている前で相手を侮辱する

他人が見ている前で相手を侮辱する言葉を発することは、より悪質なパワハラです。

③ 相手を無視する

部下が気に入らないため、上司が部下を無視することはパワハラになります。無視された相手は職場に居づらくなり、多大な精神的な苦痛を被ります。

④ 報復人事を行う

相手が気に入らないからといって、

報復として相手を左遷することはパワハラになります。また、自分の意見を聞かない相手だからといって、その人を配置転換することも同様です。

⑤　解雇のためのパワハラ

会社都合で従業員を解雇する場合、会社は解雇予告または解雇予告手当の支払をする必要があります。そのため、会社がこれらの不要な自己都合退職に追い込もうとする場合があります。

⑥　遂行不可能なことの強制

期限内には終わらせることができない量の仕事を押しつけるなど、遂行不可能な仕事を強制することはパワハラになります。

⑦　嫌がらせ目的での権限行使

業務と関係のない命令や、部下に対する嫌がらせなど不当な目的によって発せられた命令である場合には、上司による権限の行使は違法になり、そのような命令はパワハラにあたります。

⑧　能力や経験と無関係の仕事を命じる

上司が、能力の高い部下にあえて誰でもできるような仕事を命じることはパワハラになります。

⑨　部下の上司に対する嫌がらせ

多くの場合、肩書きや職位が高い者ほど職場で優位に立ちますが、部下から上司に対する「逆パワハラ」も問題になります。

●教育・指導の中でのパワハラ

今まで紹介してきたパワハラが、仕事を教育・指導する中で行われるケースがあります。⑥の場合は部下の成長のために必要だと考えて、上司が多くの量の仕事を与えている可能性があります。⑧の場合は、仕事の基本を覚えさせるという意図があって、あえて誰でもできる仕事を与えているのかもしれません。仕事上必要な教育・指導の範囲内の行為はパワハラにはならず、「嫌がらせ」であればパワハラになるという一応の基準はありますが、個々の判断が必要です。

第8章　職場の安全衛生をめぐるルール

パワハラの形態

パワハラの形態

⑨　部下の上司に対する嫌がらせ
⑧　能力と無関係な仕事を命じる
⑦　嫌がらせ目的での権限行使
⑥　遂行不可能な仕事の強制
⑤　解雇のためのパワハラ
④　報復人事を行う
③　無視をする
②　他人の前で相手を侮辱する
①　侮辱する言葉

213

18 パワハラ予防と職場環境作り
自分と相手を知ることがパワハラをしないコツ

● どんな人がパワハラ上司になるのか

人を管理する「上司」という立場に
なったり、職場で古株になって権力を
身につけることにより、誰もがパワハ
ラ上司になる危険性を秘めています。

本人は自分がパワハラの加害者であ
ると気づいていないことも多く、「部
下のため」という大義名分の下、あえ
てそのような態度に出ることもありま
す。特に次のような人は注意が必要です。

① 仕事ができる人

たくさんの仕事をてきぱきとこなし、
会社の業績に貢献する、いわゆる「で
きる人」は、周囲の人間にも同等の仕
事をすることを望む傾向があります。
そのため、部下に対していらだち、思
い通りにならないストレスからつい感
情的にどなったり、暴力的な行為に及
んでしまう場合があります。

② 自己顕示欲が強い人

ある程度の地位につき、認められる
ようになると、「自分にはこんなに力が
あることをもっと誇示したい」「自分
の存在を知らしめたい」という欲が強
く出てしまう人もいます。その欲を満
たすため、部下に無理難題をいうなど、
パワハラ行為に及ぶことがあります。

③ 精神的な余裕がない人

多忙や家庭の問題を抱えている等で、
上司自身が精神的に余裕がないため、
場当たりな指示を出して部下を振り回
し、周囲を萎縮させることがあります。

● 部下との上手な接し方を考える

上司が同じ態度をとっても、相手の
受け取り方が違えば好意がパワハラに
変わってしまうことが、部下と接する
際の難しさといえるでしょう。このよ
うな事態を避けるためには、相手を見
て接し方を変えていくことが必要です。

問題があっても頭ごなしに否定せず、
まずは本人の主張する意見を聞くよう
にしましょう。その上で認められる部
分は評価し、相手の自尊心を傷つけな
いように配慮して指導しましょう。

● 苦手な部下にも上手に対応する

上司も人間ですので、どうしても苦
手なタイプがあることは仕方がありま
せん。管理者の個人的な好き嫌いの感
情を交えず、仕事と割り切りうまくつ
き合う必要があります。

まずは苦手な部下の日々の仕事ぶり
をよく観察し、認められる点を探して
みることから始めるのも1つの方法で
す。信頼関係を築くことができれば、
仕事上の関係は良好になるはずです。

●パワハラをしないための心構え

自分で意識しないままパワハラ行為をしていることも多々ありますので、注意しなければなりません。以下の事項を心がけておくと効果的です。

① 過去を美化しない

成功したことはもちろん、たとえミスや失敗をした過去であっても、それを乗り越えて今があるのであれば、その人にとってその経験は大切なものであり、部下に伝えることで貴重な教材とすることもできます。しかし、過去の経験は参考程度にとどめ、今後何をすればよいのかを一緒に考えましょう。

② 相手の短所ばかりを見ない

経験の浅い部下の仕事ぶりは、上司からしてみれば、できない部分ばかりが目につき、あれやこれやと細かいことまでチェックし、必要以上に怒ったり指示をしてしまうこともあるでしょう。しかし、それでは部下は萎縮し、ますます自分一人では何も決断できない状態になってしまいます。

部下の短所ばかりを見ず、まずは得意とするところや強い関心を持っているところなどを見きわめ、それを仕事に生かし自信をつけさせましょう。

③ 自分を知る

自分がどんなときに怒りを感じ、どんな態度をとるタイプなのかということを客観的に把握しておくのも、パワハラ予防のために重要なポイントとなります。それが実際の現場で実践できるようになれば、パワハラをする危険性は低くなります。

以上、自分がパワハラの加害者にならないようにするためには、相手の人格を認め、尊重し合いながら仕事をしようという意識を持つことが大切です。職場の一人ひとりがこうした意識を持つことこそが、パワハラ対策に実効性を与える1つの鍵になります。

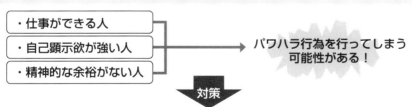

パワハラを未然に防ぐための対策

- ・仕事ができる人
- ・自己顕示欲が強い人
- ・精神的な余裕がない人

→ パワハラ行為を行ってしまう可能性がある！

対策
- ・苦手な部下でも、仕事と割り切ってうまくつき合っていく
- ・部下の自尊心を傷つける行為や、必要以上のプレッシャーをかける行為をしない
- ・部下の短所ばかりを見ず、長所や得意分野を見極める
- ・上司自身が自分の性格や人間性を客観的に把握しておく

19 パワハラ対策

パワハラ予防の研修を行うとともに、実際に起きた場合の調査体制を整える

● 社員や管理職への周知徹底・教育研修

パワハラを防止するために、会社がパワハラに対して毅然とした態度を示すことを明らかにし、その上で従業員に対してどのような教育研修を行うかを検討する必要があります。

次に、就業規則や社員の心得の中にパワハラ防止のための項目を作成することが必要です。パワハラの定義、パワハラの具体例、パワハラの加害者に対して会社はどのような処分をするか、パワハラの被害者に対して会社はどのような措置を講じるかといったことを記載します。もっとも、就業規則の本則にパワハラについての詳細な規程まで盛り込むと、就業規則が膨大になってしまうので、別途、ハラスメント防止規程などを作成し、詳細なルールを定めるとよいでしょう。

就業規則などの文書に記載した後には、従業員に対する研修の実施が必要です。

従業員に対する研修は、管理職とその他の一般の社員を分けて行います。従業員を直接指揮監督する管理職に対する研修では、自分自身がパワハラの加害者になる可能性があることを意識させる内容の研修を行うことが必要です。逆に、一般の社員に対する研修で

は、パワハラの被害者となった場合にはどうするか、同僚からパワハラの相談を受けた場合の対応方法などを中心に研修などを行います。

また、パワハラは、人権問題等との関連が深いため、パワハラ研修を他分野の研修と同時に行うことが、より効率的・効果的であると、厚生労働省などが推奨しています。

● 社内調査をしっかり行う

社内で行うパワハラに関する調査には、事前の調査と、パワハラが起きた後に行う事後調査とがあります。

まず事前調査の方法としては、社内でアンケートなどを行い、職場のパワハラの実態について把握し、予防・解決のための課題を検討します。

また、会社の従業員が、現段階でパワハラに対してどのような認識をもっているのかを把握できれば、会社の実態に則した対策を立てることができます。従業員に対する調査では、過去にパワハラがあったか、現在パワハラが行われている場合には、具体的に被害者はどのような被害を受けているのか、パワハラ対策として会社に要望することはあるか、といった項目を挙げて従業員に回答させます。一方、管理職に

216

対する調査では、一般の従業員と比べて、管理職はパワハラを行いやすい立場にあるので、異なる項目の調査が必要になります。

パワハラ問題で一番難しいのは、事案発生後に行う、事実関係についての事後調査です。相談窓口の担当者、あるいはパワハラ対策委員会などが、被害者と加害者の双方から事情を聴取して事実関係を見極めることが重要です。

調査の担当者は、パワハラの加害者とされた人の言動を、聞き取りから客観的かつ時系列的に整理し、判定する必要があります。

なお、調査を行ってもパワハラの事実関係を確認できず、調査を終わらせることもあり得ます。ただし、その際には、パワハラを受けた被害者とされる相談者に対しては、十分に調査を実施した上で調査を終了させ、会社としての対応を終えることを説明することが大切です。もし、それ以上の調査を、相談者が求めてきても、会社としてはそれに応じる必要はありません。その後、相談者が労働局や裁判所などの公的な機関に訴える可能性を会社として想定しておく必要があります。

●専門家を入れて体制を強化する

弁護士など労働問題の専門家を入れてパワハラ問題に対応することも必要です。専門家は、弁護士でなくても心理カウンセラーや社労士など労働問題に対する専門的知識をもっている人であれば問題はありません。パワハラ問題に対応する場合には、最初は社内で解決することを考えますが、パワハラに対する知識をもち、カウンセラーの役割ができる人材を社内で確保できるとは限りません。そのような場合には、外部の専門家を招いてパワハラ問題に取り組むことになります。数多くの労働問題を扱ってきた専門家は、一般的にどのようなパワハラ対策が行われており、どのような対策が効果的かといったノウハウを持っています。

ただし、ここで気をつけなければならないことは、外部の専門家にパワハラ対策を任せきりにしてはいけないということです。それぞれの会社の事情に応じてパワハラの性質は異なっています。そのため、会社の詳しい内部事情を知らない外部の専門家だけで、その会社にあったパワハラ対策を立てることはできません。

第8章 職場の安全衛生をめぐるルール

就業規則中のパワハラ防止規程の例

第○条（パワー・ハラスメント行為に対する対応）
パワー・ハラスメントについては、服務規律及び懲戒処分の規定の他、「ハラスメント防止規程」により別途定める。

20 労災保険

労働者が仕事中にケガをしたときの補償である

● 仕事中・通勤途中の事故が対象

労働者災害補償保険（労災保険）は、仕事中または通勤途中に発生した労働者の負傷（ケガ）、疾病（病気）、障害、死亡に対して、迅速で公正な保護をするために必要な保険給付を行うことを主な目的としています。主な給付の対象は業務に起因した負傷や疾病であることはいうまでもありません。しかし、いかなる行為を「業務」と呼ぶべきかは難しい問題であり、この線引きが労災保険による補償が認められるか否かを決定する重要な要素になります。

一般に、労災保険にいう「業務」とは、傷病等（負傷・疾病・障害・死亡）が業務に起因して発生したのか否かにより判断されています。その際、事業主の管理・支配が及んでいるのかが重要なポイントであり、事業主の管理・支配の下で、業務に従事している中で労働者が直面した危険な行為に基づく傷病等が含まれることはもちろんです。しかし、傷病等が業務から直接発生したもの以外は、すべて労災保険の適用対象外になるわけではありません。一般的に業務が傷病等の有力な原因であると認められれば、労災保険の補償の対象に含まれます。

他にも、労災にあった労働者やその

遺族の救済を図るため、様々な社会復帰促進等事業を行っています。つまり、労災保険は労働者の稼得能力（働いて収入を得る能力）の損失に対する補てんをするため、必要な保険給付を行う公的保険制度ということになります。

労災保険は事業所ごとに適用されるのが原則です。本社の他に支社や工場などがある会社は、本社も支社も、それぞれ独自に労災保険に加入します。ただ、支店などで労働保険の事務処理を行う者がいないなどの一定の理由がある場合には、本社で事務処理を一括して行うこともできます。

また、労災保険の特徴として、労働者が負った傷病等について、使用者側に故意や過失が認められない場合にも、補償が認められるということです。そして本来は、労災による労働者の傷病等の内容は、個々の労働者ごとに異なり、必要な給付等も個別のケースに応じて異なるはずです。しかし、個々のケースごとに補償を行っていては、同程度の傷病等を負っているにも関わらず、補償される金額に差が生じてしまい、不公平を生じて適切な補償が労働者に行き届かないおそれがあるため、補償給付の内容が定率化されていることも、大きな特徴のひとつとして挙げ

ることができます。

1人でも雇うと自動的に労災保険が適用になる

労災保険は労働者を1人でも使用する事業を強制的に適用事業とすることにしています。つまり、労働者を雇用した場合には、自動的に労災保険の適用事業所になります。したがって、届出があってはじめて労災保険が適用されるわけではありません。

適用される労働者と保険料

労災保険の対象については、その事業所で働いているすべての労働者に労災保険が適用されます。労働者とは、正社員であるかどうかに関わらず、ア

ルバイト、日雇労働者や不法就労外国人であっても、事業主に賃金を支払われているすべての人が対象となります。しかし、代表取締役などの会社の代表者は労働者でなく、使用者であるため、原則として労災保険は適用されません。一方、工場長や部長などが兼務役員である場合は、会社の代表権をもたないことから、労災保険の適用があります。

労働者にあたるかどうかは、①使用従属関係があるかどうか、②会社から賃金（給与や報酬など）の支払いを受けているかどうか、によって判断されます。

労災保険の保険料は、業務の種類ごとに、1000分の2.5～1000分の88まで定められています。保険料は全額事業

労災保険給付（労災給付）の内容

目　的	労働基準法の災害補償では十分な補償が行われない場合に国（政府）が管掌する労災保険に加入してもらい使用者の共同負担によって補償がより確実に行われるようにする	
対　象	業務災害と通勤災害	
業務災害（通勤災害）による労災給付の種類	療養補償給付（療養給付）	病院に入院・通院した場合の費用
	休業補償給付（休業給付）	療養のために仕事をする事ができず給料をもらえない場合の補償
	障害補償給付（障害給付）	身体に障害がある場合に障害の程度に応じて補償
	遺族補償給付（遺族給付）	労災で死亡した場合に遺族に対して支払われるもの
	葬祭料（葬祭給付）	葬儀を行う人に対して支払われるもの
	傷病補償年金（傷病年金）	療養開始後1年6か月を経過し一定の場合に休業補償給付または休業給付に代えて支給されるもの
	介護補償給付（介護給付）	介護を要する被災労働者に対して支払われるもの
	二次健康診断等給付	二次健康診断や特定保健指導を受ける労働者に支払われるもの

第8章　職場の安全衛生をめぐるルール

219

主が負担しますので、給与計算事務において、労働者の給与から労災保険料を差し引くことはありません。

● 申請手続き

労働災害が発生したときには、被災労働者またはその遺族が労災保険給付を請求することになります。

保険給付の中には傷病（補償）年金のように職権で支給の決定を行うものもありますが、原則として被災労働者あるいはその遺族の請求が必要です。

なお、労災の保険給付の請求には時効が設けられており、時効が過ぎた後の請求は認められません。原則として、2年以内（障害給付と遺族給付の場合は5年以内）に被災労働者の所属事業場の所在地を管轄する労働基準監督署長に対して請求する必要があります。労働基準監督署は、必要な調査を実施して労災認定した上で給付を行います。

なお、「療養（補償）給付」については、かかった医療機関が労災保険指定病院等の場合には、「療養の給付請求書」を、医療機関を経由して労働基準監督署長に提出します。その際に療養費を支払う必要はありません。しかし、医療機関が労災保険指定病院等でない場合には、いったん医療費を立て替えて支払わなければなりません。その後「療養の費用請求書」を直接、労働基準監督署長に提出し、現金給付してもらうことになります。

被害者などからの請求を受けて支給または不支給の決定（原処分）をするのは労働基準監督署長です。この原処分に不服がある場合には、都道府県労働基準局内の労働者災害補償保険審査官に審査請求をすることができます。審査官の決定に不服があるときは、さらに厚生労働省内の労働保険審査会に再審査請求ができます。労働保険審査会の裁決にも不服がある場合は、原処分の取消を求めて、裁判所に取消訴訟（行政訴訟）を起こすことになります。

● 労災保険給付の申請

労災保険法に基づく保険給付等の申請ができるのは、被災労働者本人かその遺族です。

ただし、労働者が自ら保険給付の申請その他の手続きを行うことが困難な場合には、事業主が手続きを代行することができるため、実際には会社が手続きを代行して労災申請をするケースが多くあります。

「会社が不当に労災の証明に協力しない」ような場合には、本人がその旨の事情を記載して労働基準監督署に書類を提出することになるため、会社は労働者の請求に対し誠実に対応する必要があります。また、労災給付を受けるためには、所定の請求書の提出などの手続きをすることが必要です。

●労災申請されたときの会社側の対応

労災の療養補償給付では、負傷または発病の年月日、負傷または発病の時刻、災害の原因及び発生状況について会社の証明が必要とされています。

労働災害であることについて疑いようがないケースであれば、会社としても労災の証明に応じることになるでしょう。しかし、労災であることがはっきりとはわからない場合には、対応を検討しなければなりません。特に、メンタルヘルス疾患の場合には原因がわかりくいこともあります。従業員側が「過度の業務や上司の圧力が原因でメンタルヘルス疾患になった」と主張してきた場合でも、会社としては「本当に業務だけが原因なのだろうか」「プライベートな事柄にも何か問題があったのではないだろうか」などと考えることがあります。

ただし、はっきり労災事故とは思われないからといって、直ちに労災の証明を拒絶するのは、従業員との労働トラブルを引き起こす可能性があるため、避けた方がよいでしょう。逆に、労災事故でない可能性が高い場合にまで安易に労災の証明をしてしまうと、虚偽の証明をしたことを理由に徴収金の納付を命じられることもあります（労災保険法12条の3）。被災した従業員側の考えと異なる部分については、その旨を記載することができるため、会社側としては顧問弁護士や社会保険労務士に相談した上で、記載方法や対応などを検討するのが効果的です。

労災にあたるかどうかについては、提出された書類を基に労働基準監督署が判断することになるため、最終的には労働基準監督署が下した判断に従う流れとなります。

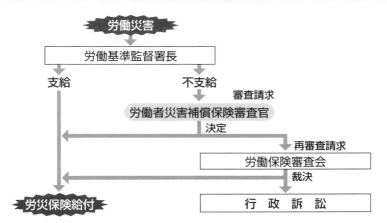

労災認定の申請手続き

21 過労死

過重業務や異常な出来事による過重負荷の度合いが認定の基準になる

● 過労死の認定基準

長時間労働や激務などによる疲労が蓄積し、脳血管障害や心臓疾患などの健康障害を起こして死亡することを過労死といいます。過労死が社会問題になったため、平成26年11月からは過労死等防止対策推進法が施行されています。

過労死は、激務に就いたことで持病が急激に悪化した場合には、業務が有力な原因であり労災の対象になります。

しかし、業務で使用する有害物質を起因とする病気や、職場内の事故による負傷と異なり、業務と発生した傷病との間の因果関係の証明が難しく、必ずしも労災認定されるとは限りません。

過労死の労災認定については、厚生労働省の行政通達である「脳血管疾患及び虚血性心疾患等（負傷に起因するものを除く）の認定基準」に従って判断します。この認定基準では、脳・心臓疾患は長く生活をする中で自然に発症するということを前提としつつ、「業務による明らかな過重負担」が自然経過を超えて症状を著しく悪化させることを認めています。そして、過労死の対象疾病として、脳血管疾患は「脳内出血（脳出血）、くも膜下出血、脳梗塞、高血圧性脳症」を挙げており、虚血性心疾患等は「心筋梗塞、狭心症、

心停止（心臓性突然死を含む）、解離性大動脈瘤」を挙げています。

● どんな要件があるのか

認定基準では業務において次のような状況下に置かれることによって、明らかな過重負荷（脳・心臓疾患の発症を誘発する可能性があると思われる出来事）を受け、そのことによって発症したと認められる場合に、「労災」として取り扱うとしています。

① 異常な出来事

発症直前から前日までの間に、大きな事故を目撃したなど、業務に関連して極度の緊張や興奮、恐怖、驚がくなど強度の精神的負荷を引き起こす突発的または予測困難な異常事態に遭遇した場合をいいます。

また、「作業中に海中に転落した同僚を救助した」など、緊急に強度の身体的負荷を強いられる突発的または予測困難な異常事態に遭遇した場合や、「急な配転で、なれない肉体労働をさせられた」など、急激で著しい作業環境の変化に遭遇した場合も含まれます。

② 短時間の過重業務

発症前1週間程度の間に、特に過重な業務に就労することによって身体的・精神的負荷を生じさせたと客観的

に認められる場合をいいます。

③　長期間の過重業務

　発症前6か月程度の間に、著しい疲労の蓄積をもたらす特に過重な業務に就労することによって身体的・精神的負荷を生じさせたと客観的に認められる場合をいいます。

　著しい疲労の蓄積をもたらす要因として特に重要視されるのが労働時間です。認定基準では、発症前1か月間から6か月にわたって、1か月あたり概ね45時間を超えて時間外労働が長くなるほど、業務と発症との関連性が徐々に強まるとされています。また、発症前1か月間に概ね100時間、または発症前2か月から6か月間にわたり1か月あたり概ね80時間を超える時間外労働が認められる場合は、業務と発症との関連性が強いと評価されます。

　残業については、会社の残業命令に基づき労働者が残業をすることを前提としていますが、多くの企業の実態として労働者自らの判断で長時間の残業に従事することも少なくありません。この場合、会社が長時間残業の事実を知り、または知り得た場合は、法的責任を問われることになります。もし労働者が、1か月あたり100時間を超える残業をしていたり、2か月以上連続で1か月あたり80時間を超える残業をしている場合には、会社は残業禁止命令を出し、産業医の診察を受けさせるなど、メンタル不調を防止する適切な措置を講じる必要があります。

　近年は、過重労働を原因として労災が認定される事案が増えており、会社が従業員の健康に配慮する義務に違反したとして、会社の責任を認める裁判例が増えています。一方、自分の健康管理を怠ったとして、労働者側の落ち度を認める裁判例もあります。

業務の過重性の評価項目

チェック項目とその内容

- **労働時間**
  時間の長さ・休日の有無
- **勤務体制（不規則かどうか）**
  スケジュール・業務内容の変更の頻度・程度
- **拘束時間**
  拘束時間数、実労働時間数・労働密度、休憩・仮眠施設の状況
- **出張の実態**
  出張の内容・頻度・移動距離、宿泊の有無、休憩・休息の状況

- **交代制・深夜勤務の実態**
  シフトの変更の頻度・程度、休日の割合、深夜勤務の頻度
- **勤務先の環境**
  温度環境・騒音の有無・時差の有無
- **業務内容の特性（緊張を伴う業務かどうか）**
  ノルマの厳しさ・時間的制約の有無・人前での業務・他人の人生を左右するような重要な業務など

22 過労自殺

3つの判断基準があり、基準を満たす場合、過労自殺として労災認定がなされる

● 過労自殺にも判断基準がある

近年の社会問題の1つに自殺者の多さが挙げられます。労働者に限れば、6000人～7000人前後という高い水準が続いています。

労災保険では故意による災害を給付対象としておらず、「自殺」は適用対象外とされています。一方、「過労自殺」については業務起因性を認めて適用対象とする、とされています。そのため、「過労自殺」か「業務以外の原因による自殺」であるかを判別する必要があります。以前は、過労自殺は極めて例外的な場合以外には労災認定されませんでしたが、平成8年以降、会社の安全配慮義務違反を理由に損害賠償責任を認める判決が出され、過労自殺を労災認定する裁判例も出されました。

自殺の原因には業務によるものだけでなく、家庭環境、健康問題等の個人的な要因もあるため、業務と自殺の因果関係を認め、労災認定をするにあたり、新たな判断基準が必要になりました。そこで、厚生労働省ではその判断基準として「心理的負荷による精神障害の認定基準」を作成しています。

この判断基準では、労働者に発病する精神障害は、業務による心理的負荷、業務以外の心理的負荷、各々の労働者ごとの個人的要因の3つが関係して起こることを前提とした上で、次の①～③のすべての要件を満たす精神障害を、労災認定の対象である業務上の疾病として扱うとしています。

① 対象疾病を発病していること

判断指針における「対象疾病に該当する精神障害」は、原則として国際疾病分類第10回修正版（ICD-10）第Ⅴ章「精神および行動の障害」に分類される精神障害とされています。

② 対象疾病の発病前概ね6か月の間に、業務による強い心理的負荷が認められること

業務による心理的負荷の強度の判断にあたっては、精神障害発病前6か月程度の間に、対象疾病の発病に関与したと考えられる業務によるどのような出来事があり、また、その後の状況がどのようなものであったのかを具体的に把握し、それらによる心理的負荷の強度はどの程度であるかについて、認定基準の「業務による心理的負荷評価表」を指標として「強」「中」「弱」の3段階に区分します。

具体的には次のように判断し、総合評価が「強」と判断される場合には、②の認定要件を満たすもの判断されることになります。

・「特別な出来事」に該当する出来事がある場合

発病前6か月程度の間に、「業務による心理的負荷評価表」の「特別な出来事」に該当する業務による出来事が認められた場合には、心理的負荷の総合評価が「強」と判断されます。「特別な出来事」に該当する出来事がない場合は、どの「具体的出来事」に近いかの判断、事実関係が合致する強度、個々の事案ごとの評価、といった方法により心理的負荷の総合評価を行い、「強」「中」または「弱」の評価をします。

・**出来事が複数ある場合の全体評価**

対象疾病の発病に関与する業務による出来事が複数ある場合、それぞれの出来事の関連性などを考慮して、心理的負荷の程度を全体的に評価します。

・**時間外労働時間数の評価**

長時間労働については、たとえば、発病日から起算した直前の1か月間に概ね160時間を超える時間外労働を行った場合などは、当該極度の長時間労働に従事したことのみで、心理的負荷の総合評価が「強」とされます。

③ **業務以外の心理的負荷および個体側要因により対象疾病を発病したとは認められないこと**

「業務以外の心理的負荷」が認められるかどうかは、「業務以外の心理的負荷評価表」を用いて検討していきます。評価の対象となる出来事としては、次のようなものが挙げられています。

・**自分の出来事**

離婚または自分が重い病気をした場合など

・**自分以外の家族や親族の出来事**

配偶者や子供、親または兄弟が死亡した、配偶者や子供が重い病気やケガをした場合など

・**金銭関係で多額の損失をした場合**

・**事件、事故、災害の体験**

つまり、②の評価において、業務による強い心理的負荷が認められたとしても、業務以外の心理的負荷や個体側要因（既往歴やアルコール依存など）が認められる場合には、どの要因が最も強く精神障害の発症に影響したかを検討した上で最終的な評価が出されるということです。

自殺が業務上の災害として認められるための要件

従業員の自殺 → 原因は業務による心理的負担 → 業務上の精神障害の認定 → 故意による死亡とはいえない → 業務上の災害として認定

23 メンタルヘルス疾患と労災

心理的負荷が強ければ「労災」と判断される可能性もある

● 業務災害の認定基準

業務災害の認定基準については厚生労働省が発表している、「心理的負荷による精神障害の認定基準」という指針が参考になります。

メンタルヘルス疾患は心理的負荷が業務に起因する場合に労災認定されますが、同じ心理的負荷を与えられても、労働者個々のストレス耐性の差により、疾病を発病するかしないかが変わってきます。そのため、業務による心理的負荷が発病との因果関係にあるかどうかにつき、発病前の約6か月間に業務による強い心理的負荷がかかったかどうかにより判断されます。この場合は、労働者の個々の差、つまり労働者の主観に基づくのではなく、同じ業務に就く一般的な労働者がどのように感じるのかという観点から検討されます。

「心理的負荷による精神障害の認定基準」の中では、新たに労働者の心理に負担がかかる場面を類型化して示しています。また、場面を類型化するだけでなく、その中でも労働者にかかる心理的負荷の程度に応じて「弱」「中」「強」に分けて具体例を示しています。業務による強い心理的負荷が認められる場合には、業務中の疾病として、労災に該当する可能性も生じます。

たとえば、仕事上のノルマを達成できないことは、労働者にとって心理的に負担となる出来事です。この中でも、ノルマが会社から強く求められていたものでなかった場合には、労働者にかかる心理的な負荷の度合いは「弱」、ノルマが達成できなかったために昇進を遅らされるなどペナルティを課された場合には、労働者にかかる負荷は「中」、経営に影響するようなノルマを達成できず、そのために左遷された場合には、労働者にかかる負荷は「強」であるとされています。

そして、労働者にかかる心理的負荷の程度が「強」であると判断されれば、原則としてメンタルヘルスに関する疾患が業務災害であると認定されます。また、心理的負荷の程度が「中」や「弱」であっても、状況によっては業務災害と認定されます。

なお、労働者にかかる負荷がどの程度のものかについては、様々な要素を総合的に考慮して判断することになります。労働者の心理に負荷がかかる出来事は必ずしも1つだけではなく、いくつかの出来事が重なって労働者の心理的負荷を強めることがあります。たとえば、一つひとつの事実を見れば、労働者には「中」程度の心理的負荷

しかかかっていないと判断できるような場合でも、それが積み重なって労働者の心理的負担が増大しているような場合には、「強」程度の心理的負荷がかかっているものと判断されることになります。さらに長時間労働が認められる場合には、労働時間が長ければ長いほどメンタル不調になりやすいため、心理的負荷の程度も強度が増すことになります。

事業者としてはこの指針を参考にして、メンタルヘルス疾患が業務災害（業務上の疾病）に該当するかどうかを判断していくのがよいでしょう。

●長時間労働を伴う場合

労働者にとって心理的負荷となる出来事について、「業務による心理的負荷評価表」という形で類型化され、まとめられています。それぞれの出来事について心理的負荷の程度が「強」「中」「弱」と分類されていますが、仕事の進め方に裁量権がない場合や、孤独で単調であったりする場合、周囲の協力体制のない場合、騒音、照明といった職場環境の悪さも心理的負荷を強める一因と考えられています。

そして、特に恒常的に長時間労働が認められる場合は、心理的負荷は強いものとして評価されます。本来の心理的負荷が「弱」や「中」と評価されるような出来事であっても、その出来事の前後に1か月あたり100時間程度の残業をしている場合は、その長時間労働が心理的負荷に作用していると認められます。出来事の心理的負荷に長時間労働の影響を考慮して総合的に評価されると、「弱」や「中」と評価されるものも「強」という評価になるとされています。心理的負荷が「強」と判断される場合は、メンタル不調の業務起因性が認められ、労災認定が認められやすくなります。

第8章　職場の安全衛生をめぐるルール

心理的負荷の強度についての強・中・弱の区分

業務による強い心理的負荷が認められる場合　→　『強』と認定

業務による強い心理的負荷が認められない場合で、「弱」よりは心理的負荷があるもの　→　『中』と認定

業務による強い心理的負荷が認められない場合で、一般的に弱い心理的負荷しか認められないもの　→　『弱』と認定

227

Column

休職中の社員への減給や降格

　体調が思わしくなく、本来は休職してもよいくらいの状況で、本人が休職を希望せず、会社命令で休職させることも難しい状況である場合、会社の対応が問われることになります。

　労働者に対し「減給や降格処分をすることができるか」という点は、体調を考慮して業務を軽減したという事実だけでは、減給や降格は難しいでしょう。もし勤務時間を短縮するような状況であれば、勤務していない部分は給与を支払わなくてもかまいません。しかし、勤務している部分は今まで通りに支払う必要があります。職務内容が大幅に軽減され、他の労働者とのバランスを欠くようなときは、本人と相談し、真に納得した状況下で減給の同意を求める必要があります。その時期としては、やはり就業規則に記載された規定に従うことになります。

　一方、労働者の降格については、「役職を外す」といったことはできますが、給与に直接影響を及ぼすような降格は、減給と同様の手続きが必要です。

　ところで、実際に減給をするとして、どの程度の減給が可能でしょうか。給与は職務とのバランスを考慮して設定されるため、配置転換などで職務が大幅に軽減されたり、職務遂行能力が大幅に低下している場合は、その職務や能力に見合った給与が設定されば問題ないように思われがちです。しかし、急激に給与が下がると労働者の生活維持が困難となります。労働条件の不利益変更にもなり得るため、減給には合理性な根拠が要求されると思われます（労働契約法11条参照）。

　雇用保険の被保険者が退職すると、離職証明書をハローワークに提出しますが、退職理由が「自己都合退職」としている場合でも、その原因が「賃金が従前の85%未満に低下」したことによる場合は会社都合の退職と同様に扱っています。したがって15%というのが減給限度額の１つの目安になります。

第９章

その他知っておきたい
実務ポイント

人事異動

大きく分けると、社内異動と社外異動がある

●人事異動のメリットとは

　社員の昇進や配転といった、人事上の決定をする上で必要な情報を把握するために行われる評定のことを人事考課といいます。会社は、人事考課で得られた社員の能力や状況など総合的な情報を活用し、適正な人材の配置を行わなければなりません。ある部署の社員の能力が不足していて、教育訓練を実施しても結果が芳しくなかった場合に、その社員の能力に見合った部署に異動させることは、社員自身のためにもなりますし、会社の経営にとって、人材を適材適所に配置するという意味でも非常に有効です。

　また、社会の状況が変化した結果、社内のある部署では余剰人員が出ているのに対し、別の部署では人手不足となった場合に、余剰人員のいる部署から人手不足の部署に社員を異動させることも有効です。

　このように、労働者の職種や勤務地を変えることを人事異動といいます。人事異動には、人件費のムダを省くとともに、むやみに社員を解雇せずにすむ、というメリットがあります。社員にとっても、解雇されることなく別の部署で働き続けることができるという点で、大きなメリットになります。

●大きく分けて４種類ある

　社員の職種や勤務地を変える人事異動は、効率的な人員配置をするために行われます。人事異動には大きく分けると、社内異動と労務の提供先が変わる社外異動があります。社内異動としては配置転換や転勤があります。配置転換とは、同じ使用者の下で、職種や職務内容が変更される人事異動のことをいいます。使用者が同じで勤務地が変わる転勤も配置転換の１つです。転勤命令が権利の濫用にあたる場合、社員は転勤を拒否することができます。

　一方、社外異動としては在籍出向や転籍があります。在籍出向は、元の会社の社員としての地位を維持したままで、異なる使用者の指揮命令に従うことになる人事異動を意味します。そのため、勤務地は変更になりますが、社員は元の勤務地の会社との雇用契約が継続しています。在籍出向のことを単に出向と呼ぶこともあります。転籍とは、元の会社の社員としての地位を失い、異なる会社の社員となる人事異動のことをいいます。この他、応援（所属会社に在籍のまま通常勤務する以外の事業場の業務を応援するために勤務すること）や派遣も、広い意味では人事異動ということができるでしょう。

昇進・昇格・降格

企業は原則として自由に人事権に基づき、昇進・降格を行うことができる

●昇進決定は人事権の行使

「昇進」とは、部長、課長、係長など、組織上の上位の役職に進むことをいいます。「昇格」は職能資格制度における資格等級の上昇をいいます。役職制度は、役職者以上の指揮命令の序列であるのに対して、職能資格制度は、すべての労働者の職務遂行能力の発揮度や伸長度によって格差を設けた賃金の序列です。日本企業は、社内のランキングシステムが二本立てであり、ある程度は対応しています。

昇進は、組織の指揮命令の序列を決めるものであり、企業経営を大きく左右します。したがって、昇進決定は人事権の行使として、使用者の一方的決定や裁量に委ねられています。ただし、無制限に一方的行使が許されるわけではありません。労働基準法、男女雇用機会均等法、労働組合法などによる一定の制約があります。つまり、国籍・社会的身分・信条による差別的取扱いや、性別による差別的取扱いによって昇進に格差をつけることは許されていませんし、労働組合の正当な活動を不当に侵害するために昇進で差別するなどの行為は禁止されています。

なお、企業の人事権である以上、昇進をめぐる裁判例では、企業の判断が尊重されていることが多いようです。

●降格について

降格には、「職制上の降格」と「職能資格制度上の降格」があります。

「職制上」というのは、いわゆる役職です。役職の変動、つまり課長になったり部長になったり、と上位職に向かって変動するものを昇進というのに対し、下位職に向かう場合が「職制上の降格」となります。役職は、社員の能力、経験、実績、勤務態度、指導統制力、業務上の必要性などを考慮して決定されます。よって、一度は上位職に就いたとしても、その役職に見合う職務ができなければ、役職を失ったり下位職に降格させられたりします。これについては、人事考課の裁量権の範疇になりますので、濫用にあたる恣意的なものでなければ問題はありません。

職能資格の降格については、すでに認定した職務遂行能力を引き下げる結果になり、本来想定されていません。したがって、職務内容が従来のままで降格することは、単に賃金を下げることに他ならないため、労働者との合意によって行う以外は、就業規則などにおける明確な根拠と合理的な理由が必要になります。

231

3 配置転換と転勤

労働者やその家族の生活に重大な影響を与える

●配転命令権の行使と限界

　配置転換とは、使用者が労働者の職場を移したり、職務を変更することをいいます。一般的には「配転」と略称されます。配転のうち、勤務地の変更を伴うものを特に「転勤」といいます。配転は労働者やその家族に大きな影響を与えることもありますが、会社には人事権がありますから、原則として必要性がある場合に配転を命じること（配転命令）はできます。

　ただ、労働基準法による国籍・社会的身分・信条による差別、男女雇用機会均等法の性別による差別、労働組合法の不当労働行為などに違反する配転命令は認められません。つまり、使用者が労働者を差別的に取り扱ったり、労働組合の正当な活動を不当に侵害したりするために配転命令権を行使することは許されないということです。

　なお、配転命令については、従来、配転命令権は使用者の労務管理上の人事権の行使として一方的決定や裁量に委ねられていると解釈されていました。たとえば、「会社は、業務上必要がある場合は、労働者の就業する場所または従事する業務の変更を命ずることがある」と就業規則に一般条項を定めている場合、使用者は一方的に配転命令

権を行使できました。

　ただ、最近は配転命令権の行使が労働契約の範囲を超える場合は、使用者側から労働契約の内容を変更する申し出をしたものととらえ、労働者の同意がない場合、配転は成立しないと考える立場が有力です。労働契約の内容の変更に該当するかどうかは、配転による勤務地あるいは職種の変更の程度によって判断されます。

　配置転換が行われる目的は、人事を活性化させて、社員を適材適所に配置することで、会社の業務の効率を向上させることにあると考えられています。その他にも、新事業に人材を配置する場合や、職務能力の開発・育成を行う手段として、配置転換が行われる場合もあります。さらに配置転換により、会社内の各部署の力の過不足を調整することも可能です。

●勤務場所の限定

　たとえば、新規学卒者（特に大学以上の卒業者）は社員と会社との間で勤務地を限定する旨の合意がある場合は別ですが、全国的な転勤を予定して採用されるのが一般的だといえます。この場合は、住居の変更を伴う配転命令であっても、使用者は業務上必要な人

事権として行使することができます。これに対して、現地採用者やパート社員などのように採用時に勤務地が限定されている場合は、本人の同意なく一方的に出された配転命令は無効とされます。また、勤務地が労働契約で定まっていない場合の配転命令は、業務上の必要性や労働者の不利益を考慮した上で有効性が判断されます。

●職種の限定

職種については、採用時の労働契約や、会社の労働協約・就業規則などによって、または労働契約の締結の過程で職種を限定する合意が認められれば、原則として他の職種への配転には労働者の承諾が必要になります。

たとえば、医師、弁護士、公認会計士、看護師、ボイラー技師などの特殊な技術・技能・資格をもつ者の場合、採用時の労働契約で職種の限定があると見るのが通常です。

このような場合、労働者の合意を得ずに出された一般事務などの他の職種への配転命令は無効とされます。

また、厳密な職種の概念が定義されていない職場でも、職種の範囲を事務職系の範囲内に限定して採用した場合は、職種の全く異なる現場や営業職への配転は同様に解釈することができます。実際の裁判例では、語学を必要とする社長秘書業務から警備業務へ職種を変更する配転命令を無効としたケースがあります。その一方で、昨今のように不況の時期には、整理解雇を防止するために新規事業を立ち上げて異動させることもあります。単に同一の職種に長年継続して従事してきただけでは、職種限定の合意があったとは認められにくいといえます。

第9章　その他知っておきたい実務ポイント

転勤についての判例の立場

転勤に伴う家庭生活上の不利益は原則として甘受すべき

●全国に支店や支社、工場などがあり、毎年定期的に社員を転勤させるような会社の社員	➡	転勤を拒否する事は難しい
●共稼ぎのため、転勤すると単身赴任をしなければならない	➡	権利の濫用がない限り社員は転勤を拒否できない
●新婚間もない夫婦が月平均2回ぐらいしか会えない	➡	会社側の事情を考慮しても転勤命令は無効となり得る
●老父母や病人など介護が必要な家族を抱えているケース	➡	一緒に転居する事が困難な家庭で他に介護など面倒をみる人がいないような事情があれば社員は転勤命令を拒否できる

233

配転命令

権利濫用にあたるような配転命令には、労働者は従う義務はない

● 配転命令を拒否した場合

　使用者が配転命令を出す場合、労働契約の中で労働者が配転命令を受け入れることに合意していることが前提であり、そのような合意がなければ配転命令は無効です。就業規則の中で「労働者は配転命令に応じなければならない」と規定されていれば、配転命令に応じる内容の労働契約が存在すると一般に考えられています。

　ただ、配転は労働者の生活に重大な影響を与えることがありますから、配転命令の受入れに合意している場合でも、正当な理由があれば配転命令を拒否できることがあります。たとえば、老いた両親の介護を自分がしなければならない場合です。労働者が配転や出向の命令に納得しない場合、最終的には裁判所で争うことになります。その場合、判決が出るまでには通常長い期間がかかるため、比較的早く結論が出る仮処分（判決が確定するまでの間、仮の地位や状態を定めること）の申立てが一緒に行われるのが普通です。

　なお、労働者は、業務命令に違反したという理由で懲戒解雇されることを防ぐため、仮処分が認められるまでは、とりあえず命じられた業務につくという方法をとることもあります。

● 配転命令が権利濫用にあたるか

　配転命令も目的や状況によっては、権利濫用としてパワハラ（210ページ）となる場合があります。パワハラには、たとえば業務上の合理性がないにも関わらず、能力や経験とかけ離れた程度の低い仕事を命じることなども含まれるとされているからです。

　つまり、嫌がらせや退職強要を目的とした合理性のない配転命令は、パワハラに該当する可能性があります。特に遠隔地や経験のない職務への配転が該当しやすいでしょう。

　裁判等になった場合には、①業務上の必要性がない、②不当な動機・目的である、③労働者が通常甘受すべき限度を超えた著しい不利益である、という主として３つの観点から配転命令が権利濫用にあたるか否かが検討されます。①業務上の必要性とは、その者以外の他人を配転させても、業務を処理することができないという程度の必要性が認められる必要はなく、業務の合理的な運営にとってメリットがあるといえる場合には、業務上の必要性は肯定されると考えられています。

　次に、②不当な動機・目的とは、退職に追い込む目的で行う配転や、会社の経営方針に反対する社員を本社から

遠ざける、いわゆる「左遷」目的で行う配転などのことです。

そして、③「通常甘受すべき限度を超える」というと、かなり基準が曖昧ですが、実際の裁判例では、単に単身赴任となる場合はおろか、高齢の母親や就学前の娘との別居においても通常甘受すべきものとされています。

その一方で、疾病、障害等のある家族を支える社員の転勤については、通常甘受すべき限度を超えたものと判断される傾向があります。つまり、③は配転により病気の家族等の看病や介護に支障がある等、限定的な場合を指していると考えられます。

いずれにしても、配転命令では不当な目的がないか、業務上の合理性がないかについて注意が必要です。

◯労働者とトラブルが生じた場合

必要な時に、必要な部署に、自由に労働者を配転できるのが経営合理化のために望ましいといえます。ただ、当初の労働契約で労働者の勤務場所や職種を限定しているにも関わらず、使用者が一方的に配転命令を下すことはできません。

配転命令をめぐり、労働者とトラブルが生じた場合には、各都道府県にある労働委員会や労働基準監督署などに相談するのがよいでしょう。労働者の場合には労働組合に相談するのも１つの方法です。嫌がらせがあった場合には不当労働行為（公正な労使関係の秩序に違反するような使用者の行為）になりますので、労働者は都道府県の労働委員会や中央労働委員会に対して、救済を申し立てることもできます。

第9章 その他知っておきたい実務ポイント

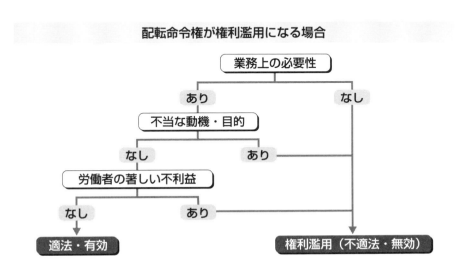

配転命令権が権利濫用になる場合

5 出向
在籍出向と転籍がある

●労働者の同意があるか

出向といっても、そのタイプは2つあります。1つは、労働者が雇用先企業に身分（籍）を残したまま、他企業で勤務するもので在籍出向といいます。在籍出向の場合、出向期間終了後は出向元（雇用先企業）に戻ります。もう1つは、雇用先企業から他企業に完全に籍を移して勤務するもので、移籍出向または転籍と言われます。

●在籍出向命令の有効性

労働者にとっては、労働契約を締結しているのは雇用元、つまり出向元の企業ですので、労働契約の相手方ではない別の企業の指揮命令下で労働することは、労働契約の重要な要素の変更となります。そのため、出向命令を下すためには、原則として労働者の個別の同意が必要とされています。

ただ、就業規則または労働協約に在籍出向についての具体的な規定（出向義務、出向先の範囲、出向中の労働条件、出向期間など）があり、それが労働者にあらかじめ周知されている場合は、包括的同意があったとされます。

たとえば、就業規則に「労働者は、正当な理由なしに転勤、出向または職場の変更を拒んではならない」などの条項がある場合、これが出向命令の根拠規定となり、労働者に周知されていれば、包括的同意があったことになります。そのため、企業は出向について労働者個々の同意を得ることは必要ありません。ただし、実際の判例は、出向規定の整備、出向の必要性、労働条件の比較、職場慣行などを総合的に考慮して包括的な同意があったかどうかについて判断しています。

●人事権の濫用に該当しないか

在籍出向について、労働者の包括的同意があったとしても、無制限に出向命令が有効となるわけではありません。

出向命令が、その必要性や対象労働者の選定についての事情から判断して、権利を濫用したと認められる場合には、その出向命令は無効となります（労働契約法14条）。結局、有効な出向命令として認められるためには、労働者の同意の存在と具体的出向命令が人事権の濫用にあたるような不当なものでないことが必要だといえます。

●転籍とはどのようなものか

転籍は、雇用先企業から他企業に身分（籍）を移して勤務するもので、移籍出向ともいわれます。タイプとして

は、現在の労働契約を解約して新たな労働契約を締結するものと、労働契約上の使用者の地位を第三者に譲渡するもの（債権債務の包括的譲渡）があります。最近は、企業組織再編が頻繁に行われており、これに伴い後者の地位の譲渡による転籍も少なくありません。

長期出張、社外勤務、移籍、応援派遣、休職派遣、などと社内的には固有の名称を使用していても、転籍は従来の雇用先企業との労働関係を終了させるものです。

転籍では、労働契約の当事者は労働者本人と転籍先企業になります。したがって、労働時間・休日・休暇・賃金などの労働条件は当然に転籍先で新たに決定されることになります。

●転籍条項の有効性

こうしたことから、転籍を行うにあたっては、労働者の個別的な同意が必要と考えられています。就業規則や労働協約の転籍条項を根拠に、包括的同意があるとすることは認められていません。そのため、労働者が転籍命令を拒否しても懲戒処分の対象にはなりません。

ただし、転籍条項について、①労働者が具体的に熟知していること、②転籍によって労働条件が不利益にならないこと、③実質的には企業の他部門への配転と同様の事情があること、のすべての要件を満たせば、個別的同意がなくても転籍命令を有効とする判例も見られますが、極めて異例です。

なお、会社分割が行われて事業が別の会社に承継された場合、労働契約承継法により、原則としてその事業に従事していた労働者は、事業を承継した会社で引き続き雇用されます。しかし、その事業に従事していなかった労働者は、会社分割を理由として事業を承継した会社への配置転換（転籍など）を命じられたとしても、会社に対して申し出れば、元の会社に残ることができます。

第9章　その他知っておきたい実務ポイント

出向と転籍の違い

	出向（在籍出向）	転籍（移籍出向）
労働者の身分	雇用先企業に残る（雇用先との雇用契約が継続する）	他の企業に移る（新たに他の企業と雇用契約を結ぶ）
期間経過後の労働者の復帰	通常は出向元に戻る	出向元に戻ることは保障されていない
労働者の同意	必要	必要
同意の程度	緩やか（個別的な同意は不要）	厳格（個別的な同意が必要）

237

6 労働者とのトラブルと法的解決法
様々な解決手段があることを知っておく

● 個別的労使関係と集団的労使関係

雇用主と従業員との個人的な関係のことを個別的労使関係といいます。労働契約や就業規則などにより規律される関係です。この関係で起こる賃金や労災などに関するトラブル解決に大きな役割を果たしているのが労働基準法です。雇用主が労働基準法の定める基準を下回る条件で労働者を使用することは禁じられています。

一方、集団的労使関係とは、使用者と労働組合などの団体との関係をいいます。この集団的労使関係において生じたトラブルは、労働組合法や労働関係調整法などにより規律されています。

● トラブルの解決方法

個別的労使関係においては、まずは事業主と労働者の話し合いが大切です。当事者同士の話し合いでは解決がつかないような場合には、労政事務所や都道府県労働局のあっせん、労働基準監督署、労働委員会など第三者機関による調停が利用されることになります。また、労働者とのトラブルが企業の安全衛生や労災保険をめぐるもので違法行為と疑われる場合、労働基準監督署が解決にあたります。

一方、集団的労使関係について起こった紛争を解決する機関としては、労働委員会などがあります。

なお、労働委員会は、賃金や労働時間など労働条件をめぐる労使間の紛争が自主的に解決困難な場合に、中立・公平な第三者として仲介をし、紛争解決の援助をする機関です。労働争議の調整（あっせん、調停、仲裁）、実情調査、不当労働行為（労働組合や労働者の活動に対する使用者の妨害行為のこと）の審査を行っています。

このうち、あっせんは、労使双方が理解し合い、公正で妥当な解決を図るために行うものです。あっせんの結果、当事者双方が提示されたあっせん案を受諾すれば、トラブルが解決されます。

● 裁判所の活用

簡易裁判所が取り扱っている紛争解決手段には民事調停や少額訴訟、支払督促があります。民事調停は労働トラブルのためだけの制度ではありませんが、労働トラブルを解決するために利用することもできます。また、賃金の不払いなど金銭の支払いを求めたい場合で事実関係に争いがないケースでは、支払督促の利用が効果的です。

一方、地方裁判所で行う手続きには、原則として3回以内の期日で審理を終

える労働審判があります。

これらの手段の活用が期待できないほど、労働者・会社間で対立している場合には、通常の民事訴訟を提起することになるでしょう。

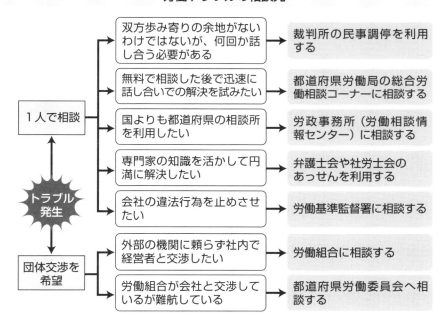

労働トラブルの相談先

相談機関のメリット・デメリット

	メリット	デメリット
民事調停	調停調書には判決と同様の効力がある	歩み寄りの余地がない場合には利用しにくい
労働基準監督署への申告	会社の違法行為を指導・勧告できる	あっせんや調停が行われるわけではない
労働局	無料で迅速に解決することができる	話し合いがまとまらないとあっせんは打ち切られる
労政事務所	地方ごとにしくみが整えられている	労政事務所がない地域もある
労働組合	労働者同士助け合うことができる	組合活動に消極的な企業もある
労働委員会	手数料がかからず自分で申立てができる	本来は労働組合と会社のトラブルを解決する制度
弁護士会や社労士会のADR	専門家によるアドバイスが期待できる	申立費用や成立費用がかかる

個別労働関係紛争解決制度

どこに相談したらよいのかわからないものも広く扱っている

● 個別労働関係紛争解決制度の特徴

「個別労働関係紛争の解決の促進に関する法律」に基づいて作られた個別労働関係紛争解決制度は、労働者と会社間のトラブルが発生するのを未然に防いだり、迅速に解決するために作られた制度です。裁判やADR、弁護士会による仲裁などとは異なって、無料で援助を受けることができるため利用しやすいのが特徴で、深刻な状況となる前に解決できる場合もあります。

個別労働関係紛争解決制度によって都道府県労働局には総合労働相談コーナーが設置されています。

● どんな紛争が対象なのか

個別労働関係紛争解決制度の総合窓口となる総合労働相談コーナーが対象とする紛争は、解雇や雇止め、配転や出向、労働条件の変更、募集、採用、男女均等取扱、セクハラ、いじめなど労働問題全般に及びます。

総合労働相談コーナーでは労働問題全般についての相談を受けていますが、このうち労働条件その他労働関係に関することについて起きた個別労働関係紛争の相談については、労働局長による助言（当事者に話し合いを促すこと）、指導（解決の方向性を示すこと）や紛争調整委員会によるあっせんの対象となります。

具体的には、①労働条件に関する紛争（解雇、雇止め、配転、出向、昇進、労働条件の不利益変更など）、②労働環境に関する紛争（いじめ、嫌がらせなど）、③雇用契約に関する紛争（会社分割による雇用契約の承継、同業他社への就業禁止など）、④募集・採用に関する紛争、⑤その他労働関係に関する紛争（退職に伴う研修費用の返還、営業車などの会社の所有物を破損した場合の損害賠償に関する紛争など）が対象になります。

ただし、このうち募集・採用に関する紛争については、労働局長による助言・指導の対象ですが、紛争調整委員会のあっせんの対象外です。

● あっせんの手続とは

あっせんとは、紛争当事者間の話し合いに紛争調整委員会が介入することです。その上で、双方の言い分を確かめ、紛争当事者間の話し合いを促進することで紛争の解決を図ることをいいます。なお、あっせんの手続は、参加を強制されるものではなく、あっせん申請をした労働者への不利益取扱いも禁止されています。

個別労働関係紛争解決制度の内容は次のとおりです。

① **情報提供、相談を行っている**

労働局では、個別労働関係紛争の未然防止と自主的な解決の促進のため、労働者または事業主に対して情報の提供、相談その他の援助を行います。

② **助言と指導が行われる**

労働局長による助言・指導は、紛争当事者に対して紛争の問題点を指摘して解決の方向を示唆することで、当事者による自主的な解決を促す制度です。

個別労働関係のトラブルについて当事者の双方または一方から解決するための支援を求められた場合には、当事者に対し、必要な助言または指導をすることができます。

③ **紛争調整委員会のあっせん**

当事者間での話し合いによる解決に至らなかった場合には、紛争調整委員会によるあっせんを受けるか他の紛争解決機関による解決をめざすことになります。

当事者の双方または一方からあっせんの申請があった場合で、その紛争を解決するために必要があるときは、紛争調整委員会のあっせん委員があっせんを行います。当事者間であっせん案に合意した場合は、そのあっせん案は民法上の和解契約の効力をもちます。

当事者があっせん案に合意した場合は、それでトラブルは解決します。あっせんが合意に至らなかったり、相手方があっせん手続に参加しなかった場合には、労働審判や訴訟など別の解決手段を求めることになります。

第9章 その他知っておきたい実務ポイント

個別労働関係あっせん制度のしくみ

解雇・不当な長時間労働・賃金未払いといったトラブルの発生
↓
総合労働相談コーナーであっせん申請書を提出する
↓
都道府県労働局長が紛争調整委員会にあっせんを委任
↓
あっせんの期日の決定と紛争当事者への期日の通知
↓
あっせんの実施
↓

あっせん案の受諾、またはその他での合意の成立	当事者の合意が不成立
↓	↓
トラブル解決	あっせんは打ち切られるが、他の紛争解決方法を示してくれる

241

8 労働審判
3回以内の審理でトラブルを解決することができる

● 訴訟よりもスピーディに解決できる

労働審判は、労働契約などに関する労使の紛争につき、裁判官（労働審判官）1名と専門的知識をもつ労働審判員2名で組織する労働審判委員会が調停を試み、解決しない場合に、審判によって実情に即した解決を図る制度です。労働審判の制度を定めているのは労働審判法です。労働審判制度は、労働紛争の実情をふまえ、迅速・適正に解決を図ろうとするものです。

労働審判の申立てができるトラブルは、労働者個人と使用者間で生じた労働に関する紛争が対象になります（個別労働関係紛争）。ただ、この要件にあてはまっても、労働審判に適しないケースがあります。労働審判は原則として、3回以内の審理で終了します。そのため、3回以内の審理でトラブルが解決しそうにないケースの場合には、労働審判ではなく別の手続きを利用した方がよいでしょう。具体的には、賃金差別によるトラブル、過労死による損害賠償請求、整理解雇によるトラブルなどが該当します。これらのケースは審理が長期化する傾向があるため、最初から訴訟を検討した方がよいかもしれません。

● 労働審判に向いていない事件

労働審判は原則として3回の期日で解決を図る手続きです。したがって、3回の期日だけでは到底解決手段を見出せないことが予想される事件は労働審判には不向きです。

また、残業代の不払いなど、明らかに労働基準法違反と思われるケースの場合、先に労働基準監督署に相談した上で、その後の法的手段を検討した方がよいでしょう。

● 労働審判の申立て

審判の申立ては、地方裁判所に対して、当事者が書面によって行います。労働者が申し立てる場合、本社が東京にある会社であれば東京地方裁判所に申し立てることができます。また、労働者が勤務している、または勤務していた事業所の所在地を管轄している地方裁判所にも管轄があるため、たとえば、労働者が大阪で働いていた場合には大阪地方裁判所に申立てをすることもできます。

なお、雇用契約のなかで、東京地方裁判所に管轄があると定めていた場合には、原則として東京地方裁判所に申し立てることになります。

申立手数料は通常の民事訴訟の半額

です。たとえば、80万円の未払い賃金の支払いを求める場合には4000円の手数料が必要です。

●労働審判の手続き

当事者の意見陳述の聴取や争点・証拠の整理はすばやく行われ、原則として3回以内の期日で審理が終了します。審判手続きは、非公開で行われ、労働審判委員会が相当と認めた者だけが傍聴することができます。原則として話し合いである調停による解決をめざします。

ただ、調停に至らないときは、一定の法的拘束力をもつ審判がなされます。もっとも、審判に不服のある者は、2週間以内に異議申立てをすることができ、異議申立てがあれば訴訟手続きに移行します。また、労働審判委員会は、事案の性質上、審判を行うことが紛争の迅速・適正な解決につながらないと考えるときは、審判手続きを終了させることができ、この場合も異議申立てがあれば訴訟手続きに移行します。

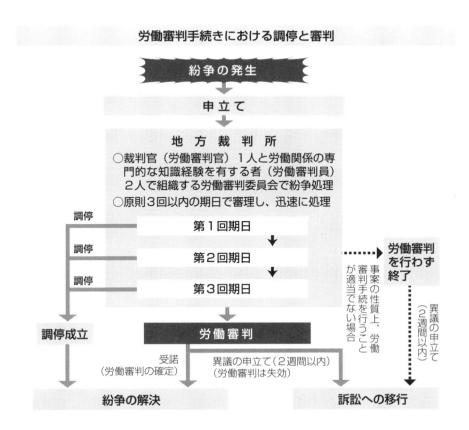
労働審判手続きにおける調停と審判

内部告発
内部告発者を保護する法律がある

●内部告発とは

　ある組織に属する人間が、組織内で行われている、若しくは行われようとしている不正行為について、行政機関等に通報することを内部告発といいます。組織内で秘密裏に行われている不正行為を外部の人間が察知しても、証拠をつかもうと思うとかなりの時間と労力が必要になりますが、組織内部の人間が告発することで、早期解決につながる可能性が高くなります。

　ただ、従業員が内部告発をすることで、会社から報復的な措置を受けてしまうということになると、違法行為を察知しても通報することを控えてしまうのが心情です。そこで、企業の法令違反行為などを通報した者（内部告発者）を解雇や減給などの制裁措置から保護することを目的とする公益通報者保護法が制定され、平成18年4月から施行されています。公益通報とは、公益のために事業者の法令違反行為を通報することです。合理的な理由のない解雇は「解雇権の濫用」として、労働契約法においても禁止されていますが、公益通報をした者の解雇は、解雇権の濫用にも該当します。

　公益通報者保護法により、公益通報を行ったことを理由とする解雇は無効とされ、降格や減給など不利益な扱いをすることが禁止されます。

　たとえば、労働者が、その事業所で刑法・食品衛生法・金融商品取引法などの法律に違反するような行為が行われていることを通報した場合に、この法律の保護を受けることができるわけです。実際に内部告発者の正当性を認めた裁判例もあります。

　通報先は、①事業所内部、②監督官庁や警察などの行政機関、③マスコミ（報道機関）や消費者団体などの事業者外部などとなっています。ただし、事業者外部への通報が保護されるためには、証拠隠滅の恐れがある、または人の生命や身体に危害が及ぶ状況にあるなど、クリアしなければならない条件があります。

●差別的な取扱いと裁判所の評価

　社内で法令に違反するような不正行為が行われているのであれば、その過ちを指摘し、改善を要求することは正当な行為です。

　しかし、不正行為を行っていたことが表面化すると、会社は社会的信用を失い、倒産の危機にさらされます。このため、会社の経営陣はもちろん、同僚たちも内部告発者に対し、閑職や遠

方に異動させる、正当な評価をせず昇進させない、仕事を与えない、部署内で孤立させる、といった差別的な取扱いをすることがあります。

このような差別的な取扱いについて、内部告発者が会社を相手取り、損害賠償請求訴訟を起こした際の判例を見てみると、裁判所は、公益通報者保護法の保護対象となる事案だけでなく、たとえその内部告発が保護対象の要件を満たしていなくても、総合的に見て会社側の対応に違法性があると判断される場合には、内部告発者の損害賠償請求を認めるという対応をしています。

会社側は、社会全体が内部告発者を厚く保護する傾向にあるということを十分に認識しておくべきでしょう。

このように、公益通報者保護法は内部告発者を保護することを目的とした法律ですが、取引先や退職した元従業員など、部外者は保護の対象とされておらず、税法は公益通報の対象とならない（脱税の内部告発は保護対象とならない）などの問題点も指摘されています。

●会社側、管理者が注意すること

いずれにしても、内部告発者の保護が法的な義務として課されていること、公益通報が違法行為を未然に防ぐ役割を果たすこと、そしてSNSなどの飛躍的な普及によって違法行為を隠し通すことが難しくなっていることなどを考え合わせれば、公益通報を適切に受け止める窓口や手続きを整え、社内に周知させておくことは、企業にとって大事なことだといえます。

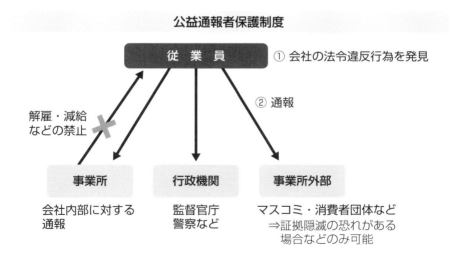

10 労働組合
使用者側の利益代表者は組合員になれない

労働者の生活と権利を守る存在

憲法により、労働者が労働条件について使用者と交渉したり、団体行動を行うために自主的に組織する団体が保障されています。それが労働組合です。

労働組合の中には労働者固有の利益ではなく、使用者の利益を代弁するいわゆる御用組合もあります。最近では経営環境の変化による整理解雇が他人事ではなくなり、労働者自身の生活を守るため、労働組合の存在に大きな期待を寄せている場合もあります。

また、管理職のような使用者の利益代表者が参加すれば、本来使用者に対抗しなければならないはずの労働組合が使用者から干渉されることになりかねません。そこで、使用者の「利益代表者」が参加する組織は労働組合とは認められません（労働組合法2条ただし書1号）。

使用者の利益代表者にあたるかどうかを判断する重要なポイントは、名目上の役職名だけでなく実際にどのような権限を持つのかによって判断します。

管理職組合は労働組合なのか

企業経営が悪化した場合、管理職の中高年労働者は労働組合の保護もないため、真っ先に「雇用調整」の対象と

され、希望退職の募集だけでなく、配転、出向、転籍、賃金・賞与の切下げといった形で退職せざるを得ないように追い込まれるなど、不当な扱いを受けることがあります。

使用者の利益代表者（管理職）を参加させている労働組合もありますが、労働組合法上の労働組合とは認められないため、組合員差別があっても労働委員会に対し救済を申し立てて保護を受けることはできません。

そのため、最近では非組合員の管理職だけで労働組合を結成し、会社側に労使交渉を求めるケースが増えています。しかし、会社の利益代表者が入った労働組合は労働組合法の適用外であるため、会社側は管理職組合自体を認めない場合もあります。しかし、裁判所の判断として、「労働組合に会社の利益代表者が含まれていても、会社が団体交渉を拒否する正当な理由にはならない」と述べたものがあります。管理職組合に対しても憲法により労働三権が保障されるからです。

団交を申し入れてくる場合とは

経営者が降格・降職・配置転換など、労働者にとって不利益になる人事権の行使があったときに、たいていの社員

は、社内に労働組合がある場合にはその社内の労働組合を通じて、社内にない場合には社外の労働組合に加入した上で、その労働組合を通じて交渉してきます。社員に退職をうながす目的で配置転換や降格処分を行った際に、対象になった社員が、労働組合を通じて会社に対しそれらの取消を求めてくることはよくあるケースです。

人事権自体は会社に認められた権利です。しかし、人事権の行使が嫌がらせのように見える場合には、結果的に労働組合や労働委員会が介入する契機となるため、社員に不利益を与える人事権の行使をする場合には、細心の注意を払うようにしましょう。

● どのように対処したらよいのか

労働者が労働組合を通じて団体交渉を申し入れてきた場合、団体交渉の申入れをその場で断ることは決してしないようにしましょう。団体交渉の申入れを受けた段階で断ると、労働組合法

が禁じている不当労働行為（団交拒否）と認定される可能性が高いからです。団体交渉への対応を労働関係の専門家に任せるにしても、自分で対応するにしても、団体交渉の申入れは必ず受け入れ、これに対応する際には、次の点に注意するようにします。

まず、多人数で交渉を行わないようにします。あまりに人数が多いと収拾がつかなくなるからです。ただ、会社側が1人で対応する、というのも心理的に不利な立場となるので、結局、双方2、3人ずつの人員で交渉のテーブルにつくのが基本となります。会社側の人数の方が少ない状況は避けましょう。

交渉の場所は他の社員への動揺を避けるように、通常の就業場所とは離れた場所などで行うとよいでしょう。会社は、団体交渉時の労働組合側の要求を受け入れる義務までは負っていません。適切な人事権の行使である場合は、そのことを具体的に説明し、理解を求めるために誠実に対応しましょう。

労働組合の種類

企業別組合	同じ企業に勤務する労働者を組合員として組織する組合
産業別組合	鉄鋼業、運送業、建設業など同じ産業に属する企業で働く労働者を組合員として組織する組合
職業別組合	看護師やパイロットなど同じ職業を持つ労働者を組合員として組織する組合
一般（合同）組合	企業や産業、職業などの枠にとらわれず、労働者であれば個人で加入できる組合

合同労組との交渉
会社は合同労組を無視することや団体交渉を拒否することはできない

●ユニオンとはどう交渉する

ユニオン（合同労組）とは、企業内組合とは異なり、それぞれが異なる企業に勤めている一個人から成る労働組合のことをいいますが、労働者自身が主体となって労働条件の維持改善のために組織されたものであれば、労働組合法上の労働組合として認められます。

労働組合が社会的にも力を持っていた時代には、多くの会社に労働組合がありましたが、今では、労働組合自体が存在しない会社も多くなってきました。また、中小企業の多くは労働組合を持たないため、労働者にとってユニオンが「駆け込み寺」の役割を果たします。労働組合のない会社の従業員であっても、ユニオンに加入している場合には、労働組合の組合員として活動することができるのです。

もともと労働者には、憲法で保障された団結権・団体交渉権・争議権という労働三権が認められています。したがって、たとえば、ユニオンに社員が1人だけ加入している場合であっても、使用者が団体交渉を正当な理由なしに拒むことは、不当労働行為（公正な労使関係の秩序に違反するような使用者の行為）として禁じられています。また、解雇などをめぐってトラブルになった場合に、ユニオンから労働委員会に労働争議の申立を行うことも認められています。したがって、ユニオンが会社に対し団体交渉を申し入れてきた場合、会社は無視することはできません。

しかし、団体交渉に応じる場合、使用者側としては、交渉のテーブルに着いて誠実に交渉を行うことが義務であって（誠実交渉義務）、必ずしも労働組合の要求に応じる義務ということではありません。具体的にどう対応するかは、ユニオンの要求内容を確認してから慎重に対処するといった姿勢で臨むことになります。

●上手な交渉術は

まず、団体交渉に応じる前に、労働問題に精通している弁護士や社会保険労務士などの専門家に相談し、会社側の行動が法的に問題のないことを確認します。従業員の解雇や賃金引下げが権利の濫用にあたるような場合には、専門家のアドバイスを聞き、改めて対応を検討するようにします。

次に、実務における具体的な対応方法を考えてみましょう。通常、団体交渉の申入書には、回答期日が記載されていますが、多くの場合、会社の体制

が整わないタイミングを狙って、組合側に都合よく、早めの期日が設定されています。その場合には、社内の対応策がまとまるまでの時間を考慮して、「諸般の事情により、×月×日の期日までには回答できません。したがって、○月○日までに文書にて回答します」と通知するようにします。また、団体交渉の申入書に、日時を「△月△日」、場所を「本社大会議室」、参加人数を「労働組合員25名」などと条件をつけてくる場合があります。しかし、これが不相当なものであれば、会社側から「△月△日の1週間後の□月□日の午後1時から1時間30分、場所は会社の隣にある市民会館の小会議室、参加人数は双方3名まで」などと、適切と考えられる条件を提示して回答することは不当労働行為にあたるものではありません。

また、労働組合側の言い分をすべて聞き入れる必要はありません。会社の誠実交渉義務とは、労働組合との団体交渉に臨む会社の態度が誠実であるかどうかを問うものであり、交渉結果が労働組合の満足がいくものでなくても誠実交渉義務違反とはなりません。会社として、労働組合の要求に応じられない理由について誠意を尽くして説明できれば問題ないとされています。

なお、団体交渉の際には原則として社長自ら対応した方がよいでしょう。場合によっては、交渉時に弁護士などの専門家に同席を依頼し、実情を把握している社内の労務担当者にも参加してもらうようにすれば、専門家による専門的な助言に加えて実情に即したより柔軟な対応をしやすくなるといえます。

合同労組（ユニオン）による団体交渉

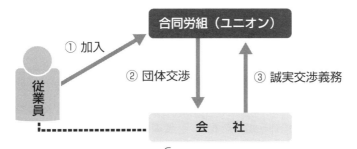

12 労働基準監督署の調査①

早期決着のために書面をそろえて迅速かつ誠実に対応する

● 監督署＝労働者の味方ではない

労働基準監督署はあくまでも会社に労働基準法を遵守させるために設置された機関であって、労働者の味方というわけではありません。労働基準監督官が実際に対応できる案件は、労働基準法などの規定に違反している可能性があるものに限られています。

たとえば、解雇予告または解雇予告手当の支払については、労働基準法上の規定に従わなかった場合には労働基準監督署が介入してきます。社員を解雇する場合には、解雇予告を行うか解雇予告手当を支払って即日解雇する必要があります。しかし、これに違反して即日の退職を強制してしまうと、労働基準監督署が介入する原因となります。労働者への解雇の通告、退職勧奨の仕方には注意しなければなりません。

● 調査や指導とは

労働基準監督署が行う調査の手法には、「呼び出し調査」と「臨検監督」の２つがあります。

呼び出し調査とは、事業所の代表者を労働基準監督署に呼び出して行う調査です。事業主宛に日時と場所を指定した通知書が送付されると、事業主は労働者名簿や就業規則、出勤簿、賃金台帳、健康診断結果票など指定された資料を持参の上、調査を受けます。

臨検監督とは、労働基準監督署が事業所へ出向いて立入調査を行うことで、事前に調査日時を記した通知が送付されることもあれば、長時間労働の実態を把握するために、夜間に突然訪れることもあります。また、調査が行われる理由の主なものとしては、「定期監督」と「申告監督」があります。

定期監督とは、調査を行う労働基準監督署が管内の事業所の状況を検討した上で、一定の方針に基づき、対象となる事業所を選定して定期的に実施される調査のことです。

一方、申告監督とは、労働者の申告を受けて行う監督です。近年ブラック企業などと呼ばれ、法律に違反して、もしくは法律ギリギリのところで、労働者を酷使して利益を出している企業が問題視されています。労働基準監督署の役割が認知されるようになったためか、以前は泣き寝入りしていたような事案でも、労働者が労働基準監督署に通報するケースが増えています。労働基準監督署はそういった情報を基に、対象事業所を決定して調査に入ることになります。調査に入り、重大な法律違反が発見されると、是正勧告が行わ

れ、そして、それを確認するために再監督が行われることになります。

●肝心なのは法律違反をしないこと

社員が退職を申し出てきた場合、申出日よりも前に会社を辞めてもらいたいのであれば、合意を得ましょう。

合意を得られない場合には、当初の申し出通りに勤務してもらった方が無難でしょう。その社員に退職日まで会社に来てもらいたくない場合には、残った有給休暇を消化してもらうのも1つの方法です。その他、休業手当を支給した上で退職日まで休んでもらう方法をとってもよいでしょう。また、賃金カットを行う場合も、一方的に行わずに対象者の同意を得ることが

できれば、労働基準法には違反しません。ただ、口頭では「言った、言わない」といった問題が後から生じかねませんから、社員の同意を得た場合には必ず書面で残すようにしましょう。

解雇したり不利益な労働条件に変更しなければならない事態が生じた場合には、労働基準法に違反しないように定められた手続きを踏んでいれば、労働基準監督署の介入を受けることはないでしょう。介入を受けたとしても、違反している疑いがあると見ているだけで、実際はどうなのかを探ろうとしている段階ですから、違法なことを行っていないこと、適法な対応をしてきたことの証拠書類を提示して冷静に説明しましょう。

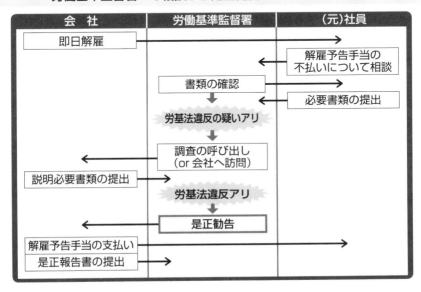

労働基準監督署への相談から是正勧告にいたるまでの流れ

13 労働基準監督署の調査②

調査や是正勧告に従わないと、会社にとって大きなマイナスになる

● 残業代未払いを申告された場合には

労働基準監督署の調査で是正勧告がなされる事案で代表的なものに残業代の未払いがあります。特に「名ばかり管理職」の問題が多くなっています。労働基準法では、管理監督者には残業代の規定を適用しないと定めていますが、これは一定の権限が付与されている管理監督者が対象です。しかし、実際には勤務時間について全く自己裁量の余地がない労働者にも管理職の地位を与えることで、残業代の支払を免れようとする事業所があります。

このような場合は法律違反になってしまい、調査で明らかになると是正勧告の対象となります。もっとも、是正勧告は、法的には行政処分ではなく行政指導にあたると言われています。つまり、是正勧告自体は、警告としての意味を持つことになります。

残業代の未払いについて是正勧告がなされると、時効消滅する前の過去2年分に遡って残業代を支払うように命じられます。また、悪質であると判断されると、刑事訴追されて罰金刑などが科せられることもあります。会社の存続に関わる大きなペナルティになり得ますので、残業代の未払いが発生しないような対策が必要です。

● 是正勧告に応じないとどうなる

解雇や賃金カットされた労働者から相談を受けた労働基準監督署が、会社に労働基準法に違反している疑いがあると判断すると、監督署に出向くよう、あるいは監督官が会社を訪問する旨を連絡してきます。いずれの場合も、会社側は、関連する書類を提出することになります。調査に応じないと、最悪の場合は事業所に対し強制捜査が入ることもありますから、必ず調査には応じるようにしましょう。労働基準監督署の調査権限は非常に強く、労働基準法違反などの事件に関しては、警察と同等の捜査権限を持っています。調査の拒否や、妨害行為等に対しては、罰金刑が規定されています。調査の際に提出する書類は、労働者名簿や賃金台帳、就業規則などの他に、その社員の出勤簿やタイムカード、雇用契約書などです。

また、問題社員を解雇した場合などに準備しておいた証拠書類なども提出します。監督官は提出された書類を基に事実関係を調査します。

事実関係について説明をする時には、事前に準備しておいた証拠書類を基に明確に冷静に説明するようにします。

Column

法定３帳簿

　法定３帳簿とは、事業所の規模や労働者数に関係なく、労働基準法で事業主に作成と保存が義務付けられている帳簿のことで、労働者名簿、賃金台帳、出勤簿またはタイムカードの３つを意味します。

・労働者名簿

　労働者名簿には、労働者の氏名、生年月日、履歴、性別、住所、従事する業務の種類、雇入年月日、退職年月日とその事由、死亡年月日とその原因を記載することが決められています。

・賃金台帳

　賃金台帳は事業所ごとに備え置きます。たとえば、本店（本社）の他に支店（支社）や工場がある会社で、その支店や工場などでそれぞれ給与計算の事務処理を行っている場合、その支店や工場ごとに賃金台帳を作成し、保存する義務があります。賃金台帳の記載事項は、①（労働者の）氏名と性別、②給与の計算期間（日雇労働者は記入しなくてもよい）、③労働日数と労働時間数、④時間外、休日、深夜の労働時間数、⑤基本給、諸手当その他給与の種類ごとの金額（現物給与は定められた評価額）、⑥法定控除、協定控除の項目と金額です。事業主は賃金台帳に以上の事項を記載し、最後に記入した日から３年間保存しておかなければなりません。

・出勤簿またはタイムカード

　タイムカードも出勤簿も労働者の勤怠状況を管理するという意味では同じです。出勤簿またはタイムカードによって、①出勤日数と欠勤日数、②労働時間（時給制など時間を単位として給与を計算する場合）、③有給休暇日数、④特別休暇日数、⑤所定労働時間外の残業時間、⑥法定労働時間外の残業時間、⑦深夜労働時間、⑧休日労働時間（日数）、⑨休日深夜労働時間、⑩遅刻・早退時間について、労働者ごとの勤怠状況をまとめます。

索　引

あ

安全衛生管理	186
育児・介護休業法	12、156
育児休業	156
育児時間	102
一時帰休	154
１年単位の変形労働時間制	86
１か月単位の変形労働時間制	84
１週間単位の非定型的変形労働時間制	88
インターンシップ	43、47

か

解雇	164、172、184
外国人雇用	56
介護休暇	162
介護休業	160
解雇予告	166
解雇予告手当	166
過労死	222
過労自殺	224
看護休暇	103、106
管理職	19
企画業務型裁量労働制	94、96
希望退職	171
休暇	143
休業手当	152
休憩時間	82
休日	142
休職	194
給与支払いの５つのルール	140
勤務延長制度	54
継続雇用制度	52
欠勤	139
降格	231
合同労組	248
高度プロフェッショナル制度	97
高年齢者雇用安定法	13、52

固定残業手当	134
個別的労使関係	238
個別労働関係紛争解決制度	240

さ

再雇用制度	54
裁判員休暇	143
在留資格	56
在宅勤務	108
最低賃金	111
裁量労働制	94
在籍出向	236
三六協定	118
産業医	189
残業削減	132
残業の限度時間	130
残業不払い訴訟	124
残業不払い問題	122
産前産後休業	100
事業場外みなし労働時間制	92
就業規則	20、22、24、59、119
紹介予定派遣	42、78
集団的労使関係	238
試用期間	42
使用者	18
除外認定	166
人事異動	230
ストレスチェック	192
成果型労働制	97
整理解雇	168
セクハラ	203
専門業務型裁量労働制	94
早退	139

た

代休	144
退職	184

退職勧奨	172
代替休暇	114
タイムカード	128
男女雇用機会均等法	12、40
遅刻	139
懲戒処分	182
賃金	110
賃金カット	174
賃金の割増率	114
出来高払制	138
転籍	236
特定高度専門業務	97
特別条項付き三六協定	120

な

内定取消	44
内部告発	244
年次有給休暇	146
年俸制	136
ノーワーク・ノーペイの原則	139

は

パートタイマー	60
パートタイム労働法	13、58
配置転換	232
配転命令	234
罰則	16
パワハラ	210
副業	49
復職	200
振替休日	144
フレックスタイム制	90
平均賃金	112
変形週休制	142
変形労働時間制	83
法定休日	142
法定3帳簿	253
法定内残業	80

ま

未払賃金の立替払い制度	175
身元保証契約	48
無期労働契約への転換	27、39、62
メンタルヘルス	190
メンタルヘルス疾患	226
問題社員	176

や

雇止め	62

ら

労災	226
労災申請	220
労災保険	218
労使委員会	29
労使協定	28、115
労働安全衛生法	12、30
労働基準監督署の調査	250、252
労働基準法	12、14
労働協約	28
労働組合	246
労働組合法	32
労働契約	36
労働契約法	12、24
労働契約申込みみなし制度	69
労働時間	80
労働者	18
労働者派遣	66
労働審判	242
労働法	12

わ

ワークシェアリング	154
割増賃金	114

索引

255

【監修者紹介】
小島　彰（こじま　あきら）

1957年生まれ。石川県出身。特定社会保険労務士（東京都社会保険労務士会）。就業規則等の作成から労働保険・社会保険の手続き業務といった代行業務、労務相談、IPO（株式上場）支援コンサルテーション、労務監査などを数多く手掛けている。労務相談については、企業側からの相談に留まらず、労働者側からの相談も多い。また、IPO（株式上場）のコンサルティングにおいては、昨今のIPOでの労務関係の審査の厳格化に対応するための適切な指導を行っている。IPO関連のセミナーの実績多数。
著作に、『未払い残業代請求と労働調査対策マニュアル』『総務・人事・労務の書式143と管理の仕方』『労働契約と就業規則のしくみ』『パート・契約社員・派遣社員の法律問題とトラブル解決法』『解雇・退職勧奨の上手な進め方と法律問題解決マニュアル』（小社刊）がある。
こじまあきら社会保険労務士事務所
会社の設立時の新規適用申請から労働保険・社会保険の手続き代行、給与計算代行、就業規則の新規作成および改正業務、その他労務関連の諸規定の整備、IPO（株式上場）労務コンサルテーションなど幅広く対応している。また、電話とメールを活用した相談サービスやセミナー講師、原稿執筆なども積極的に行っている。

ホームページ　http://www.kojimaakira-sr.com

図解
最新　労働基準法と労働条件の基本がわかる事典

2018年1月30日　第1刷発行

監修者	小島彰
発行者	前田俊秀
発行所	株式会社三修社
	〒150-0001　東京都渋谷区神宮前2-2-22
	TEL　03-3405-4511　FAX　03-3405-4522
	振替　00190-9-72758
	http://www.sanshusha.co.jp
	編集担当　北村英治
印刷所	萩原印刷株式会社
製本所	牧製本印刷株式会社

©2018 A. Kojima Printed in Japan
ISBN978-4-384-04777-6 C2032

JCOPY〈出版者著作権管理機構　委託出版物〉
本書の無断複製は著作権法上での例外を除き禁じられています。複製される場合は、そのつど事前に、出版者著作権管理機構（電話 03-3513-6969　FAX 03-3513-6979 e-mail: info@jcopy.or.jp）の許諾を得てください。